房价波动的金融逻辑

Rethinking the Economics of Land and Housing

[英] 乔希・瑞安–柯林斯（Josh Ryan–Collins）
托比・劳埃德（Toby Lloyd）
劳里・麦克法兰（Laurie Macfarlane） 著

曹飞 译

中信出版集团 | 北京

图书在版编目（CIP）数据

房价波动的金融逻辑 /（英）乔希·瑞安 - 柯林斯，（英）托比·劳埃德，（英）劳里·麦克法兰著；曹飞译. -- 北京：中信出版社，2019.10

书名原文：Rethinking the Economics of Land and Housing

ISBN 978-7-5217-1020-5

Ⅰ. ①房… Ⅱ. ①英… ②英… ③英… ④曹… Ⅲ. ①房价－物价波动－研究 Ⅳ. ① F293.35

中国版本图书馆 CIP 数据核字（2019）第 192814 号

房价波动的金融逻辑

著　　者：[英] 乔希·瑞安–柯林斯
　　　　　[英] 托比·劳埃德
　　　　　[英] 劳里·麦克法兰
译　　者：曹　飞
出版发行：中信出版集团股份有限公司
　　　　（北京市朝阳区惠新东街甲 4 号富盛大厦 2 座　邮编　100029）
承 印 者：北京通州皇家印刷厂

开　　本：787mm × 1092mm　1/16　　印　　张：19.25　　字　　数：240 千字
版　　次：2019 年 10 月第 1 版　　印　　次：2019 年 10 月第 1 次印刷
京权图字：01–2019–3306　　广告经营许可证：京朝工商广字第 8087 号
书　　号：ISBN 978-7-5217-1020-5
定　　价：66.00 元

目　录

序

《房价波动的金融逻辑》是一本重要著作。这本书综合运用了思想史、经济史及政治经济学知识和最新研究成果，旨在解决英国社会以及一些其他发达经济体面临的可以说是最根本的问题，包括不平等和社会排斥的日益加剧、可持续增长前景黯淡、代际冲突以及金融波动的风险。从根本上说，所有上述问题的根源都在于过去几十年里土地和住房政策的选择失误，涉及对土地利用、房产契约、税收和补贴以及金融监管领域进行治理的法律和制度框架。这本书问世还有另一个重大意义，影响也更加广泛，即它将重新调整经济学著作的关注点，使经济学更加重视土地因素，把土地看作与劳动和可再生资本同等重要的另一生产要素。

自 1970 年以来，在所有经合组织（OECD）成员国中，相对于平均家庭可支配收入，英国的房价涨幅最大，而且房价波动也最为剧烈。2015 年，美国的房价收入比（相对于收入中位数的平均房价）大致仍保持在 1980 年的水平。而在英国，这一指标要高得多。在伦敦和英国东南部地区，住房支付能力下降幅度甚至更加剧烈。

其后果之一是英国存在严重的代际再分配：在 1979 年玛格丽特·撒切尔（Margaret Thatcher）执政后出生的那代人被称作“垮掉的一代”，他们错过了土地和房产价格上涨所带来的资本暴利。自 1995 年以来，在 25 ～ 44 岁年龄组中，住房自有率下降了约 20 个百分点。

与此同时，自2002年以来，不断上升的住房成本与其他因素共同作用，抵销了处于收入分配后端的工薪家庭的实际收入所得（本书第七章对此有详细阐述）。此外，房价反映了附近是否有好学校，人们是否能享受便利的交通和洁净的环境，从而为富裕家庭的子女创造更加优越的成长机会。

房价收入比上升的背后是英国住房需求（特别是自20世纪90年代中期以来）的增速远远超过了住房供给的增速这一事实。居民住房的主要需求因素包括人均收入提高、人口增长、人口老龄化、抵押融资监管放宽、抵押贷款利率下降、有效房产税降低以及外国投资者的需求下降。住房经济学家强调预期资本收益的作用，其根据是很多投资者的预期往往建立在近期房价上涨之上，这进一步推动了房价的飙升。住房和土地的“金融化”是第五章的主题。20世纪80年代和90年代晚期，以及21世纪初期，市场曾掀起了几轮抵押信贷条件自由化的浪潮。此外，银行放贷方式发生了转变，从关系型借贷日益转变为抵押贷款，而房产是银行眼中的优质抵押物。

在供给方面，第二次世界大战后英国大力实施公共干预措施，大搞社会性住房建设，其中就有很多是在“新市镇计划”（New Towns programme）的支持下进行的。20世纪80年代早期之前的住房建设中，很大一部分都是社会性住房。这一状况在撒切尔夫人当选首相后才得到改变。社会性住房的租户享受很大折扣的公屋购买权，从而降低了社会性住房的存量。在私人住房建设领域，规划限制日益严苛。在1997年工党上台后，规划限制进一步升级。之前的财政补贴更多地集中在供给方面，1997年之后则越来越多地转向了需求方面。实施途径主要有两个：一是发放住房补贴，二是采取特殊措施帮助特定人群实现住房自有。第四章全面地描述了英国住房政策的历史演变过程。英国住房补贴金额滚雪球般地不断增加，到了2014—2015年，这一数额已达 240 亿英镑。对于公共资金而言，这明显是一笔巨大的支出。

限制供给，同时又未能有效抑制把住房作为高回报资产的投资需求增长，这制约了英国的经济增长。本书强调了一个重要的作用机制，即金融资本的注入导致了地价上涨，从而大大增加了土地相对于资本和劳动在经济总额中的贡献。这几乎一定会使投资从更具生产力的领域转移到其他用途，从而制约生产力的发展。另一后果表现在，跟过去和其他国家相比，英国新建住房质量低下，面积狭小。有关这一点，详见第四章。

家庭负债收入比的不断攀升，严重制约着未来的住房需求增长。抵押信贷自由化降低了一定房价下的首付金额，从而在短期内刺激了消费，但是这也拉高了房价。在很多国家，这进一步提高了相对于收入的首付金额，从而很快就削弱，甚至完全抵消了对消费的刺激作用。但是，在英国和美国，资产增值抵押贷款刺激了消费，因为现有房产所有者能够在抵押物升值的支持下增加贷款，将其用于进一步的消费。然而长期看来，这让高负债家庭很容易受到房价下跌的影响。正如第五章阐述的那样，这一点和既得利益者掌握的话语权一起解释了为什么政策制定者不愿意解决这些根本问题。

本书最后一章提出了一系列政策建议，其中包括我一直以来所倡导的房产税改革，有关地价税的探讨也十分精彩。新加坡、中国香港和韩国的案例表明，政府的规划收益以及收入和人口增长对土地价格的溢出效应，可以部分被社会化，从而让整个国家或地区受益，而不只是让利益局限在相对集中的房产所有者阶层手中。例如，在德国，当地方政府决定指定某一地块用于住宅建设时，规划法规会冻结其地价。[1] 然后，政府再利用上涨的地价收入为基础设施建设提供资金。像韩国那样设立国家公共土地银行或社区所有的土地银行，按照当前使用价值获得土地，也可以实现同样的融资目的。从很多角度讲，英国在 1946—1970 年实施的新市镇建设项目，也可以做到这一点。

解决英国面临的上述燃眉之急固然十分重要，不过本书同时还探讨了土地在经济理论中大面积的缺失。第三章认为，在收入分配的相关文献中，关于要素贡献的讨论都忽略了土地的作用。由于土地基本上是固定的且不具有再生性，地方垄断部门允许土地所有者收取高额租金，同时坐享他人投资及人口增长和租金收入增长的溢出效应。对土地用途的限制或大海、高山等物理屏障的制约，阻碍了城市的扩张，从而进一步助长了这一垄断权力。

宏观经济学也忽略了土地因素。长久以来，中央银行惯用的经济模型一直没有考虑房价的重要性以及房价与金融市场和银行业的交互作用，而房价基本上反映的是房屋下面的土地的价值。所谓“动态随机一般均衡”（dynamic stochastic general equilibrium）模型的拥趸争辩说，跟上一代模型不同，新模型优化了家庭和企业的个体层面行为，具有相当坚实的微观基础。本书不仅分析了这一模型的原理，我还补充了一点：新模型没能使用正确的微观基础，没有考虑乔治·阿克洛夫（George Akerlof）、迈克尔·斯彭斯（Michael Spence）和约瑟夫·斯蒂格利茨（Joseph Stiglitz）提出的不对称信息革命，也没有参考安格斯·迪顿（Angus Deaton）和克里斯托弗·卡罗尔（Christopher Carroll）对家庭在面临不确定情况和流动性限制时的行为方式的相关

1. T. Aubrey，“Bridging the infrastructure gap: financing infrastructure investment to unlock housing”，2016，http://progressive-capitalism.net/wp-content/uploads/2016/06/Bridging-the-infrastructure-gap-June-2016.pdf.

研究结果。[1]全球金融危机，让人们清楚看到了大多数宏观经济学家和中央银行的失误。他们使用的模型和概念，没有更加广泛地涵盖包括房价在内的资产价格、信贷及家庭资产负债表。

本书涉猎甚广，洞鉴古今，采用了循证研究方法，并参考了大量文献。这些都决定了这本书特别适合作为专业学习教程，供经济学及相关学科的本科学生及研究生使用。同时，这本书也适合对这些领域感兴趣的一般读者。经济学教学需要紧贴真实世界，而在真实的世界里，市场的运行不总是完美无缺的，外部性、垄断、信息不对称、金融和经济不平等等因素都在发挥重大影响。这本书深入探讨了所有这些问题。

约翰·米尔鲍尔（John Muellbauer）

牛津大学经济学教授

1. J. Muellbauer, “Macroeconomics and consumption: Why central bank models failed and how to repair them”, VOXEU, 2016, http://voxeu.org/article/why-central-bank-models-failed-and-how-repair-them.

致 谢

本书作者谨对以下各位致以最诚挚的谢意，感谢他们审核本书初稿并提供了无比宝贵的建议：约翰·米尔鲍尔、凯特·巴克（Kate Barker）、艾利森·华莱士（Alison Wallace）、霍华德·里德（Howard Reed）、詹姆斯·布鲁吉斯（James Bruges）、艾伦娜·尤尔科（Allana Yurko）、史蒂芬·基恩（Steve Keen）、迈克尔·库姆霍夫（Michael Kumhof）、尼古拉斯·泰德曼（Nicholas Tideman）、肯·吉布（Ken Gibb）、鲍勃·科尔纳特（Bob Colenutt）、邓肯·鲍伊（Duncan Bowie）、保罗·吉尔伯特（Paul Gilbert）、乔格斯·加拉尼斯（Giorgos Galanis）。

本书得以成文，还要感谢邓肯·麦卡恩（Duncan McCann）、艾利斯·马丁（Alice Martin）和贝丝·斯特拉特福德（Beth Stratford）做出的智力及实务支持。2016 年 7 月在英格兰银行举办了住房金融化圆桌论坛，与会者的洞见也让我们受益匪浅。

乔希和托比还要分别感谢他们的家人在本书编写过程中给予他们慷慨的耐心，同时要感谢新经济基金会的肯·巴洛（Ken Barlow）及同事。本书能得以出版，要倚仗他们的支持。

最后，感谢 RH 南方信托基金（RH Southern Trust）、詹姆斯·布鲁吉斯和已故的玛丽昂·韦尔斯（Marion Wells）为本项目提供资金支持。遗憾的是，玛丽昂在本书完成前夕过世了——谨以此书献给她，以表纪念。

图、表、框目录

图

表

框

缩写词表

ARLA	（英国）住房出租中介联合会（Association of Residential Letting Agents）
BSA	（英国）建房互助协会（Building Societies Association）
BTL	购房出租（buy-to-let）
CAP	（欧盟）共同农业政策（Common Agricultural Policy）
CLT	社区土地信托（community land trust）
CMU	（欧盟）资本市场联盟（Capital Market Union）
CRE	商业地产（commercial real estate）
FPC	（英国）金融政策委员会（Financial Policy Committee）
GDP	国内生产总值（gross domestic product）
HEW	资产增值抵押贷款（home equity withdrawal）
IHT	遗产税（inheritance tax）
IMF	国际货币基金组织（International Monetary Fund）
ISA	个人储蓄账户（Individual Savings Account）
LBTT	土地及建筑物交易税（land and buildings transaction tax）
LTI	贷款收入比［loan-to-income（ratio）］
LTV	贷款价值比［loan-to-value（ratio）］
LVT	地价税（land value tax）
MBS	抵押贷款支持证券（mortgage-backed security）

MIRAS 住房贷款贴息制度（mortgage interest relief at source）

NIMBY 邻避效应（not-in-my-back-yard）

OECD 经济合作与发展组织（经合组织）（Organisation for Economic Co-operation and Development）

OPEC 石油输出国组织（欧佩克）（Organization of the Petroleum Exporting Countries）

QE 量化宽松（quantitative easing）

RMBS 住房抵押贷款支持证券（residential mortgage-backed security）

SDLT 土地印花税（stamp duty land tax）

SMEs 中小企业（small and medium sized enterprises）

SPV 特殊目的载体（special purpose vehicle）

术语表

银行资本（bank capital）可以理解为一家银行的“自有资金”。对银行来说，资本主要由普通股本和留存收益组成。资本可以轻松吸收损失，因此可以避免资不抵债。总的来说，“自有资金”等于总资产价值减去负债。

购房出租（buy-to-let）指的是购买房产的目的在于出租给租户。购房出租抵押贷款，是专门为此目的而设计的由业主申请的抵押贷款。

资本利得税（capital gains tax）是对资产处置时发生的资本利得所征收的税。资本利得的计算方法是，用资产处置过程中取得的收入减去获得资产所产生的成本。

抵押物（collateral）是债务人提供的作为偿还贷款的担保的财产。如果债务人不能履行偿还贷款义务，银行就可以收回作为贷款担保的财产，从而弥补自己所受的损失。

信用创造（credit creation）指吸收存款的银行发放贷款。这既创造了资产（贷款），同时又创造了负债（存款），后者可增大货币供应量。

经济租金（economic rent）指的是因占有某种稀缺或独占性生产要素所衍生的任何收益，是超出将生产要素投入生产所产生的成本之外的额外报酬。由于土地没有生产成本，所以为使用土地而获得的任何报酬都可以视作经济租金。

封建制度（feudal system）是欧洲中世纪盛行的经济体制和政治权力体制。在这一制度中，贵族占有土地，同时作为报酬，他们向领主宣誓忠诚并为其提供劳役或兵役服务。

金融化（financialisation）这一术语用于描述将劳动、服务、土地或其他形态的要素转化为可以在金融市场上交易的金融工具，比如债券等债务工具。

外汇管制（foreign exchange control）指一国政府强制实施的各种限制措施，用于限制本国居民买卖外国货币或限制非本国居民买卖本国货币。

基尼系数（Gini coefficient）是一个统计分布状况的判断指标，用来表示一国居民收入分配差异状况。基尼系数用 0 到 1 之间的数字来表示，其中 0 代表收入分配完全平等（每个居民的收入都是相同的），1 代表收入分配绝对不平等（所有收入都归其中一人所有，而其他人的收入均为 0）。

国内生产总值（gross domestic product，**简称** GDP）是指一定时期内在一个国家疆界内生产的全部最终产品和服务的货币价值。

资产增值抵押贷款或资产释放（home equity withdrawal / equity release）这种融资方式让房主无须搬出住房，就可以凭借房产价值获得资金。当某个家庭增加了以房产为抵押的贷款，同时又没有把所得款项用于改善或扩大原有住房而用于消费时，就称之为资产增值抵押贷款。

住房保有权（housing tenure）指的是拥有、占有和使用土地与地产的法律形式。住房保有权的主要形式包括向房东支付租金的租赁式或房主自住式，混合式保有权也是可能存在的。

估算租金（imputed rent）是指住房所有者从其房产中获得的“实物”收入，按照私人租赁市场中类似房产所收的租金额度来计算。

凯恩斯经济学（Keynesian economics）是以英国经济学家约翰·梅纳德·凯恩斯（John Maynard Keynes，1883—1956）之名命名的一个经济学流派。该学派主张，自由市场不具有自我均衡机制，经济的平稳运行需要政府干预。

地价税（land value tax，**简称** LVT）是按土地的原始价格（不包括土地改良价格）征收的一种税。

贷款价值比［loan-to-value（LTV）ratio］是贷款方使用的一个金融术语，用来表示贷款金额与所购资产的价值之间的比率。

边际生产力理论（marginal productivity theory）认为，收入是由对生产的贡献（边际生产力）决定的。根据这一理论，工资反映的是增加一名工人所生产的额外产量的价值，即劳动的“边际产量”。

货币主义（monetarism）是一个经济学流派，其创始人是诺贝尔奖获得者、经济学家米尔顿·弗里德曼（Milton Friedman）。该学派认为，如果货币供应量没有重大的意外变动，就其内在而言市场是平稳的，遇到干扰能够快速做出调整。

抵押贷款（mortgage）是指以不动产为抵押的贷款。在这一法律协议下，银行或建房互助会（building society）为借款方提供有息贷款；同时作为交换，借款方将其不动产的所有权抵押给贷款方，条件是贷款偿清时产权转让失效。

国民账户（national account）是对一个国家中全部经济活动的综合性描述，既包括国内单位也涉及国外单位（常住其他国家）的经济活动。国民账户涉及各种经济成分间的交易（企业、家庭、政府及所有其他一切），覆盖生产、消费、收入的产生和分配，以及再分配、资本投资与金融等不同领域。

新古典经济学（neoclassical economics）是源于19世纪晚期的一个经济学流派，该学派把经济视作一个自我均衡的体系，而其自我均衡的驱动力是个人和企业在追求效用和利润最大化的过程中能够自愿交易商品和服务。

净财富（net wealth）是指一个家庭的资产减去负债后的差额，也就是家庭净财富。例如，如果一个家庭有50 000英镑存款，住房价值为250 000英镑，住房抵押贷款和信用卡债务合计100 000英镑，那么它的净财富就是200 000英镑。

房地产（property）在本书中可以理解为法律上归个人或企业所有的空间意义上的一块土地及地上构筑物。

量化宽松（quantitative easing，**简称** QE）是一种非传统的货币政策。在这种政策下，中央银行发行更多电子形式的货币，用于购买商业银行和其他金融机构手中的国债等金融资产。

不动产（real estate）是指由土地或建筑物构成的财产。

住房抵押贷款支持证券（residential mortgage-backed security，**简称** RMBS）是资产支持证券中的一种，住房抵押贷款组成的资产池为其提供担保。

第 106 条（section 106）是英国 1990 年《城市及乡村规划法案》（Town and Country Planning Act）中的一个条款。该条款授权地方政府规划部门与开发商缔结具有法律约束力的协议。协议规定，开发商必须提供某些特定的公共设施，作为开发项目的一个组成部分。

证券化（securitisation）是银行的一种金融创新。银行收集大量非流动性贷款并将其重新打包，以这些贷款组合为支持发行可交易的债务证券并出售给投资者。非流动性贷款指的是无法轻易出售或与现金交易的贷款。相关贷款偿还时，这些证券也会被偿付。

特殊目的载体（special purpose vehicle，**简称** SPV）是通常由金融机构设立的实体，其特殊目的是购买金融机构的资产，以及为了法务和会计的需要而进行实现其资产负债表外的业务。

保有权（tenure）是一种拥有、占有和使用土地的法律形式。土地私人所有权已成为当今世界占主导地位的土地保有形式，但同时还存在许多支持土地与资源集体所有和个人所有共存的其他保有形式。

货币批发市场（wholesale money market）指以各种货币进行大宗流动性资产的借贷交易。这种交易一般是在银行等金融机构之间进行，也可能涉及非金融机构和政府。

第一章

导　言

买地吧！因为土地已经停产。

——据传出自马克·吐温（Mark Twain）

销售员请注意，销售经理请注意：地段，地段，还是地段，紧靠罗杰斯公园。

——根据威廉·萨菲尔（William Safire）2009 年的相关分析，摘自《芝加哥论坛报》（*Chicago Tribune*）于 1926 年刊载的一则房地产分类广告本书探讨的主题是土地及其在经济中所起的作用。这里的“土地”不是指物理意义上的土壤和岩石，而是指区位意义上的空间。土地在经济活动中扮演着核心角色，然而其重要作用却常常遭到忽视，人们对此知之甚少。这一理念上的缺失，正是许多正统经济思想的一大弱点。而困扰现代社会的许多政策失灵和疑难问题，也与此有关。尽管账面财富不断增加，但是现代经济问题仍然层出不穷，其中包括住房负担能力危机（在现代经济中，土地的主要用途是提供住房）、不平等加剧、金融不稳定、家庭债务过高及投资和生产率水平下降等。

本书将帮助读者弄清这些问题是怎样产生的，并为未来如何解决这些问题提供线索。本书的目标读者可分为两类。首先，它针对的是有志于深入了解现代经济和现代社会所面临的诸多挑战的读者。他们面临的相关问题包括：

- 在发达经济体中，为什么房价的上涨速度比收入和经济的增长速度更快？这仅仅是修建更多住房或减少人口就能解决的问题吗？为什么政治家或政策制定者不希望或不允许房价下跌呢？
- 为什么土地所有权如此集中，财富不平等加剧如此之快？
- 整个社会都如饥似渴地追求住房和土地所有权，将其视为通向财富的最佳途径，这是不是好事？

- 金融系统与土地之间是什么关系？为什么银行开始更多地为人们提供贷款以购买房产和土地，而不是贷款给企业用于投资？为什么家庭债务水平一再创下历史新高？
- 过去 45 年里英国和其他国家都经历了房价涨跌大周期，其根源何在？
- 从长远来看，土地价格与生产技术、财富分配以及经济不平等之间是什么关系？
- 为什么现代经济学没有把土地和区位作为重要因素来阐释？为什么土地和区位没有被纳入国民经济核算？

其次，本书的目标读者还包括社会科学领域的学生和学者，包括政治学、政治经济学、法律、社会学、地理学、城市研究以及也许是最为重要的经济学。在经济学领域，大多数教材几乎完全没有提及土地这个话题。想要正确理解土地，我们必须采用跨学科视角——需要用到一点儿历史学，一点儿经济学，还有一点儿政治学和法学。

本书将重点讨论土地的宏观经济学和政治经济学——换句话说，土地是如何影响总体经济现象或者说国家经济现象的，比如财富分配、收入分配、资产价格的变化、信贷流动和债务存量等。同时，本书主要着眼于国家层面的政策和政治领域，而不是国际层面，也不是地方或地区层面。本书还有一个特别的目标，即更加合乎逻辑地分析“经济租金”在现代经济中的作用。所谓经济租金，即自然资源（通常是稀缺资源）所有权所衍生的超额报酬。我们认为，在发达经济体中，土地是经济租金的最重要来源，同时也是最容易被忽视的一个。主流宏观经济学未能提出恰当的理论来充分阐释这些动力因素。这一缺失促使我们着手创作本书。这个问题由来已久，我们也不是试图解决这一问题的第一人。[1]但是，在2007—2008年金融危机过后，解决这一问题已变得格外迫切。

本书不会泛泛探讨城市经济（或者叫城市空间经济），也不会探讨土地在农业或发展中经济体所扮演的角色。我们认为现有文献已经很好地覆盖了这些领域。[2]本书的重点还将主要放在土地的家庭住房用途上，而不是商业地产这个用途。不过，对于后者，本书在多处也有所涉猎。类似的动力机制同时适用于两者，但两者之间又存在重要差异。出于篇幅所限，本书未对此进行深入探讨。

土地经济学是全球性的，本书所呈现的许多证据和论据普遍适用于发达经济体。但是，在不同地区，土地在经济中实际发挥作用的方式在很大程度上取决于特定国家的法律、体制和政治历史，因此也就大不相同。我们没有试图全面覆盖整个世界——要完成这项工程，需要六倍于本书的篇幅——相反，我们集中讨论的是英国，并将其作为案例进行研究。英国是个庞大而又成熟的经济体，其土地经济、法律体制和金融体系中的许多管理运作模式已被输出到世界各地（特别是盎格鲁-撒克逊模式的普通法系国家），这让英国成为一个有用的参照标准，便于在更加广阔的范围内探讨这些问题。但是，在探讨土地的作用时，本书各章节也使用了其他发达国家的案例。

什么是土地

古典政治经济学（现代经济学的前身）把土地视为生产三要素之

1. 其他解决该问题的尝试参见以下经济学家的著作：美国经济学家尼古拉斯·泰德曼（Nicolas Tideman）、迈克尔·赫德森（Michael Hudson）和梅森·加夫尼（Mason Gaffney），以及英国经济学家弗雷德·哈里森（Fred Harrison）。
2. 参见学术期刊，尤其是下面三种：《城市经济学杂志》（*The Journal of Urban Economics*）、《城市研究》（*Urban Studies*）和《房地产经济学》（*Real Estate Economics*）。

一，另两个生产要素是资本和劳动。任何经济活动都需要三者的结合，缺一不可：显然，农场需要土地才能生产食物；而工厂也需要土地（厂房）才能生产商品；同样地，律师事务所需要土地（办公室）才能提供法律服务。这样来看就很清楚了，土地不仅是土壤，土地的经济用途也不仅限于农业。事实上，最好把土地理解为空间以及在一段时间内对那个空间的占有。[1]

在经济发展的绝大部分历史时期里，土地的首要功能是用于农业生产。但是，自现代资本主义经济体诞生以来，土地的其他用途逐渐占据了主导地位：最初，土地是工业生产的场地；后来，土地成为提供服务和家庭住宅的场所。今天，土地的经济用途表现最为显而易见的领域是住房市场。正如经济学家托马斯·皮凯蒂（Thomas Piketty）在他的新书《21世纪资本论》（*Capital in the Twenty-First Century*，2014）一书中明确指出的那样，住宅房产的价值已经超过了其他用途的土地价值。鉴于此，本书大部分篇幅重点讨论的是作为土地主要经济用途的住房。

土地有几个独一无二的特性，借此将其与作为经济学核心概念的其他“生产要素”区分开来，其他生产要素即资本和劳动。首先，土地最显著的特性是不可移动性：人们不能把土地从一个地点转移到另一个地点，因为土地就是这个地点本身。其次，土地的供给非常缺乏弹性，甚至可以说，土地的供给量具有固定性，因为你无法创造更多的土地（除了围海造田这个小例外）。[2]再次，虽然气候变化似乎注定会引起可居住地球表层的减少，但无论从哪一点看，土地都具有永久性

1. 经济学家常常把其他自然资源也称作“土地”，比如土壤、水、空气或阳光。但是，我们最好把这些自然资源理解为特定区位的产品。
2. 土地的总供给量当然是固定的（至少在人类有能力移民其他星球之前），但是某一特定用途的土地供给是人为固定的，比如通过规划法规来人为限定。

（除了海岸侵蚀这个小例外）。最后，也是最重要的一点，土地具有无可替代性。任何经济活动的发生都离不开土地——事实上，生命本身就离不开土地。

上述特性决定了土地的特殊经济功能。值得注意的是，土地的这些特性无法很好地融入主流（新古典）经济模型，因为主流经济模型假设：商品、劳动和资本的供给会随着市场需求的变化而轻松地做出调整，并且能达到均衡的价格和供给量（见框 1-1）。然而，经济学并没有根据土地很难融入其中这一事实调整经济模型，而是忽略了土地或者将其与其他生产要素（尤其是资本）融合在一起。财富概念和国民经济核算也没有把土地与资本作为生产过程中的两个不同要素加以区分，这是经济理论演变过程中的一个重大概念性失误，本书（特别是第三章和第五章）将会探讨这一点。

本书从始至终把土地视为经济活动发生的物理空间。

框 1-1　新古典经济学

新古典经济学是起源于 19 世纪晚期的一个经济学流派。该学派把经济视作一个自我均衡的体系，而其自我均衡的驱动力则是个人和企业在追求效用和利润最大化过程中能够自愿进行商品与服务的交易。新古典经济学假设，个人和企业有能力在可预见的不同结果间做出理性的选择，并重视那些结果。它还假设，人们能够基于充分的相关信息自主采取行动。市场供给与市场需求相互作用。全社会各个企业和个人间的这种供需互动综合在一起，就能够实现均衡的产量和均衡的价格。

古典经济学是个大学派，学派内部存在各种不同的小流派。然而，各流派大体都推崇上述核心假设，总的来说也都主张经济理论应该建立在个体行为的基础之上，即经济学需要微观基础。从20世纪70年代起，新古典经济学成为教学、研究和经济政策制定领域的权威学派，其主导地位一直延续至今。但是近年来，由于它无助于预测和解释2007—2008年的金融危机及危机过后经济的缓慢复苏，所以新古典经济学已经遭到强烈批判。

在新古典经济学理念影响下的政策，重在扫除阻挠自由和自主交易商品与服务的障碍，因为这些障碍可能会在短期内妨碍自我均衡的市场条件的形成。这些政策强调“供应学派”的解决方案，比如把重点放在关税、劳动力市场规章制度以及某些税收上。

本书中，我们使用了“主流”、“正统”和“新古典”经济学等术语，所指均是相同的。

什么是土地价格

任何一块土地的经济价值，都源于它的潜在用途，包括作为农田、工厂、办公室、商店或住宅用地。这些用途的经济价值，不仅根据土地的自然特性不同而存在差异，也随着它与经济体其余组成部分之间的地理关系不同而发生变化。在所有其他条件相同的条件下，肥沃的农田显然比沙漠更有价值。但是，与此同时，同样是肥沃的土地，远离耕作所需的人力、运输所需的道路或消费其产品所需的市场的土地的价值会低于地处城市周边、交通便利的那些肥沃土地。房地产中介人员喜欢说，“地段，地段，还是地段”，这是卖房子时最重要的宣传因素，因为其他任何因素都是可以改变的。他们所宣传的地段是指土地本身根本性的区位价值。为保险目的而计算的住房重置成本，与它的实际市场价格之间往往存在着巨大差距，其差额基本上就是那个特定区位的地价。

某个特定区位的地价，反映着那个区域的整体经济活动水平。[1]假设两套住房本身完全相同，如果其中一套地处繁荣的城市，那么它的价格可能是地处经济不发达的偏远地区的那一套的许多倍，因为居住在城市里会带来更多经济机会。非常显而易见的是，基础设施建设投资会提升地价，因为这增加了土地的潜在用途范围和利用质量，也增加了良好区位相对于其他区位的比较优势。拥有新的交通路线或地处好学校的辐射范围内，都会极大影响那个区位的住房市场价格，因为这些因素拉动了住房下面的土地的价格。

但是，土地价格不仅是由它当前的利用价值决定的，因为土地具有永久性，控制了土地也就确保了你能占有土地未来所能提供的经济价值。换句话说，土地既是资产也是消费品（食物和住所）的供给来源，同时地价反映着人们对未来经济活动的预期。土地的永久性以及固有的稀缺性，使其成为具有良好储值功能的资产（假设相关规划法规不发生重大变动）。大多数资本资产会发生自然损耗，随着时间的流逝而贬值，而土地却常常会增值。这表示人们往往热衷于把包括货币在内的其他形式的财富转换为土地。虽然货币的流动性要大得多，但是在消费物价膨胀或资产价格膨胀的条件下，货币会迅速贬值。土地的双重职能让它很难完全符合经济理论，因为在任何时间点，土地都可以有不同的用途。[2]

1. 因此，房价特别适用于“享乐价格法”（hedonic pricing method）。享乐价格法是应用经济学家使用的一种估价方法。该方法认为，在售商品的价格是由该商品的内在属性及作用于它的外在因素共同决定的。

2. 在这个意义上，土地类似货币，能同样满足多种且有时相互矛盾的目的。货币的职能包括价值储存、交换媒介和计价单位。有关货币的经济理论一般会把它的价值储存或交换媒介职能单独剥离出来，作为货币的首要职能，而忽略了这两个功能之间相互依存又相互矛盾的关系（Dodd，1994；Ingham，2004）。

出于类似原因，土地也被视为信贷和融资的优质抵押物（“担保品”）。这是本书第五章的主题。在第二次世界大战结束后的最初几十年里，由于担心房地产泡沫的过度膨胀，政府限制住房抵押贷款。然而，到了 20 世纪七八十年代，信贷市场自由化让银行在现代社会中的首要角色发生了根本性的改变。银行的主要功能已经从为企业提供贷款用于投资，转变为向家庭提供住房抵押贷款用于购房。

因此，监管部门限制以房产资产为抵押物的放贷活动，是影响土地市场和地产市场运行的一个关键因素，也是在更大范围内影响着宏观经济的关键因素（Aron et al.，2012）。今天，在申请抵押贷款时，相对于首次置业者，购房出租（BTL）贷款人拥有更多优势。这种比较优势与其他因素共同作用，加大了住房总存量中土地所有者持有的住房的比例（Kingman，2013）。20 世纪 70 年代以来，国际监管的变化也鼓励银行在各类贷款中优选房产相关贷款，这进一步推动了房产和土地价格的上涨。

从经济发展的角度来看，把土地作为一种抵押物形式具有坚实的理论基础（De Soto，2000）。然而，同时也存在有力的证据表明，不动产信贷的迅猛增长加剧了金融的脆弱性，也是金融危机和持久衰退的重要预测指标。更一般地来讲，如今很多经济学家认为，土地信贷“周期”已成为资本主义经济的一大特点，比标准经济学教材里定义的“商业周期”的时间跨度更长，上下波动更加剧烈（Aikman et al.，2014；Borio，2014）。

图 1-1 表示的是，过去 60 年里英国住房和土地价格的时间变化趋势。从图中可以看出，自 20 世纪 60 年代以来，地价变得非常不稳定，经历了 3 个涨跌大周期。这 3 个周期刚好与 20 世纪 70 年代、80 年代末及 21 世纪初的银行信贷扩张相对应。自第二次世界大战结束以来，在剔除了通胀后房价上涨了 5 倍。而同一时期内，建造住房所需要的

土地价格实际上涨了 15 倍。研究显示，造成房价波动的首要因素是地价，这是可以预期的，因为影响建设成本（劳动力加建筑材料）的是更加标准且反应迟缓的整体经济因子。更加重要的是，在房价暴涨前，地价往往会快速上涨。这表明了土地市场如何为投机性资本提供了攫取价值的良机。

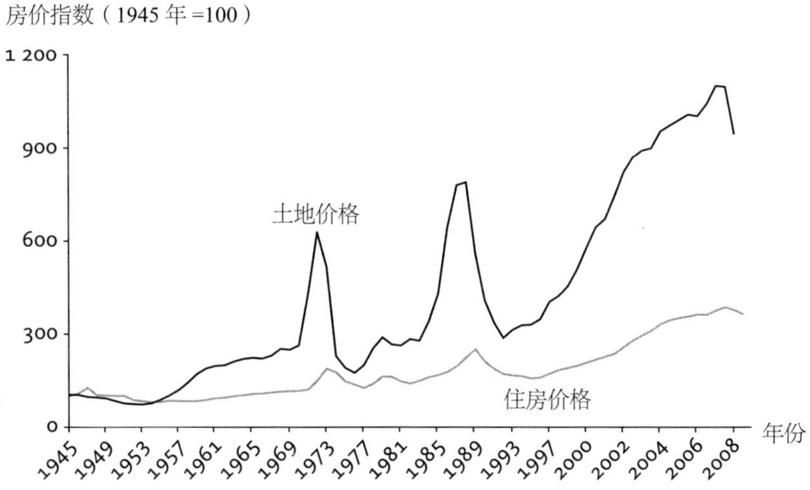

图 1-1 英国 1945—2008 年实际地价房价指数

资料来源：引自切希尔的论文（Cheshire，2009，2014）。

正如美国社会学家索尔斯坦·凡勃伦（Thorstein[1] Veblen）指出的，地产可以被视作“身份性商品”（positional good），人们通过它来彰显自己的社会地位（Veblen，1899）。因此，人们愿意为好区位花费更多金钱，而不能完全用理性的经济计算来衡量。随着经济的发展并变得

1. 原文拼写是 Thorsten，经查疑有误，应为 Thorstein。索尔斯坦·凡勃仑（1857—1929）是美国社会学家、经济学家和制度学派的创始人。——译者注

日益信息密集化，随着许多商品和服务（包括汽车、计算机和移动电话）的花费趋于下降，拥有良好区位的土地和房地产可能会耗费人们更大比重的收入（Turner，2015a，p.70）。

与此相关的是，人们对物理空间的需求越来越大，且不遵循收益递减原则——人们越富有，就越希望得到更加宽敞的空间。据估计，收入每增加 10%，人们在住房和花园空间上的花费会增加 20%（Cheshire & Sheppard，1998）。用经济学术语来讲，土地“需求的收入弹性很高”——人们愿意耗费其收入来购买土地。

因此可以说，通信技术的崛起并没有像某些人预测的那样意味着“距离的消失”。相反，在其推动下，与全球经济联系最为密切且能为从事数字经济的知识型员工和企业家提供最舒适环境的少数几个城市，获得了经济优势（Florida，2004；Thrift，1996）。此类区位的稀缺性，促使那些城市的地价长期上涨（De Groot et al.，2015）。

近几十年来的技术改造并没有降低土地在经济活动中的重要地位，但是不同土地用途的相对经济重要性正在发生转变，是技术改造加速了这一转变过程。正如皮凯蒂所列数据显示的那样，自 20 世纪中叶以来，住房财富总值的比重快速上升，而农业用地的价值在 GDP 中所占的比重在直线下降，现已接近零（详见第六章）（Piketty，2014）。

皮凯蒂的数据还显示，在近 270 年里，英国和法国的住宅房地产财富一度曾占 GDP 的 60% ～ 180% 不等（见图 1–2）。然而，自 20 世纪 80 年代以来，住宅房地产价值大爆炸，如今均已达到两国 GDP 的 300% 以上。在美国，虽然住宅房地产价值的膨胀没有那么剧烈，但是与 20 世纪初期相比，其占 GDP 的百分比仍然升高了两倍。显然，这些经济体发生了一个根本性的转变，土地的首要经济用途已经从农业用地变成了住房。

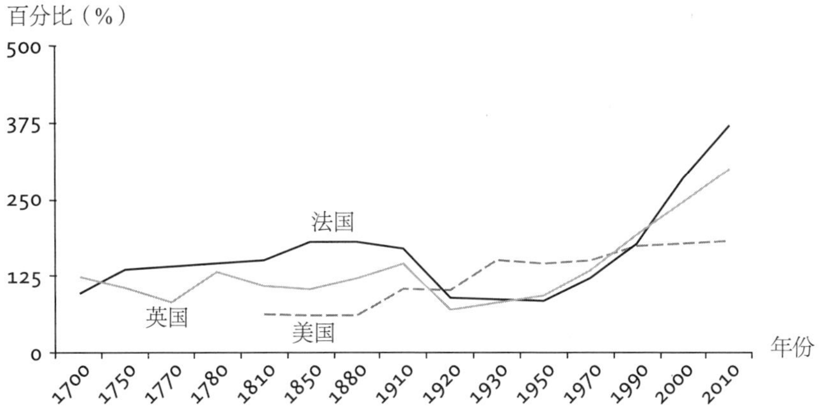

图 1-2　发达经济体中住房财富占 GDP 的百分比

资料来源：皮凯蒂和朱克曼（Piketty & Zucman，2013）。

所有上述因素让土地价格评估变得复杂化，但是总的来说，在它们的共同作用下，土地已经成为备受青睐的投资品种和堪称完美的投机资产——当然，前提是法律允许土地所有权的存在。

土地所有权和经济租金

在现代社会中，调节土地与经济之间交互作用的主要制度是房地产所有权。房地产所有权是本书第二章的主题。乍一看起来，房地产所有权概念似乎很简单：你拥有一处房地产，享有在指定时间内占有那块土地的排他性权利（或者土地所有者赋予你作为租户的相关权利）。可事实上，现实中可能存在多种所有权形式：个人所有、集体所有，以及两者相结合的混合所有权形式，现代的排他性个人住房所有权是相对较新的现象。

探寻土地所有权的历史非常重要，因为它可以向我们揭示：私有财产背后的法规和习俗实际上与经济学关系不大，而更主要是与政治和权力有关。不过，私有财产是现代资本主义经济的基石。这让主流经济学陷入尴尬境地，因为主流经济学一般性地假设所有经济关系都是自主形成的。大多数经济学教材中出现的唯一“权力”，是指某些卖方影响商品价格的能力，即“市场权力”(Hill & Myatt，2010，p.251)。在信息不充分和土地有限的真实世界里，控制着土地的人极大地影响着人们获取土地的方式，并通过影响政府的立法和监管制度来影响着土地的价值。

本书的目的不是解决哲学或道德的争论，不是要为支持或反对房地产所有权的论点做裁决，而是要揭示这一现象与经济和金融系统之间的交互作用方式。可以肯定的是，房地产所有权在现代经济的形成中起到了核心作用。在历史上的特定阶段，它为数百万人带来了巨大利益。但是，就总体层面上最大化社会福利或最大幅度提高经济生产力而言，所有权是否是更好的保有权形式，这一点还非常不明确。

鉴于土地内在的稀缺性，上述事实与土地所有权固有的排他性有关。其实，即使还有大量“闲置”土地未被纳入经济用途，那也无法改变这一事实，因为更具经济生产力的区位是相对稀缺的，而其中的优质地段则极度稀缺。每个区位或多或少都是独一无二的，因此控制了任何一块土地，基本上就是垄断性的。于是，土地所有者就可以向那些必须使用其土地的人索要报酬，仅仅因为那块土地归属他们所有，而与将土地投入生产所需要的成本或付出的任何努力都没有关系。这样的报酬被称为经济租金。

特定用途的土地供给量是固定的，这意味着土地无法轻松地融入主流经济学理论，因为主流经济学理论认为，在自由市场中，供求关系决定价格。如果对 iPhone（苹果手机）的需求增加了，苹果公司可以增加手机的产量——以其自身的成本生产，直到达成均衡，供需相当，实现市场“出清”。相反，苹果公司也可以选择提高 iPhone 的价格；不过它这样做是有风险的，因为部分消费者可能选择购买其他品牌的手机。其原理是，市场竞争能形成一种有效的均衡机制，让产量和价格趋于平衡，从而使得经济租金最小化。

但是土地不同，无法像 iPhone 那样增加供应量。对土地而言，如果需求增加了，其价格就会上涨，而不会促发供应的变化。土地具有内在的稀缺性，同时规划部门的监管措施又限制着土地的供应，这可能会进一步加剧土地的稀缺性问题（Cheshire & Sheppard，2004）。但是，正如第七章所述，这些监管措施只是让土地的稀缺性和租金问题更加清晰了，让这些问题更适于通过民主控制的政策加以缓解。

正如大卫·李嘉图（David Ricardo）及后来的亨利·乔治（Henry George）所揭示的那样，土地获取经济租金的能力如此之强，以至它可以有效地垄断一个经济体创造的很大一部分财富，而且其中绝大部分不是土地所有者自己创造的。简单的理解是，随着经济的增长，土地所有者可以提高其向土地租赁者收取的租金额，从而侵吞租户（比如工人、商店主和企业家）创造的全部额外价值。

大多数人的直觉是，寻租行为是不公平的而且效率低下。如果工人、商店主或企业家付出努力却得不到回报，而是眼睁睁地看着自己创造的收益以租金的形式被侵吞，那么他们为什么还要努力，还要创新呢？不同城市经济健康情况的相关研究发现，世界各地繁荣的城市中心都会经历土地和房产成本飙升，而这最终会威胁那些城市的经济繁荣。因为有价值的劳动者会选择移居经济没那么活跃的地方，虽然那种地方工资较低，但是住房费用更低，相互抵消后工资仍有剩余（Hsieh & Moretti，2015）。几乎无须费力，也几乎不冒任何风险，土地所有者就能获得租金，这扭曲了人们的投资决策，因为这鼓励了资本持有者在资本配置中过度偏好购买土地和房地产，而不是投资于其他生产性用途（详见第五章）。

获取租金的诱惑鼓励了有购买能力的人群囤积土地，而土地私有权的垄断性质让他们能够保有并扩大其持有的资产。历史证据表明，私人房地产市场趋于集中化，它所侵吞的经济增长收益比例远远超过了它应占的份额［George，（1879）1979；Ricardo，1817］。结果导致财富不平等日益加剧，一部分人极度贫困；与此同时，资本配置效率低下，抑制了经济的增长（第六章将对此进行深入讨论）。正如约瑟夫·斯蒂格利茨说的那样，寻租的本质是致力于“获得更大份额的蛋糕，而不是扩大蛋糕的尺寸”（Stiglitz & Bilmes，2012）。

各章概述

本书其余各章内容安排如下。第二章讲述可交易的、私人所有的地产的萌芽，以及圈地运动是如何把过去的公共土地或封建土地变成私有财产的。要理解现代资本主义社会里土地与经济的交互作用方式，这是关键的出发点。我们认为，土地所有权的核心存在着一大悖论。一方面，土地所有权的扩散，有助于推动经济发展，促进政治权力民主化和共享财富。但我们也认为，在另一方面，它同样在通过过度获取租金让资源趋于集中化和垄断化。虽然房地产所有者的账面财富可能在增长，但是在总体层面上，这造成了负面经济影响。因此可以说，地产既是“自由也是盗窃”。第二章后半部分简要描述了各国政府是如何尝试迎接这些挑战的，其应对手段包括土地管制，以及与土地相关的补助和税收政策。

第三章综述了有关土地的经济思想史，并着重介绍了几位古典政治经济学家。首先，他们发现，土地所有者从农业土地中获取的经济租金对政府和整体经济状况造成了重大挑战。然后，本章探讨了新古典经济学是如何兴起的，以及新古典经济学是如何在各种生产要素间发现了决定着收入分配的普适性科学原则，即边际生产力理论。这一理论的出现以及土地用途从农业生产到工业生产的转变，导致经济学家们把土地与资本合二为一，还导致经济理论和经济政策不再承认土地的特性。

第四章集中讨论20世纪土地用途的经济转型，即先从农业生产转移到工业生产中来，然后又变成了特定消费品——住房的建设场所。本章以英国为例，说明了各届政府是如何处理房地产所有权悖论和经济租金问题的。我们将会向读者展示，在20世纪后半段，税收变化和住房补贴如何加快了土地经济租金的产生。

第五章的重点是土地与金融的关系。如前所述，虽然一直以来房地产都是贷款的抵押物来源，但是在过去几十年里，与不动产相关的信贷扩张异常迅猛，特别是住房抵押贷款。我们把这一现象称为土地的“金融化”。我们认为，所有权变成人们优选的住房保有形式以及银行业的自由化，导致土地与信贷之间形成了反馈循环，这已经成为现代经济体的显著特征。该特征加剧了金融的脆弱性和消费的不稳定性。而在发达经济体中，消费是经济增长的主要贡献因子，而消费的不稳定性正越来越多地由住房资产与信贷之间的交互作用决定。

房地产金融自由化和经济租金问题未能得到解决，这两者在分配领域造成了严重后果。第六章深入剖析了这些严重后果及其形成过程，剖析的切入点是在现代社会收入和财富不平等的形成过程中，土地扮演着怎样的角色。本章回顾了有关不平等的各种理论，并揭示了为什么说土地价值的变化是现代不平等的主要决定因素。然而，由于经济理论和国民经济核算框架未能充分包含房地产财富和经济租金，所以人们在很大程度上忽视了土地的重要价值。

第七章是全书的总结篇，概括了本书的核心观点并集中探讨了相关问题的可能解决方案。相关问题指的是由于经济理论和经济政策忽视了土地的作用而造成的一系列问题，特别是土地的经济租金问题。可能的解决方案包括改变土地所有权和规划，转移税务负担及对我们的金融系统做出结构性改变，以便打破土地和信贷间的反馈循环。

我们的论点是，当今时代的许多经济挑战都源于未能正确地思考土地在经济中的作用。然而，土地所有权仍然是政治冲突和政府监管性干预措施的焦点，从地方到全球范围都是如此。在地方层面，冲突表现为针对土地开发规划限制的争斗；在全球层面，则表现为有关银行资本化的全球规则。因此，不管是为了优化政策，还是为了完善经济理论，我们都必须要更加清晰地理解土地在经济中起着怎样的作用。我们希望接下来的各章可以带领读者朝这个目标前进一小步。

第二章

土地所有权和房地产

历史上，第一个圈出一块土地，然后想到说出“这是我的”且发现人们头脑简单到竟然相信了他的话的那个人，是公民社会的真正创始人。假设有人拔掉木桩或填平了壕沟并向他的同伴们高呼“不要相信这个骗子的话。如果你们忘记了土地的果实是属于我们大家的，如果你们忘记了土地是不属于任何人的，那你们就要遭殃了”，那人类能免遭多少罪行、战争和杀戮，免受多少恐惧和苦难。

——让-雅克·卢梭（Jean-Jacques Rousseau，1775，p.84）

引　言

要完全理解土地经济学，首先我们必须要了解土地所有权和房地产私有权是土地与经济得以相互作用的关键机制。

现代社会已经习惯了把土地及其之上的建筑物简单地视作另一种可以被拥有、购买和出售的商品。这样的观点也贯穿于主流经济学理论。但是，现实中，土地所有权远不像其他商品或资产的所有权那样简单直接。事实上，纵观历史，“拥有”土地这个概念本身始终都充满了争议。[1]简单地线性叙述这一历史是不可能的，因为在过去几百年里，围绕土地用途、房地产权利和所有权出现过各种理念，彼此迥然相异，走马灯似的此起彼伏。本章首先简单回顾了土地所有权和房地产的起源，然后探讨了处于地产概念核心的一个根本性悖论：所有权既是一种自由的形式，同时由于本质上的排他性，它又是一种盗窃的方式。

本章后半部分考察了各方是如何应对这一所有权悖论的。众多的应对措施包括政府征用土地，强制实施相关法律以规范土地的占有、交易和继承，围绕土地用途的各种法规（土地规划），以及影响土地利

---

1. 要详细了解土地所有权的历史变迁，请参阅安德罗·林克雷特（Andro Linklater）的著作《世界土地所有制变迁史》（*Owning the Earth*），英文版 2015 年出版。

用的补贴和税收政策。

土地所有权：理论起源和所有权形式

土地可以被变为财产，这一观念是 17 ～ 18 世纪欧洲启蒙思想运动的主要成就之一。这一时期的思想家托马斯·阿奎那（Thomas Aquinas）、雨果·格劳秀斯（Hugo Grotius）和塞缪尔·普芬道夫（Samuel Pufendorf）认为，财产是在个人与国家相互博弈的过程中产生的（Pierson，2013，pp.165 ～ 188）。按照这些思想家的说法，上帝把土地赐给人类共有，而不是赐给了个人。但是，随着文明的发展，人可以正当地行使一般权利来占有土地，以满足自身需求。而上述情况一旦发生，剥夺任何人已经占有的土地就不是正当的。国家起到支持个人房地产权利的作用。同时，根据“征用权”（eminent domain）理论，在极端情况下，国家可以征用个人的房地产权利，前提是房地产所有者能够得到合理的补偿（Ambaye，2015，pp.108 ～ 109）。

但是，现代经济学理论更多地采用了约翰·洛克（John Locke）的观点。洛克是普芬道夫的追随者，提出了“自然”财产权理论。洛克（Locke，1690）认为，私有财产先于国家的产生而产生，因此理应不受国家支配。如果有人对某个事物投入劳动，使其脱离自然状态并有所增益，那么这个事物就变成了此人的私有财产。由于耗费了劳动，劳动者获得了对于其产品的权利。在洛克看来，要创造一个文明社会，使其免受自然状态下的不安全和潜在暴力的影响，免受拥有绝对权力的帝王的专制，财产权的产生是必不可少的。于是，对于启蒙思想家来说，地产就是一种自由的形式。

下面我们会看到，古典政治经济学家摒弃了洛克的土地自然财产权理论。尽管如此，这一理论还是奠定了主流（新古典）经济学理论的基础。主流经济学把私人市场交易和私有财产权视作“自然”权利，这些权利植根于广为接受的法则，不受特定的政治或社会制度的支配。主流经济学理论诉诸自然法则，从而赢得了重大优势。

> 自然道德理论的推导为经济学家提供了思想基础，让他们可以利用经济理论来支持特定的意识形态观点……这一趋势辩称自由放任的经济政策是正当的，仿佛它是建立在自然法则之上的。在经济学家的合理化辩护背后，还隐藏着一个信念，即市场是“自然”机制，市场结果就是自然结果，而私有财产权等市场运行所必需的机制则是“自然权利”。（O’Hara，1999，pp.782 ～ 783）

然而，洛克著作中的另一观点却常常被忽视了，那就是“洛克的但书”（Lockean proviso）：只有当存在足够的公共土地供他人占有时，私有财产权才是自然权利。洛克相信美洲有大量无主地，因此那些适用于土地并非稀缺品的时代的规则，是适用于他著书立说的岁月的。虽然无主地终有一天会变得稀缺，不过洛克不需要解决这一问题。鉴于在大多数发达经济体中，如今所有土地都已有了归属，洛克关于土地是私有财产的辩护是否还具有合理性，已经不再那么肯定了。在洛克及其他启蒙思想家之后出现的古典政治经济学家，摒弃了“自然法则”的论点（详见第三章）。

亚当·斯密（Adam Smith）通常被视为自由主义经济思想和自由竞争市场理论的创始人。他接受了自然权利的概念，但仅限于“自由和生命”的自然权利。他把财产权视作一种后天获得的权利，是依附于政府及其形式的（West，2003，pp.20 ～ 42）。亚当·斯密相信，如果不存在私有财产，公民政府就不会存在，而政府的主要职能是保卫财产权。然而和洛克一样，亚当·斯密担心，政府和私有财产之间的这一关系可能会导致不平等。他辩称：“如果从设立之初，公民政府的使命就是保卫私有财产的安全，那么事实上，它的使命就是保卫富人免受穷人的侵犯，或者说是保卫财产所有者免受无产者的侵犯”（Smith，1776，p.167）。

马克思极为怀疑有关自然财产权的自由主义理论。在《资本论》第八篇里，他提出了“原始积累”（Primitive Accumulation）的概念，并认为这是英国资本主义形成过程中不可或缺的一步［Harvey，(1982) 2006，p.359］。尽管封建法律在形式上允许农民拥有土地，但是马克思清楚地看到：事实上，统治阶级可以通过暴力手段剥夺农民的土地，然后把这些土地用作商业性农业活动，而农民则被重新雇用为劳动者。剥夺农民的土地是至关重要的一步，创造了一个庞大的没有土地的阶级。为了生存，他们必须工作以赚取工资。

多种所有权形式

事实上，现实社会可能存在多种个人和集体所有权形式，而且这些所有权形式往往会同时存在。现代的个人化、绝对的财产所有权，只是多种所有权形式中的一种。“所有权”一词其实非常具有误导性，因为它暗含着绝对、无限的控制权。事实上，最好把房地产视作一个复合体，内含多种相互交叠的保有权——进入的权利、经过的权利、使用权、使用其果实的权利、不允许他人进入的权利、在其上建筑的权利、传予继承人的权利或出卖土地的权利。

这些权利是随着时间的推移而出现的，并在不断地演变。与此同时，社会和经济日益复杂化，使得土地保有权的主导形式从占有物变成了财产。前现代部落社会按照互惠互助的习俗来集体规范经济活动：人们承认土地占有规则，正是这些规则决定着谁占有土地及产品。如今仍然存在一些非资本主义社会，其运行规则类似前述部落社会（Berkes，1987；Sillitoe，1999）。但是这样的土地不能被视作财产，因为它不能被出售、转移或转让。只有在土地变成财产时，这一切才可能发生。土地的这一转变过程始于现代初期，至今仍没有完成（Heinsohn & Steiger，2006）。

在中世纪的欧洲，土地大多归教会或王室所有——这就是不动产的英文 real estate 的由来（其中 real 的原意是 royal，即“皇家的”）。在封建体制下，国王把大片的土地赐予他宠信的贵族。作为回报，贵族宣誓效忠国王并承担兵役义务。然后，贵族再把部分土地的各种不同类型的使用权赋予他的骑士和佃农，以换取他们的效忠，或换取实物或劳役形式的租金。在不同层面的交易中，每一笔交易的双方均享有各自的权利并履行相应的义务。历史上曾经存在各种不同的保有制，虽然已不再被采用，却记录了双方的权利和义务，如英国的农役保有、租地权和自由教役保有（Pollock & Maitland，1899）。在多种个人和集体保有权并存的制度下，人们可以使用归属国王、教会或贵族所有的土地，比如林内放猪权或在他人土地上采掘泥炭做燃料的权利（DEFRA，2015）。

君主还寻求控制土地继承、土地作为借款抵押物及土地交易的方式。某些保有权可以继承，某些则不能。在很多地方，很多时候根本不允许买卖土地，或者只有特定阶层的人才能买卖土地。而债权人占有债务人土地所需的条件，始终都是争议的话题，而且政府也通过立法加以规定。在很多情形下，比如未履行兵役义务或死后未留下继承人，国王将会收回贵族的土地。按照冈纳·海因松和奥托·斯泰格尔的理解，封建体制不承认土地的财产所有权，只承认占有权（Heinsohn & Steiger，2006）。

甚至到了 16 世纪，土地作为私有财产的概念开始在英国兴起后，上述早期保有形式仍然与之并存了许多年。即使在今天，土地所有权也从来不是绝对的。一块土地也许归私人所有，但是公众可能仍有穿越这块土地的权利。土地所有者拥有开发土地或改变其用途的权利，但是要接受规划和环境法规的一般性制约。而且，对于在某个所有者的土地中发现的任何宝藏或考古遗迹，他仅拥有部分权利。很多国家保留了多层式土地所有权形式，比如英国的永业权与租业权制度。世界各地仍然活跃着多种多样的保有权模式，包括多种集体所有权和使用权。这些仍然是人类学研究和政治争议的焦点（Payne，2004）。

土地保有权的形式丰富多样，这突显出一个关键事实：土地所有权结构并非是自然的，而是法律和习俗的产物，因此从本质上说是政治性的。与拥有黄金等其他资产相比，长期控制土地需要很高的社会接受度。意料之中的是，中世纪法律中的很大一部分都是关于土地使用、保有、交易、所有和继承的。这既表明了土地利用在经济中的核心地位，也表明了土地的法律性质。

上述法律和习俗极大地影响了土地的所有权模式，因此它们是经济史和政治史的主要决定因素。不同国家的经济发展轨迹不尽相同，其中很大一部分原因在于，它们的土地所有权相关法规的发展史是不同的，这些法规与政治权力的相互影响也存在着差异（Linklater，2013）。正统经济学忽视了这些动力因素而假定房地产权利的性质是固定不变的，并不认为它是一个政策变量（Turnbull，2007）。正统经济学还假定房地产权利是二元的，你或者拥有某物，或者不拥有某物，没有其他可能。然而事实上，如前所述，在具体时间段里，特定用途的土地的所有权具有不同的层次级别，具体情况也不尽相同。

土地所有权是自由：产权保障和经济增长

也许私人土地所有权是个相对较新的概念，但是它的引入具有变革性意义。16 世纪 30 年代，亨利八世征收修道院土地，然后把其中很大一部分卖给下层士绅和富有的商人，这部分人极度渴望获得附着在土地所有权之上的社会地位和经济权力。17 世纪的内战期间及战后，英国上下涌起了又一轮土地分配浪潮。这两次社会变革共同打造了一个土地所有者新阶层。他们与旧贵族阶层不同，眼光更具商人特质。于是出现了一个新的土地概念：土地是私有的、可交易的商品。此外，在这一时期，贸易、农业和金融也有了长足发展。这些因素共同催生了适宜的环境，使得土地被空前广泛地用作贷款抵押物，并将土地所有权与萌芽中的资本主义经济牢牢地捆绑在一起（Linklater，2013）。

以这种方式拥有土地——产权有保障且业主有权利按照自己的意愿将其出售给任何人——是把土地用作贷款抵押物的必要条件。如果不具备这些特征，就不会有贷款方愿意接受土地作为抵押物。因为如果那样的话，当贷款方不得不行使止赎权时，他们就无法出售土地以补偿贷款损失。一旦业主拥有清晰且可交易的产权，并且背后有详细勘测、标准化测量和公认法律机构的支持，那么这一切就为信贷铺平了道路，使得银行信贷和其他信贷形式可以进行大幅扩张。社会、政治和法律对待土地的方式发生了改变，这一改变是现代金融诞生的一个关键因素，是产业革命和资本主义生产方式实现经济转型的一个至关重要的条件。直到今天，在包括英国在内的许多国家里，以地产为抵押的贷款（特别是贷给住房所有者的抵押贷款）是信贷创造和货币创造的最大来源（详见第五章）。

土地作为财产归个人所有，这一建制在经济变革和社会变革中发挥着重要作用。这一点在整个现代历史中都清晰可见。它让早期的企业家能够筹集资金，投资新机械；在德国、日本和韩国的战后国民经济重组中，它也发挥了核心作用。这些国家进行了土地再分配，把产权交给土地经营者（主要是在农业情境下），这让更多人有机会获得资本，其人口比例远远超过历史上的任何时期。这反过来促进了生机勃勃的资本主义经济体的形成，并催生了第二次世界大战后的长期繁荣

（Linklater，2013）。

在英国和西方世界的大部分地区，20 世纪中叶个人住房所有权的兴起，也让土地所有权扩展到很大一部分人手中。这对经济发展、经济复苏和经济平等大体上都起到了积极作用（Saunders，2016），至少在 20 世纪 70 年代之前是这样。

私有房地产的强大作用，让一些经济学家将其视作一把钥匙，想用它来解决发展中国家根深蒂固的贫困问题。赫尔南多·德·索托（Hernando de Soto）认为，赋予贫民窟居民对他们非正式占有的住房和商业地产的法定所有权，会让大量土地由前现代国家占有的状态变成完全私有的财产，从而刺激大范围的经济增长（de Soto，2000）。因为刚刚获得所有权的土地所有者，会利用他们的地产筹集资金用于企业扩张。

在无形的影响力方面，个人土地所有权给所有者带来了独立性，使其能独立于社区，独立于统治者。于是，这成为有些人的道德追求。在英国的民间故事中，特别是有关罗宾汉的传说中，英雄总是“壮实的自耕农”，因为佃农、教士和贵族总是被描述为缺乏诚实劳动的美德，而独立、自由保有土地的自耕农才是诚实劳动的典范。托马斯·杰斐逊（Thomas Jefferson）把小面积土地所有权与独立农场主的坚毅品德结合在一起。他心中的美国愿景，就是以这些坚毅的小农场主为模型的。到了 20 世纪，右翼和中左翼政治家均高度赞扬自有住房对道德品质的提升作用，视其为促进“有产民主”（property-owning democracy）的手段（Torrance，2010）。

土地所有权是盗窃：权力和经济租金

土地私人所有权的出现，也大大影响了对于演变中的且往往具有高度冲突性的现代社会政治史。土地所有权带来了经济权力，也带来了政治权力，然而两者之间的关系始终是不稳定的。控制土地带来了财富，因此也带来了权力。但是，财富也刺激了囊中羞涩的统治者，让他们把土地所有者作为征税和征用财产的对象。由于地产财富具有不可移动性，永久固定在某个地点上并从根本上牢牢地嵌入社会经济结构中，因此土地特别容易沦为征用的对象。于是，土地所有者往往会寻求政治权力，以保卫自己的财产。

有产者常常会寻求控制或限制统治他们的君主或政府的权力，途径是寻求控制政府。控制政府的典型手段是发展议会制度，以代表有产者的利益。一旦有产者控制了政府，往往就会利用法律为自己创造有利条件，保护财富并扩大产业。他们减轻了自己拥有的房地产应缴的税负，并将他人排除在外，使其无法获得土地所有权、经济自由和政治权力。

在英国内战后的政治解决方案里，我们可以看到上述过程：王权受到限制，议会保障了有产者和国王的债主们的权利（Kindleberger，1993）。美国这个国家是建立在个人土地所有权这一诺言之上的，在其宪法制定过程中，争论异常激烈，而不同的财产权理念是争论的焦点。

在今天看来，这些代表着（相对小规模的）土地所有者利益的早期政治权力主张，总的来说似乎是进步的，因为这限制了中央集权机构的专制权力，让个人权利和个人自由成为神圣的诉求。事实上，人权概念是在人们探讨财产权的本质以及对财产权如何加以限制的过程中出现的，两者密不可分（Linklater，2013）。

但是几个世纪以来，有关土地的政治经济状况在不断发生变化，这不是简单的线性历史叙述。个人土地所有权带来了权力。最初，它为封建贵族之外的新群体开辟了政治影响力。但是后来，新的土地所有者又运用这一力量垄断了政治权力，将其他人排除在外，使他们无法获得土地所有权。

具有历史讽刺意味的是，要建立房地产市场，就需要国家对封建贵族、王室和教会的土地进行相当激进的再分配，分给更大群体的士绅和商人阶层，但是这样的市场一旦建立，就反过来把土地所有权集中在少数大家族的手里。房地产市场的这一集中倾向，再加上新的土地所有者牢牢地把握着政治权力，导致了18世纪土地资产的兴起。由于土地所有者能够控制他们所在地区的选举过程，这进而导致了议会民主制的停滞不前，并走向腐败和庇护主义（Pearce & Stearn，2000）。跟之前的封建领主一样，大规模的土地所有者利用他们操控立法过程的权力，圈占公共土地，阻止人们分割他们的土地资产，并逐渐削弱了政府征税和控制他们持有土地的能力。

在东欧，拥有土地的利益阶层牢牢掌控着政治权力，竟达到建立农奴制的程度。法律禁止农民移居到领主地产之外的地方去，没有领主的允许，他们甚至不能结婚。极端的例子见于波兰。1505年，拥有土地的贵族阶层发起了生机勃勃的原始民主运动，可惜这一运动遭到了镇压，波兰倒退回了农奴制。土地所有者利用他们对王权的控制，以牺牲土地劳动者的利益为代价，巩固了自身的特权。16世早期波兰所具有的那种标志性的经济和政治活力被彻底遏制了，以致到了17世纪晚期，政府濒临破产的境地，基本上没有一丝力气抵抗奥斯曼帝国向东欧的扩张（Linklater，2013，p.114）。

同样地，这些矛盾在美国表现得也非常明显。南方庄园主依赖于奴隶制，这把相互矛盾的两种财产概念之间的冲突推向了更加激烈的信仰层面。在以上三个国家的案例中，土地所有者控制了权力工具，其结果都是政治和经济的僵化，以及最终的冲突或衰落。

在当今时代，土地所有者仍掌握着十分巨大的政治权力。我们从它们身上也可以看到类似上述的过程。在地方层面，那些拥有住房的人往往有抵制建设新住宅的动机，因为他们害怕新住宅会压低其房产价格，或者使住宅周边的环境发生不如意的变化。规划决策地方化，让他们拥有了可以阻止土地开发的政治手段，使得“邻避主义”（NIMBYism，即 not-in-my-back-yard）在英国成为一股强大力量。其实，总体住房供应不足是妨碍经济增长的主要阻力，也是不平等不断加剧的一大驱动因素。

同样地，这一机制的根源在于土地的特性：反对土地开发的住房所有者，从定义上看就会高度集中于某一地方，因此他们可以行使地方化的民主权利。而被排除在住房所有权之外的人们——甚至是完全没有蔽身之所的人——也就是有可能从新的住房供应中获益的人，在民主程序中没有得到或没有获得充分有效的代表。

在国家层面，住房所有者（以及与之有认同感的人群）在选举中占据了优势地位，导致各届政府均将住房所有者的利益凌驾于非住房所有者之上。最近几十年里，税收政策、规划举措、公共开支决策及管控体系都偏向于提升和保持房价，以维护现有住房所有者的资产价值（见第四章）。拥有和不拥有住房这两大人群间的鸿沟越来越深。尽管政府宣称它的政治目标是让更多人获得自有住房的机会，但是当不得不在不同利益集团之间做出平衡时，其政策却在始终如一地加深两者间的鸿沟（见第五章）。结果是，自 2013 年以来，英国住房自有率在绝对下滑（DCLG，2016）。最终，政府在其土地和房地产政策中使经济学意义上的“寻租”行为合法化了。

假设：财产既是自由也是盗窃

土地转变为私有财产，似乎既带来了经济优势，也带来了经济劣势。从政治经济学（经济学的前身）诞生伊始，思想家们就把这个问题作为一个研究课题并进行了旷日持久的深入探讨。个人土地所有权不仅为社会经济带来了有利有弊的后果，而且还就所有权的本质提出了根本性的哲学问题。

一旦土地归属私人所有了，社会创造的额外价值就会被土地所有者获取，然而他们没有为那部分价值付出任何努力。自由主义思想家大卫·李嘉图、约翰·斯图亚特·穆勒（John Stuart Mill）和亨利·乔治（Henry George）都强烈反对土地所有者不劳而获地攫取暴利，因为这是以社会上其他人的损失为代价的。不过，他们对土地财产私有这一原则坚信不疑。在他们看来，关键是要精准地解决经济租金问题，以防止其损害地产本身的合法性。

很多早期文明都反对土地私有制。这些国家或城邦的先贤对土地私有制的批评建立在宗教理念上，认为神圣的造物主把土地赋予了人类这个整体（Pierson，2013；Linklater，2013）。如托马斯·潘恩（Thomas Paine）等近现代思想家从世俗的自然法则理念出发来批判土地私有制。按照这种观点，在社会的初始状态下，土地被视作人类的共同财产，而且对于这一公共继承物，每个人都应该享有获得均等份额的不可剥夺的权利。“土地在自然未开垦的状态下……是人类的共同财产”，而且“应该成为个人财产的是改良部分的土地价值，而非土地本身”（Paine，1797，p.8）。

不管你如何评论此类道义之辩，你无法否认，从经济角度来讲土地所有权是排他性的。要成为土地所有者，你必须阻止他人使用那块土地（至少在某种程度上阻止）。如果持有的土地面积较小，或仍有大量完全无人居住的土地可供他人占有（事实上这种情况从没出现过），那么土地所有权的排他性相对来说可能不会构成问题。有关这几点的理论探讨，在美国建国之前的殖民时期就完成了。那时，北美的“无主地”确实十分充足——前提是忽略原住民的权利，而新移民确实普遍是这样做的。如果殖民者以任何方式承认先前的土地居住者和土地使用者的权利，那么他们就几乎不可能再提出一个正当的道德基础了。

人们也就无法以此为基础把土地从不存在所有权的集体占有状态变成个人私有财产，特别是这种剥夺往往还需要诉诸武力，甚至是种族灭绝。

从约翰·洛克（Lock，1690）到罗伯特·诺齐克（Nozick，1974），哲学家们曾试图从基本原则层面为土地财产所有权做道德辩护，但是没有人真正成功过（Ramsay，1997）。鉴于此，很难不得出下面的结论——借用法国思想家皮埃尔-约瑟夫·蒲鲁东（Pierre-Joseph Proudhon）一针见血的论述：财产是盗窃（Proudhon，1840）。但是，蒲鲁东也同意美国开国元勋托马斯·杰斐逊的说法：财产是自由。我们的假设是，这两种说法总的来说都是对的，两者相互依存又矛盾对立的关系，驱动着现代社会的经济和政治权力在持续变化中寻找平衡点。

回顾历史，仿佛存在某种自然循环模式。在一定程度上，房地产（包括土地、住房和其他建筑物）个人所有制的兴起使得经济权力趋于民主化，推动了经济发展，提高了生产率，缓解了财富不平等（Saunders，2016）。但是一旦超过某个特定的临界点，土地所有权所带来的稳固权力就开始背道而驰，使得土地所有者垄断了经济增长带来的额外财富，从而导致不平等加剧。最终，这些不利后果阻碍了经济发展，破坏了房地产私有制本身的政治合理性。当被排除在外的人口数量增长到临界点时，政治经济危机就可能会破坏房地产私有制赖以存在的社会契约。

历史上，此类政治经济危机的爆发形式包括经济崩溃和战争，而经济崩溃和战争都会导致财产的重新分配，有关房地产所有权的规则也会重新制定，以便能开始新一轮的循环。皮凯蒂将第一次世界大战和第二次世界大战看作此类危机的集中爆发：财富不断集中化，时间久了就会爆发战争，而战争的破坏力摧毁了大量此前积累的房地产财富，幸存的大部分则被政府征用为战争服务。对房地产（及其他）财富的极端破坏和再分配重置了这个系统，于是开始了又一轮经济蓬勃发展的新周期。

在新古典政治经济学理论中，私有房地产和住房所有权一般被视为积极有益的。但是，一些经验性研究发现，在某一地区或某一国家，住房自有率上升和失业率增加两者正相关（Blanchflower & Oswald，2013；Laamanen，2013；Oswald，1996）。安德鲁·奥斯瓦尔德（Andrew J. Oswald）认为，对这一现象存在五种解释：（1）自有住房者的流动性不及租房者，因此更容易受到经济滑坡的影响；（2）住房自有率高，会妨碍未就业人员和年轻人到某个地区找工作；（3）在流动性较差的经济体中，工人最终会从事不适合他们的工作，从而降低了总体生产率；（4）在住房自有率高的地区，土地规划相关立法可能会更加严格（邻避主义呼声更高），于是让本有意来此开设新公司的企业家望而却步；（5）自有住房者通勤距离可能更长，从而导致交通拥堵并使得整体经济成本上升［Oswald，（1999）2009，pp.47 ～ 49］。

从 1945 年到 20 世纪 70 年代，在发达经济体中，伴随着住房自有率的上升，经济确实取得了长足发展。但是自 20 世纪 70 年代以来，尽管住房自有率在继续上升，但是这些经济体的经济增长率却在下滑，同时财富和收入不平等日益加剧，金融市场的不稳定愈演愈烈。“住房所有权会带来益处”似乎不是普遍真理，而是只能在特定环境下和特定历史时期发挥作用。超过某个时点，住房自有率的上升也许就不再能够支撑经济发展了。

但是，有关住房所有权和劳动力市场的研究还普遍发现，住房所有者并没有觉得自己在劳动力市场中的地位下降了。住房自有率的上升，提高了更换居住地的总体经济成本，降低了劳动力市场的流动性。因此，这些发现可能存在“以偏概全”的问题，这在宏观经济学理论中十分常见。宏观经济学一定要有微观基础：对于具体的个人来说，拥有住房不会显著地影响他们的经济前景；相反，随着房价的上涨，实际上还会给他们带来收益。但是，就整体经济而言，住房自有率上升，与劳动力市场流动性降低和生产率下降存在关联。当然，即使自有住房妨碍生产率的提高，个人在理性上也仍然希望能拥有住房，因为背后还存在很多其他原因，比如拥有住房能带来安全感和社会地位，而且老年不必为住房支付租金。

发展私有房地产的自然界限到底在哪里？现在还不可能找到答案，相当重要的原因是很多因素在共同作用。例如，政治和法律体制的性质，是决定经济矛盾如何产生的一个重要决定因素。本书认为，是住房所有权与土地供给、信贷作用等其他因素之间的交互作用，最终决定着私有房地产对经济会有怎样的影响。第四章和第五章将会对此进行详细探讨。但是，十分清楚的是，没有任何经济体完全实现了私有制。因为在一个社会里，无数其他的集体和个人占有形式始终并存着，包括在那些极其强调财产私有的社会里。虽然我们还不能精确地划定界限应该在哪里，但是我们可以合理地猜想，这样的界限确实存在。

不能假定所有权注定是绝对的和归属个人的；同样地，也不能假定财富日益集中化及随之而来的剧烈震荡的周期循环是不可避免的。如前所述，在历史上，始终存在多种不同的保有权形式，走马灯似的来了又去。这种形成于 16 世纪的特定私人所有权形式，或许也有完成其历史使命的那一天，然后被其他所有权形式取代。

例如，我们完全可能把房地产所有权的自由度限制在最小范围内，只要它能够刺激投资和实现金融的杠杆作用就够了。我们也不是设想要把私有房地产模式扩张到目前并不由其占主导地位的领域中去。有证据显示，让大批民众获得产权的计划注定会失败。因为私有房地产的成功需要依赖外在条件，需要经济和社会中其他因素到位并发挥应有的作用，比如存在成熟的创业文化，金融部门愿意为新晋住房所有者提供贷款，以及有充分的法律和政治监管来防止内部特权人士剥削穷人（Payne，2004）。

在这一假设下，我们可以把当前时代看作又一轮刚刚开始爆发的危机，这次危机始于20世纪70年代。战后经济繁荣时期，不断扩张的住房所有权，助长了房产所有者的相对权力，因此，在税收、住房和规划政策上，西方国家的政府越来越多地把房产所有者的利益放在了首位。随着战后经济增长轨迹开始下行，西方国家的政府寻求再次激发一个新的经济增长时期，途径是信贷市场自由化以及为基本的自有住房提供补贴，而不是支持其他保有权形式的发展。这些努力最多只是把房产的自然界限稍稍向前推动了一小段，而与此同时，它们却可能进一步恶化了土地私人所有权的负面效应，而且相应的矫正措施也必须要更严厉才会有效（见第四章）。

对所有权悖论的应对

在整个现代经济历史中，规范土地所有权、土地继承和土地交易的法规一直是决定经济和社会结构的强有力因素。换句话说，游戏规则很重要。由于这些法规在本质上是政治性的，所以它们本身也受政治压力的影响。有关土地的政治经济制度十分复杂，政治权力有很多机会改变这些动力因素并影响其结果。

在不同时期，政府监管和干预房地产市场的目的不尽相同，这些目的包括（但不限于）控制领土，招募军队，获得特定社会团体的忠诚，筹集资金，发展农业，促进商业，改善公共卫生，提供基础设施及提高住房自有率等。

对土地经济的政策性干预，按照其首要目标的不同，大体可以分为两类。有些干预的目的是缓解房地产市场自身造成的不平衡，或缓解经济租金问题造成的社会伤害。为了达成这些目标，某些政策性干预被认为是必需的，比如有关土地开发的规划监管，以及旨在解决过度经济租金问题的税收政策。对土地经济的另一类干预措施的初衷则完全不同，比如为改善公共卫生而制定的土地使用法规，或为了增加财政收入而征收的房产税。

特别引人关注的是，试图同时达成上述两类目标的那些干预措施。比如，不消灭经济租金而是获取经济租金来服务于大众的整体利益，而不是让它填充个人土地所有者的欲壑。也就是说，“土地价值获取”机制寻求经济租金社会化，具体来说，往往是用获取的价值来支付基础设施费用。别忘了，土地价值的很大一部分是由基础设施创造的。但是，这种双重目标中不可避免地存在着一个内在矛盾：此类干预措施越能有效地消减经济租金的势头，它们所能增加的财政收入就会越少。这是一方面，另一方面，为了让公众获取可观的收益，政府的干预措施也必须让经济租金继续存在。

在实践中，对土地经济的公共干预工具多种多样，但是主要的政策杠杆可以分为以下 5 类。

政府征地、土地国有和土地分配

虽然王室领地原本是王室财富的来源，并且也被允许进行狩猎活动，但是在今天，大多数永久性公有土地的一般目的是为了防止房地产私有制对社会造成过度的负面外部效应。美国国家公园管理局拥有约 34 万平方千米土地，目的是保护国家遗产；在英国，地方议会拥有 160 多万套住房，其出租价格低于市场价，具有社会福利的性质。因此，土地直接公有能够极大地减缓经济租金问题，当然，前提是公有土地的所有者主动选择或被动接受不利用其资产最大化地获取经济租金。然而实际上，政府和君主往往都会竭力寻求租金，其热情不逊色于任何私人所有者：地处伦敦西区商业街中心位置的摄政街（Regent Street）完全是商业化运作，但没有几个人知道它归属英国皇家财产局（the Crown Estate）。

政府机构也可以为了实现政治目的或能够提供公共产品而获得临时土地所有权。中世纪的君主可以没收叛徒或未留遗嘱死亡者的土地，然后对其重新分配，以获得支持者的效忠。现代法律使得强制征购[1]土地成为可能。这些法规能够保证公共和私有基础设施及开发项目的实施，以免被不愿出售土地的人或机构挟持。政府也可以战略性地行使其强征土地的权力，以获得大量可开发的土地及由政府提供的基础设施所创造的增值，英国新市镇计划就是一个这样的例子（见第四章）。

此类权力的存在会改变土地所有者的动机，比如鼓励他们将土地投入公开批准的开发合作项目中去，以免面临土地被强制征购的境地。

规范土地保有、交易和继承的法律

如前所述，从古到今，欧洲的习惯法和成文法中始终有大量法规旨在规范地产的利用、权属和转移问题。今天，大多数发达经济体几乎不会限制谁才有权利拥有地产——但大多数都要求当事人正式登记和记录房契或产权交易情况。正式登记让房地产产权更容易得以合法行使，因此房地产可以被视作可交易的经济资产来处理。这些流程是如此标准，以至过去的黑暗历史几乎没有留下集体记忆。对于谁有权拥有哪些财产，历史上曾有过大量限制，限制条件包括阶级、种族、宗教信仰和性别。比如，在中世纪的欧洲，大多数地区禁止犹太人拥有土地。而在英国，直到 1870 年，已婚女性才获得拥有财产的合法

---

1. 征购即征用权，美国大多数州称为“eminent domain”，很多其他国家称为“expropriation”。

权利。

虽然保有权制度在经济史中占据着至关重要的位置，但是经济学研究并没有充分承认这一制度，在不同时期和不同国家里，保有权法律有着天壤之别。例如，18 世纪，跟英国相比，法国小农经济的生产率要高得多，但是剩余价值要少得多，而且贡献的税基也薄弱得多。这是因为法国的传统封建土地保有模式一直延续到大革命前，这种模式既不允许土地交易或把土地作为贷款抵押物，也不会像英国的房地产私人所有权那样刺激逐利行为（Linklater，2013）。

今天，其他类似国家在住房制度方面的巨大差异，同样也能从其各不相同的保有权相关法规中看出来。比如，在英国，私人租房的最短期限是 6 个月；在法国，是 3 年；在德国，则无限期（Scanlon & Kochan，2011）。

有关土地利用和建设的规划及管控措施

土地利用的相关法规至少可以追溯到现代早期。制定这类法规的动因往往是保护土地和建筑物免于不良开发，比如保护区就是用来保护历史文化遗迹或自然景观的；或者为了公共卫生，比如为了限制瘟疫传播，女王伊丽莎白一世（1533—1603）下令禁止在伦敦周围 3 英里（约为 4.83 千米）内建造任何房屋。虽然不同国家的此类制度可能迥然不同，但是如今所有发达经济体都对土地开发和土地利用给予了某种形式的法律限制（Bramley，2003）。

规划管理对土地定价和各种土地用途的收益也有重大影响（Cheshire & Sheppard，2004）。在现代经济体中，特别是城市里，一块土地的价格几乎取决于能够合法地在其上建造什么。比如，20 世纪 80 年代末，在日本房地产泡沫的巅峰时刻，据说东京皇居的地皮估值超过了整个加利福尼亚州——前提是如果允许在其上修建办公楼的话（The

Economist，2007）。但是，作为宫廷花园，它的价格就低多了。

规划管理的这一特性让它具有了间接解决经济租金问题的能力：法律可以要求或禁止土地规划的特定用途，以便限制土地所有者将成本外部化和收益内部化。例如，在英国，地方政府可以要求私营开发商在开发项目中提供保障性住房，将其作为取得建筑规划许可证的条件。保障性住房的稀缺性原本可以让土地所有者获取大量经济租金，但这一措施占用了一部分土地价值并将其用于公共产品，从而削弱了土地所有者获取经济租金的能力，还降低了土地的市场价格。

支持某类土地用途或特定群体的补贴

大多数发达经济体历史上都曾长期通过关税和补贴来保护本国工农业，通常是为了保护农业土地所有者的利益（Chang，2007）。16 ～ 18 世纪，欧洲各国政府始终在一边设置贸易壁垒一边发放补贴，以便最大限度地刺激出口并减少进口，从而保护本国农民和商人的利益。直到 1846 年《谷物法》被废除，这种重商主义的经济发展方式都是主流（见第四章）。

近年来，CAP（欧盟共同农业政策）控制着欧洲的农业补贴。CAP 覆盖全欧盟，向农民和土地经营者发放补贴，旨在支持欧洲农业的发展。CAP 始于 1962 年，是欧盟规模最庞大的单一共同政策，目前此项支出占欧盟整体预算的 40% 以上。多年来，CAP 经历了重大改革，其政策重点已经从生产转移到当前的“单一农场补贴支付”体系，这种支付是以持有土地的规模为基础的。这一转变给 CAP 招来了批评的声音，说它在体制上是退步的。批评者指出了许多广受关注的案例，一些众所周知的富豪每年都能从 CAP 获得数百万英镑的补贴。[1] 还有人认为，CAP 体系造成了供应过剩，食物价格人为虚高，且阻碍了较贫困国家的发展（Matthews，2011）。

自第一次世界大战结束以来，英国历届政府均已接受这一理念：要保证低收入人群买得起合乎需求的住房，国家必须给他们某种形式的公共补贴。在过去百年的大部分时间里，补贴的主要形式是“资本拨款”，即建设津贴，用于补助保障性住房的建设。但是在过去 30 年左右的时间里，给需求方的现金补贴已经稳步取代了给供应方的资本补贴。住房补贴旨在增加家庭收入，让更多人有房可住（见第四章）。

专家借助微观经济学的论点为这一转变进行辩护：现金补贴的补贴对象因此有了更多选择，而且现金拨款更容易避免无谓损失，因为补贴对象可以经过谨慎考量后确定，且可以随着其经济状况的改变而不断调整。虽然现金补贴让无房者得以在所有权经济中艰难度日，但是它明显不能解决经济租金的问题。事实上，现金补贴还可能会加剧经济租金问题，因为它提供了可支付给土地所有者的额外现金收入。自 20 世纪 80 年代以来，住房补贴开支飞速增长的英国国库，就是很好的证明（Webb，2012）。

征收房产所有税、占用税和转让税

土地的不可移动性和生产性，使其长久以来始终是征税的自然对象。几个世纪以来，各种不同的土地税始终是国库收入的首要来源。除了能提供现金或实物形式的财政收入，土地税还可以用来降低经济租金的影响程度。鉴于此，自亚当·斯密以来，政治经济学家们始终将其视为优选政策解决方案（见第三章）。在现代社会，土地的经济重

1. 突出案例包括女王、威斯敏斯特公爵及沙特阿拉伯的班达尔王子。2011 年，他们各自从 CAP 中获得的补贴从 25 万英镑到 75 万英镑不等。

要性发生了转变——不再仅仅作为生产食物及其他消费品的地方，因此土地税对国库收入的重要性随之下降，而且部分土地税被房产税代替了，比如营业税和房产交易税等（见第三章）。

根据土地价值持续征税方法，比如美国经济学家亨利·乔治推崇的单一地价税［George，（1879）1979］，仍然是很多经济学家眼中减少经济租金的优选机制（见第七章）。地价税明显拥有很多理论优势，因为它会减少而不是增加投资决策失误，而且能够通过降低投机压力来压低房价，同时还能强迫地产所有者根据持续成本做出理性决策，以此来决定其希望持有房地产的数量。实际上，几乎没有哪个现代政府成功征收过地价税，这主要是因为要引入这个税种需要跨越很大的政治壁垒（Brooks，2005）。如今，土地价值主要集中在房主自住住房中，这使情况变得更加艰难，因为即使拥有这类房产能带来巨大的经济价值，它们也无法轻易产生现金流。房主自用住房免税或允许住房所有者在房产出售后再缴纳税款，也许能降低地价税的政治障碍。

因此，政府普遍发现，征收房产交易税和房产开发税更加容易。经济学家往往反对征收交易税，因为交易税会扭曲交易动机，进而会进一步降低已经很低下的土地配置效率。而政府税务机关往往喜欢征收交易税，因为交易税能相对容易地筹集大量资金。开发税在理论上更加稳健，特别是当与强劲的土地利用规划政策相配合时，因为开发税让政府获得了一定比例的土地增值，而这部分增值恰恰是政府颁发规划建设许可创造的（有时也被称为“改良价值”）。

但是，这些税种在实际操作中遭受了挫折，这些挫折限制了它们减少经济租金的效力。首先，虽然理论上税负应该落在土地所有者而不是开发商头上，但是为了能从所有者手里买到土地，开发商们必然会进行价格竞争，于是让土地所有者承担这一成本就会困难重重。开发税在政治上也很脆弱，因为开发商和土地所有者往往都会强烈抵制它，甚至抵制到了推迟土地开发时间的程度，以等待政府取消开发税［Ambrose，（1986）2014］。

本章小结

土地是所有经济活动必不可少的特殊要素，因此，土地利用和土地所有权始终处于经济史的核心位置。然而，它并不是经济理论的核心。土地的特性让它成为高效的价值储存载体和金融抵押物，但也让土地制造了经济和社会问题，特别是经济租金问题。要让土地发挥积极的经济作用并减缓负面冲击，法律框架是极其重要的。于是，围绕土地所有权的各项规章制度，成为决定现代社会经济结构的关键因素。

不可避免的是，这些法规充满争议，具有高度政治性。它们还异常复杂，在不同管辖地和不同时期里大不相同。在当今时代，土地的主要经济作用体现在住房上，住房大部分归属个人自住房主，但绝不是全部。

在现代经济体中，有关土地所有权的法规绝大部分将土地看作私有财产。但是，私人所有权这个概念绝没有完全取代旧有的、更加复杂的房产和土地使用权形式。土地私有制的演变，始终处于现代资本主义发展的核心位置，是与个人权利和人权等自由主义思想相伴发展起来的。然而，虽然土地在经济史中具有核心意义，但大部分经济学理论却抹杀了土地的作用。下一章将探讨各种缘由。

第三章

被遗忘的要素：生产和分配中的土地

有位经济学家论调高，
计划不用土地来生存。
他几乎就要说到做到，
然而后来才发现，
他需要食物和饮水，
双脚也要地方站。

——打油诗，作者不详（摘自 Gaffney，1994A，p.96）

一旦任何国家的土地全部变成私有财产，地主就会和所有其他人一样，喜欢不劳而获，甚至会对土地的自然产物收取租金。

——亚当·斯密（Smith，1776，p.56）

引 言

我们可以把经济学理解为对商品和服务的生产、分配和消费的研究。生产本身是把各种实物和非实物的投入要素结合在一起，创造出能够供人们消费或具有社会价值的事物（产出）的过程。实物投入要素包括木头和钢铁等材料，而非实物投入要素则包括知识和技能。经济学家常用“生产要素”这个术语来描述这些投入。

三个最受认可的生产要素是：资本、劳动和土地。其中的“资本”是经济理论中颇具争议的话题。[1] 资本一般是指任何由人类生产的、可以提高人们执行生产任务的能力或提高生产效率的事物，比如机器、厂房或信息技术和通信技术。“劳动”指的是付出的努力，包括工作能力和知识。“土地”不仅是指生产发生的物理场所或区位，还包括大自然提供的其他资源（如矿石、水、海洋里的鱼和频谱等）。

---

1. 关于资本的定义，经济学家们多年来一直争论不休，不同流派给出了不同的定义。传统（新古典）经济学所说的资本，往往是指资金或金融工具以及资本财货。但是这一观点缺乏逻辑上的一致性，已经受到了挑战——可参见科恩和哈考特的文章（Cohen & Harcourt, 2003），与此相关的较新的参考资料是马克·拉沃（Marc Lavoie）和马里奥·斯坦瑞秋（Mario Seccareccia）对托马斯·皮凯蒂著作的讨论（Lavoie & Seccareccia，2016）。本书将集中讨论土地和资本的关系，其中资本本身就是一个有争议的话题。

从上面的描述我们应该可以清楚地看出，土地是重要的生产要素。正如本章开头的打油诗所表明的那样，生产无法在真空中发生，也就是说生产过程必须在某个时间点发生于某处。已知最早的经济学流派是法国的重农学派（Physiocrats）。[1] 顾名思义，重农学派的理念是所有的财富都来自土地和大自然。在和谐的社会里，政府不应干涉“自然”经济法则的运行，而应当为其提供补充。重农学派经济学家当时所研究和生活的社会，是以农业为主导的社会，因此他们攻击经济学思想的另一个主要学派重商主义（mercantilism），因为重商学派集中关注贸易和交换，而不认为真正的价值和利润都在农业剩余产品里。由于重农学派把土地视作所有额外收益的来源，重商学派建议法国政府通过征收土地税获得全部国库收入，而不是通过向贸易和工业征税，因为如此征税会让贸易和工业萎缩。古典政治经济学家极大地影响了现代经济学的诞生。他们更加重视劳动和资本，但是在有一点上他们和重农学派一样，即认为土地是最适宜的税收来源。

古典政治经济学：土地和经济租金

包括马克思、亚当·斯密、大卫·李嘉图和约翰·斯图亚特·穆勒在内的所有古典经济学家，都把土地看作至关重要的生产要素。但是他们承认，土地具有使其不同于资本和劳动的特性，特别是土地的供应量是固定的，而且土地没有生产成本。这意味着，在所有其他条件不变的情况下，土地需求的增加势必会引起价格上涨，而不是供应量增加。不管发生需求增加的土地的所有者是谁，他们都拥有着独特的经济地位：占有一种不受一般市场竞争规则控制的商品。拥有这样

1. 重农学派的开创性代表作是弗朗斯瓦·魁奈（François Quesnay）的《经济表》（*Tableaux Economique*）。

一种资源的所有权，能够让所有者获得额外的非劳动所得。古典经济学家把这部分额外非劳动所得称作经济租金。

在一般语境下，租金一词是指一方因短期使用某物而支付给另一方的报酬，比如租用公寓、汽车或机床。在经济学中，租金（经济租金的简称）的含义虽与前面的含义相关，却也有所不同。租金通常是指由独占某种稀缺或排他性生产要素所产生的全部利润，等于收益减去将这一要素投入生产所产生的费用。获得这类租金的人被称为食利者（英文是 rentier，源于法语），又叫食利一族。经济租金不能与常规的利润或生产者剩余相混淆，因为后两者都需要人类的生产性行为才能产生。

大卫·李嘉图首先在土地和区位语境下延展了租金的概念。李嘉图认为，一个地块的租金等于在相同劳动和资本投入的假设定件下，与使用最佳闲置土地（免租金）相比，为同样目的使用这个地块的相对优势（Ricardo，1817，ch.2）。那么一块拥有良好灌溉系统、靠近主路的农田，与不享有这两种便利的农田相比，自然就能获得更高的租金。李嘉图认为，劳动者的议价绝不会低于这个标准；劳动者绝不会接受更低的报酬，因为他们可以在免租金的土地上创造同样的产出并获得差额。那么，工资与边际土地生产力相关，而与劳动生产率无关。李嘉图的地租理论挑战了当时人们广为接受的工资理论，特别是托马斯·马尔萨斯（Thomas Malthus）的工资铁律（iron law of wages），即随着一个国家的人口增长，工资必然会降到略高于生存必需的水准（Malthus，1872）。[1]

李嘉图论点中有一个很重要的方面，即土地所有者不能自主选择应该向使用自己的土地的人收取多少经济租金。时间久了，任一地

1. 马尔萨斯和李嘉图是同时代的人，他们曾进行了长篇论战（Ricardo，1973，vol. II）。

块的周围都会开发新的土地，该地块的地租就会随之发生变化。这不受土地所有者个人的控制。同样地，经济租金与土地所有者对其土地的投资也没有任何关联。换句话说，地租是由集体投资和集体行为决定的，而不是个人。正如亚当·斯密在《国富论》中指出的那样（Smith，1776，p.162）：

> 因此，如果把地租看作为使用土地而支付的价格，那它自然是一种垄断价格。它完全不与地主为改良土地而投入的成本成比例，也完全不与地主所能负担的收入成比例，而是与农民所能负担的费用成比例。

城市语境中的经济租金：区位价值

李嘉图和亚当·斯密的著作针对的主要是农耕经济，但是地租理论也同样适用于以工业和服务业活动为主、更为发达的城市地区。随着时间的推移，如果一个经济体得以发展，人口也能快速增长，那么可供改良的无主地就会变得稀缺，最后将不会留下任何免租金的土地。这时决定地租的将是区位价值（locational value）。

土地改革家亨利·乔治在他的经典著作《进步与贫困》中描述了一片广阔无垠的大平原［George，（1879）1979，pp.95 ～ 101］。第一个移民来到了这里，虽然他拥有大自然的一切馈赠，拥有无限的空闲土地，但其实他在物质上十分匮乏，因为他自己能做的十分有限，仅能勉强糊口。随着时间的推移，更多的移民相继到来。一个居民点随之在第一个移民周围形成了。随着人口的逐渐增多，集体的努力促进了经济的发展，当地在多年后发展为一个城市。第一个移民占有的那块土地，价值变得极高，因为它地处现在这个城市的正中心。

> 第一位移民的土地在人口聚集的中心，商店、铁匠铺和制车工场都建在这里或这块地的边缘。那里很快就形成了一个村落，村落迅速发展成城镇，进而成为整个地区的交易中心。这块土地的农业生产力与当初相比并没有提高，但是它如今开始发展出一种更高级的生产力。对于投入在种植玉米、小麦或马铃薯上的劳动，这块土地的收益并不比当初多。但是，对于投入在细分生产部门的劳动，那些需要区位临近其他生产者的劳动，特别是处于生产链末端环节的劳动，即主要位于分配环节的那部分劳动，土地所产生的收益要多得多……人口稠密赋予这块土地的生产能力，相当于它作为农业用地生产能力的百倍，甚至千倍。地租是这种提高后的生产力与当初最低的生产力之间的差额。因此，这块土地的地租也在随之增加。第一位移民或任何继承了他的土地产权的人，现在已经成为百万富翁。哪怕这位继承者像那位名为瑞普·凡·温克尔（Rip Van Winkle）[1]的懒人一样躺着睡觉，他也能日进斗金。他获得了这一切不是因为他做了什么，而是因为人口增加了。

亨利·乔治写作的时代是19世纪末，但是同样的机制仍然适用于以信息和通信为主导的现代经济体。以一家数字媒体服务公司为例。虽然它不创造任何实体的产出，但是地处城市中心让其拥有更便利的交通，这意味着它离大客户和业务互补公司（比如数字设计或信息技术服务公司）的距离更近，并让该公司更能吸引有才能的员工来此工作。市中心区及相似类型的公司的聚集区，具有众所周知的“集聚”

1. 瑞普·凡·温克尔，美国作家华盛顿·欧文（Washington Irving，1783—1859）所著同名短篇小说的主人公，是一位懒汉。他在山谷中沉睡了20年，醒来后发现自己身边的世界已经发生了巨大变化。——译者注

（agglomeration）效率和网络效应（Feldman & Florida，1994；Porter & Clark，2000）。

通常而言，这类公司愿意支付给市中心区和近郊区的办公场所的租金是有差异的。这一租金差异反映了这样一个事实：在近郊区，它们必须在很多方面投入更多时间和金钱，比如交通、客户和企业关系维护及高端人才的工资等。这一差额就是那块市中心土地所有者可以收取的经济租金——让我们称这位土地所有者为布里格斯夫人。

经济租金不是一成不变的。在我们举的例子里，布里格斯夫人可能是十年前买的地，那时这个城市的规模相对较小，市中心的土地还没有这么抢手。在那十年里，布里格斯夫人可能投了一小笔钱维护她这块土地之上的建筑实体，可能是修理屋顶，也可能是换上了双层玻璃窗。但是由于其他私人或政府机构来此投资，所以非常多的投资可能会涌入周边地区。地方政府可能建了一条新的铁道，车站就在她那块地附近。企业家可能开了吸引人流的有机咖啡馆，市政部门改善了污水处理系统，投资了当地学校，开发商修建了高品质的公寓或家庭住房。所有这些投资都会提升布里格斯夫人那块地（相对于本市所有其他地区，实际上是相对于所有获得更少投资的地区）的相对价值。

地价就这样上涨了。通过对使用那块土地上的房产收取更高的租金（政府征税可能会拿走部分租金，详见下一节），布里格斯夫人可以获得这部分增值，她也最有可能这样做。除了为保持她的房产处于良好状态所需的维修费用之外，收益的其余部分就是经济租金。这并非劳动所得，而是天降暴利。这根本不能反映她投入的任何时间、劳动或生产性要素。这不过是她的运气好，她恰好在获得大量投资的区位买了一块地而已。[1]

上述分析同样适用于家庭住宅用地。居民偏爱环境好且交通便利的市中心，需求永远在持续攀升。这类房地产下的土地价格上涨速度，与房东对房产实体所做的投资没有关联。随着人们对某个区位的需求的增加，房东对他人居住其房产收取的经济租金也会上涨。没有理由要求地价的上涨与平均工资保持一致。这一点，从伦敦、纽约或东京这些城市的例子里就能看出来。

在李嘉图和其他古典政治经济学家看来，土地所有权衍生的过度经济租金会导致不平等水平恶化到危险境地，对经济增长也有扭曲效应。李嘉图提醒说，不断上涨的土地租金将会让英国的土地所有者垄断经济增长带来的收益。他认为，要防止这种情况发生，英国应该取消那些保护其土地所有者高价农产品的农业关税，改为从国外进口更便宜的作物。首相罗伯特·皮尔（Robert Peel）最终采纳了李嘉图的建议，于1846年废除了臭名昭著的《谷物法》（Hudson，2008，p.2）。第四章将讲述其中的细节。

也有学者认为，政府应该从根源上解决经济租金问题。既然土地是租金的主要来源，房地产私有化造成了一种部分人的随机致富，而且是以牺牲社会整体利益为代价的。19世纪的社会主义者［比如斐迪南·拉萨尔（Ferdinand Lassalle）和皮埃尔–约瑟夫·蒲鲁东］认为应该废除房地产私有制，认为“财产是盗窃”（Proudhon，2005，p.55）。他们认为，只有土地在得到积极有效的使用时，私有房地产才应该存在。这跟马克思和列宁之后的社会主义者的观点形成鲜明对比，他们力主土地国有化和集体所有制。

---

1. 当然，随着经济恶化，土地价格也会下跌。事实上，当经济震荡来袭时，地价的下跌速度比经济下降速度还要快。第五章将会进一步探讨这个话题。

其中的要点是所有上述19世纪的思想家大体都同意这一原则：经济租金不应该积累在个人手中。争议在于什么是合适的解决方案。长期以来，土地所有权是最为常见的经济租金来源，实际上，经济活动中还有其他一些经济租金的来源，比如特许权、专利和担保等（见框3-1）。

框3-1　经济租金的其他来源

本书主要关注的是土地所有权这种经济租金来源，不过经济租金同样也存在于大自然提供的其他生产要素中。比如，拥有在限定地区开采石油这一专营许可权的能源公司。它们能够获取的经济租金，等于它们所开采石油的售价与最接近特许石油产品的可代替来源（可能远在千里之外）的售价之间的差额。或者，如果石油公司组成卡特尔，比如欧佩克（石油输出国组织，简称OPEC），那么它们的经济租金就是由可替代能源决定的（美国在石油开采技术方面发现水力压裂法，似乎已经成功迫使欧佩克降低油价）。因为石油和其他自然资源（包括土地）具有天然的固定性或者说稀缺性，经济租金不可避免地迟早会发生——当供给不能满足需求时，所产生的价差就会填补供需间的缺口。

专利也能衍生经济租金，因为专利让个人或组织享有生产某些商品或服务的垄断权。比如，虽然其他人也有能力生产某种药物，但是法律不允许他们这么做。从某种角度看，专利是人为地让某些商品变成稀缺品。专利存在的合理理由是鼓励创业和创新——如果创业者的成功发明可以被复制，那他们就不会那么愿意为之投资或冒险了，因为这会大大降低他们的利润。经济租金也可能采取特许费的形式，比如提供电视、无线电或宽带频谱服务。

经济租金还是金融领域的一大特性。银行的背后有政府担保（通过存款保险制度），这让它们的信用借贷（银行贷款）与政府或中央银行发行的货币有了同等地位（Ryan-Collins et al.，2012，pp.75 ～ 77）。银行对贷款或其他金融活动收取利息，因此产生的利润往往会被视作经济租金，特别是当贷款本身对经济增长没有贡献时（例如，一家金融公司把筹集的贷款用作货币看涨或看跌的赌注，或购买现存的金融资产）。第五章将详述这一点。

经济租金解决方案：土地税或单一税制

英国古典政治经济学家坚信，私有财产是自由社会赖以形成的机制之一。这让他们认为，征税是最适宜的解决方案。[1] 在他们看来，这解决了私有财产和社会正义之间的内在矛盾。的确，亚当·斯密、约翰·斯图亚特·穆勒及后来的亨利·乔治都认为，经济租金应该是国家税基的基本要素。他们反对征收劳动税或资本税，因为正是劳动和资本在推动经济增长。穆勒这样说道（Mill，1884，pp.629 ～ 630）：

> 假设有这样一种收入，无须所有者做出任何努力或牺牲，它就能保持不断增长的趋势。此类所有者构成了社会中的一个阶层，他们随着社会发展的自然洪流而逐渐富裕起来。这一过程始终如一地进行着，完全无须他们采取任何行动。在这种情况下，如果政府将这些财富增值或其中的一部分收走并充公，那它们不会违背

1. 古典经济学家的这一观点有着悠久的历史：在消费税、所得税或公司税被发明出来之前，各古文明已经征收了几千年的土地税和房产税（Blöchliger，2015，p.6）。

> 那些构成私有财产基础的原则。严格来说，这种做法并没有夺取任何人的任何财产，只是收回了外部环境所创造的财富并使其为社会所用，而不是让它为特定阶层的财富锦上添花，毕竟这不是他们的劳动所得。

其中的观点是，政府对经济租金征税应该能切实推动经济增长，因为只有这样，资本家和土地所有者才更有动力投资资本和劳动并从中获益，而不是投资于非生产性的土地。以布里格斯夫人的那块地为例。如果她从那块土地获得的经济租金中的大部分都通过每年缴纳地价税的形式流走了，那么她就更有动机扩建楼宇或改善建筑外观，以便她可以收取更高的租金。事实上，如果她未来的经济租金注定会通过税款的形式流失，那她最终甚至可能会决定彻底卖掉那块地。如此一来，这块地就可能会被投入到更具生产性的用途中去，或被用作更具社会意义的活动。

亨利·乔治的《进步与贫困》首次出版于1879年，是有关土地和税收这一话题的最重要的著作。他在书中提出的核心问题是：科技和社会进步（包括教育和社会公益服务）让社会取得了如此长足的发展，却始终甩不掉贫困、不平等、失业和破坏性经济周期的桎梏，这怎么可能呢？他继承了李嘉图的思想，解释说：这些进步在造福人类的同时，也导致了地价上涨，于是土地所有者可以要求上调土地使用者所应缴纳的经济租金。

地价有自然上涨的趋势，使用土地需要缴纳地租，而且在土地上创造的一部分财富被用于支付地租。不过，地租的上涨速度比财富的创造速度更快。亨利·乔治认为，这导致的结果是减少了留下来用于上调工资和增加投资的财富比例。土地所有者就这样垄断了经济增长的收益。最终会达到一个临界点，从而导致那些处于边缘状态、无法继续承担员工工资的公司最终倒闭。而这又可能导致更普遍的经济低迷，随之而来的是失业率上升、银行危机爆发和抵押物赎回权的丧失。在一些专家看来，经济租金对生产性投资的自然挤出趋势，是困扰发达经济体的商业周期屡屡出现的真正原因［Anderson，2009；George（1879）1979］。[1]

对亨利·乔治来说，解决方案是一种综合性的“单一税”（single tax），即地价税（LVT），这是一项针对作为私有财产持有的土地的价格按年征收的税。这项税收要高到足以废除其他税种的程度，特别是废除劳动税和生产税，并且能提供足够的资金用于改善公共交通和提供社会公益服务，包括作为综合福利措施之一的为每位公民提供基本收入（Van Parijs，1992；Reed，2016）。亨利·乔治认为，地价税会让土地所有者更加高效地利用优势区位的土地，从而增加对劳动的需求，创造财富。这会导致工资增加，彻底消除贫困。有趣的是，亨利·乔治单一税制的思想，通过一款风靡全球的游戏得到了完美的诠释（见框 3–2）。

框 3–2 《大富翁》桌面游戏的秘密起源

《大富翁》是一款闻名世界的桌面游戏，也是帮助儿童理解资本主义经济的本质和财富集中化的危险的好工具。正如所有玩家都了解的那样，游戏内容是玩家竞争有限的财产或设施，而当一

1. 由于信息不对称和价格黏性，土地所有者能获取的租金也可能会超过地价的真实变化幅度。例如，有证据显示，当经济增长放缓或成本下降时（比如利率下调降低了分期付款额度），土地所有者并不会降低租金。但是，当成本上涨时（比如税费增加），他们会毫不犹豫地把成本转嫁到租户身上。

个垄断者控制了棋盘上所有的财产和设施并通过收取租金剥夺了全部其他玩家持有的货币时，游戏就结束了。

但是，这个游戏真正起源于美国反垄断活动家伊丽莎白·J. 马吉·菲利普斯（Elizabeth J. Magie Philips）。1904年，她发明了“大地主游戏”（The Landlord’s Game），为的是向公众解释亨利·乔治的单一税制是怎么回事。与“大地主游戏”之后演变成的《大富翁》游戏相比，两者的游戏方式十分类似，但“大地主”还配备了另一套可选游戏规则。这个可选规则让玩家彼此合作，把租金放到一个公共的“大锅”里，而不是支付给某个地主，这能确保所有玩家都有机会发达。这个游戏传遍了美国，在传播过程中出现了多种形式和多个名称。最后，查尔斯·达罗（Charles Darrow）于1932年为他的版本申请了专利，把相关权益卖给了帕克兄弟公司（Parker Brothers），并从中赚了数百万美元。[1]

在当时，《进步与贫困》影响巨大，卖出了几百万册。19世纪90年代，除了《圣经》之外，销量无出其右者。这本书被翻译成13种语言，引发了一场重大的社会改革运动，并由此诞生了一个新名称：单一税制学家，即倡导改用亨利·乔治所提的地价税的人们。[2]

然而，虽然单一税制这个概念极受欢迎，却从未得到实施，接近成功的案例只有英国的劳合·乔治（Lloyd George）。[3] 我们将在本章后文的“土地缺席经济学理论的政治原因”一节探讨其中的原因。但是，

1. 有关这款游戏的详细历史叙述，见奥尔班斯的著作（Orbanes，2007）。
2. 要了解亨利·乔治对后世的影响，参见加夫尼的著作（Gaffney，1994，pp.35～39）。
3. 1909年，时任英国自由党政府财政大臣的劳合·乔治提出“人民预算案”的财政计划，建议征收20%土地税（见第四章）。

历史上曾有一些成功征收房产税和土地税的案例，详见第七章。

对于本书而言，更加令人惊讶，也更加重要的问题是：为什么经济学专业领域没有欣然接受亨利·乔治和古典政治经济学家的论点，把土地税作为减少寻租行为的最有效基础？本章余下内容将会讨论这个问题。

新古典经济学及土地和资本概念的融合

我们在本章第一节中解释了古典政治经济学是怎样把土地、资本和劳动看作生产过程中截然不同的三个要素的。土地被视作至关重要的一个组成部分，而且和资本的界限是相当清晰的。但是如今，在经济学教学中占主导地位并为政府政策提供咨询的是新古典经济学。新古典经济学把土地和资本的概念融合在一起了。换句话说，与古典政治经济学相比，新古典经济学的资本概念里包含了土地。

这一概念的偏离貌似源于一群学者的一个愿望。19 世纪末 20 世纪初，一些学者希望能发现普遍适用于经济学这门学科的一般法则，或者叫自然法则，以此来提高经济学作为一门客观科学的学科地位（Gaffney，1994b）。[1] 这与古典政治经济学家使用的规范性构架形成对比。在古典政治经济学家看来，经济结果是政治和自然市场机制共同作用的结果。约翰·贝茨·克拉克（John Bates Clark）是当时的领军经济学家之一，也是公认的新古典资本理论奠基人。克拉克辩称，当我们把某个静态时点的经济概念化时，李嘉图关于经济租金源自土地边际生产力的理论也同样适用于资本（Clark，1891b，pp.144 ～ 145）。

---

1. 要详细了解在前乔治主义视角下，新古典经济学中的资本概念是如何形成的，见加夫尼的著作（Gaffney，1994b）。托宾讲述了新古典经济学理论在美国的发展，内容更加广泛，但具有批评性（Tobin，1985）。

> 要研究社会的静态收入，我们必须要以美元为单位，用固定的数值来表示某个时点上存在的投资性财富。我们必须要用商人的思维把它抽象地当作一个已投入生产性用途中的数值或一笔资金，而不用考虑这些资金所投入的具体事物。虽然建筑、工具、材料和土地等是我们所说的资本的具体形式，但是我们暂时不要考虑这些具体事物的性质，而是要像商人把它们记录在清单里时那样把资本看作一定数额的美元。这是生产性财富的数额……这些资金的收益，像土地产品一样，每一种都存在级差利得……假设一个孤立群体的劳力始终等于100个普通人的劳力，假设资本是一个单位一个单位地投入的。我们可以想象把这些人放到大海中央一块光秃秃的大岩石上，然后给他们一点沃土、一两粒种子和一汪水，然后再给一点沃土和一系列干活的工具。但是，我们需要暂时忘记投资的具体形态，只记住这样一个事实：随着资金量的增长，它的质量会自我调节以适应使用者的需要。假设给这些人1个单位的资本，这份资本的生产力极高；给他们两个单位的资本，每单位资本的平均产出就会减少；给他们100个单位，则最后一个单位的资本只能产生一般利润，不产生超额利润。

然后，克拉克又将这一论题向前推进了一步，表明边际生产力理论同样适用于劳动。假设资本（包括土地）存量是固定的，每增加一名工人将会贡献更少的边际利润。当额外增加一名工人所产生的边际成本等于他们创造的边际收益时，这时就是一家企业利润最大化的时刻。克拉克发明了一个纯资本（pure capital）的基金概念，它同等存在于土地、劳动和资本品中（Clark，1891b，p.145）。纯资本可以在资本品间转移，也可以通过迁移或转型从资本转向土地（Clark，1890，摘自 Gaffney 1994b，p.53）。

尽管克拉克的纯资本概念带有神秘色彩，但是20世纪早期的英美经济学家还是采用了他的这个概念并加以发展，将其作为收入分配和经济增长综合理论中不可或缺的一部分。例如，著名英国经济学家菲利普·威克斯蒂德（Philip Wicksteed）清晰地陈述过，包括土地在内的任何生产要素长远来看都是可以相互转换的（Wicksteed，1914，pp.6 ～ 7）。

> 打个比方，要生产出某些人为某种目的而珍视的某种商品，土地、各种仪器设备以及手眼和大脑等各种专门器官都是不可或缺的。这些各种各样的要素缺一不可。因此可以说，作为一个整体的这种产品依赖于各个要素之间的统一协作。但是，这些要素的组合比例却存在很大的变化空间。不管现在的比例如何，各个要素的重要性都存在级差，而且它们的级差重要性都可以用统一的单位来表示。也就是说，可以用彼此来表达对方，即用任何一个要素增量或减量的当量来表示任何其他要素的增量或减量。当量的测定标准是对产品效应的中和影响，甚至可以说，不是对实体产品的效应，而是对交换循环中的广义资源的控制。使用当量正是出于这个目的。

克拉克的著作极大地影响了20世纪的经济学。尽管古典政治经济学家高度重视土地，指出土地具有与众不同的特性，但是宏观经济学家仍然在很大程度上放弃了土地这一要素，没有把土地作为独立主题进行分析。克拉克的总生产函数模型，成为影响深远的新古典双因素经济增长模型的基础，如20世纪30年代的哈罗德–多马模型（Harrod，1939）和20世纪五六十年代的索洛模型（Solow，1956）。这些模型修改了克拉克的静态模型，将其一般化，生成了动态稳态经济增长模型

（Tobin，1985，p.31）。标准的总生产函数仅由资本和劳动两个要素构成，两者彼此可以替换。土地要素消失了。

虽然微观经济理论中仍有土地的身影，但只是作为与资本和劳动有着同样基本属性的生产要素。翻开任何一本微观经济学教材，你都会看到一系列图表，它们大都会显示供给曲线与向下倾斜且针对个体公司的需求曲线相交。它们代表着不同的生产要素：劳动、土地和资本。不同生产要素的图表基本没有区别。每个要素都遵循着同样的规则：随着产量的增加，回报和边际收益逐渐减少。[1] 正如前文中克拉克所表明的那样，在其他要素同等的条件下，额外增加一个单位的资本，土地和劳动能够提供的利润比例会随之缩小。不管是哪个生产要素，利润最大化永远发生在要素的边际成本等于边际收益时（经济学术语叫边际收益产品）（Sloman & Wride，2009，pp.258 ～ 289）。在完全自由竞争的市场中，工资和价格是由这些机制决定的。

新古典经济学阐释的弊病：土地与资本的根本差异

几十年来，上面简述的边际生产力理论一直饱受批评。[2] 但是大多数批评的着眼点在于，这一理论认为土地和资本理论上遵循的是同一种机制，特别是它认为是市场价格造成了两要素间的收入分配，而不

---

1. 参见著名本科教材《经济学》（*Economics*），作者是约翰·斯罗曼和艾利森·莱德（Sloman & Wride，2009，pp.258 ～ 259）。该英文版全书共 793 页，作者用 4 页的篇幅探讨土地在经济中的作用，放在了讲述微观经济学理论的部分（第 9 章：收入分配理论）。他们在第 58 页讨论了“生产的非人力要素”，即土地和资本。书中用两个图表表示了“要素的利润最大化使用原则”，说明不管是土地、资本还是劳动，“边际成本 = 边际生产收益量”这个公式都同样适用。
2. 最著名的是 20 世纪五六十年代的 20 年“剑桥论战”。论战双方是英国剑桥与美国剑桥（麻省理工学院所在地）这两个学术名城的学者。详见科恩和哈考特的讨论（Cohen & Harcourt，2003）。

是收入分配决定了市场价格（Cohen & Harcourt，2003；Keen，2011，pp.142 ～ 157）。然而，很少有人关注土地在经济中的作用，以及把土地和资本融合在一起这种做法是否合理。

乍看起来，新古典经济学把土地和资本融合在一起，貌似符合一定逻辑。毕竟两者都可以被视作商品：在成熟的资本主义市场中两者都可以买卖。一家公司的资产组合中可能同时包括土地（或房地产）和某家公司的股份（等于拥有资本股），并且两者可以按照规定的市场价格彼此相互转化。而且，土地和资本品都可以被视作价值储存手段（想想俗语“和房子一样安全”），在某种程度上它们还都是流动性的来源。虽然土地的流动性明显不及公司股份，但是土地始终是银行贷款的优选抵押物。近几十年来，抵押贷款支持证券已经成为重要的金融工具（第五章将展开讨论这一点）。

然而事实上，土地和资本从根本上说是两个截然不同的概念，把二者融合起来就同时破坏了这两个概念的作用，妨碍我们正确理解生产和分配过程。[1]

土地具有永久性，而资本是暂时的

土地具有永久性，无法被生产，也无法被复制，无法耗尽，也无法折旧。如第一章所述，经济意义上的土地指的是物理空间：其表层的土壤可能被侵蚀或退化，但是下面的土地仍然存在。这些特性都不适用于资本。资本品是由人生产出来的，时间长了会因为磨损或技术革新（比如电脑或手机）而发生折旧，而且它们是可以复制的。在任何一套国民经济核算里，你都可以看到一个高负值数字在描述实物基

1. 下文的叙述大量参考了梅森·加夫尼的论文：《作为独特生产要素的土地》（Land as a Distinctive Factor of Production）（Gaffney，1994a）。

本存量的折旧：在计算国民产出时优先选用的变量是净资本投资，而不是总资本投资。但就土地而言，净值和总值是相等的。

大部分经济理论，特别是微观经济理论把时间分为短期和长期两大类，这忽视了时间对土地和资本的不同作用（Keen，2011，pp.175 ～ 202）。从短期来看，一般会假定某些要素是固定的（比如你无法立即建成一座工厂，或根据新需求马上开发出一种新产品，又或者立刻实现技术革新），而其他要素是可变的。但是从长期来看，一般假定所有生产要素都不是固定因子。事实上，包括土地在内的所有因素都是同样可变的。因此，通过改变资本存量来改变产出水平或进出某个产业，都不受限制。从长期来看，企业——微观经济学的主要分析对象——会提前计划并达到最低长期平均成本。在均衡状态下，这等于长期边际成本。长期理论忽视了土地的永久固定性，以及它无法转化为资本或劳动的事实（Gaffney，1994a，p.58）。

他们的论点是，剔除了动态因素的复杂性，经济的真实或者说纯粹运作方式将会得到更清晰的揭示。微观经济理论一般探讨的是共存关系或者叫比较静态分析（劳动和资本在某个时点是如何结合在一起来创造产出的），而不是动态关系。这导致该理论可能会忽略资本的持续创造和持续耗损，以及土地的持续存在和不可折旧性。

其实，虽然地价会随着经济周期而波动——也有人说地价造就了经济周期（见第五章），但是从长期来看，土地通常会升值，而不是像资本那样发生贬值。如果你仔细想想，这是注定要发生的。随着人口的增长，经济在发展，资本存量也在增加，但是土地仍然是固定的。结果是土地价值（地皮租金）必然会上涨。

事实上，有较为充足的证明表明，随着经济体的成熟，与其他消费商品相比，社会对土地的需求会增加。土地可以被视作身份性商品（Hirsch，2005），对它的需求与个人相对于其他人的社会地位有关，因此它不遵循边际收益递减规律（Veblen，1899）。当技术发展降低了其他商品的成本时，对于最宝贵的土地的竞争却会日益激烈，于是它所消耗的收入比例也会越来越大（Stiglitz，2015a；Turner，2015a，pp.176 ～ 178）。

与此类似，在住宅不动产中，土地元素的价格上涨速度比实体建筑价格涨速要快得多（Knoll et al.，2014）。与之相关的是，跟许多其他消费品不同，家庭对空间的需求具有高度弹性。举个例子，如果你把某些家庭的住房面积增加 50%，那么有多少人会觉得自己的住房面积太大而过度消费了呢？这说明，供给量这一个因素决定不了土地价格，也无法提供可行的解决方案。

我们无法制造土地、空气、阳光或水，我们只能获得使用它们的权利，或（暂时）改善或恶化其状况。和资本不同，长期来看土地可以被用于不同用途：从垃圾处理到摩天商业大厦，再到铁路。所以，土地上附着了机会成本：任何时候它都可以被用于多种不同用途。如果城市扩张，住宅和工厂占据了更多土地，那么留给其他用途的土地就少了，比如食物生产工厂和野生动物保护用地，或用于休闲活动的空间。[1]

虽然对个人来说土地可以被视作一种价值储存手段，但是个体行为无法提高土地作为价值储存手段的总效能，因为要实现它所储存的价值，个人消费者只能把它卖给别人。作为对比，个人或企业可以通过储蓄、投资或创新来同时增加个人资本和总资本，而不会影响任何其他人的资本。在大多数情况下，有形资本只有一个用途——除此之外，只能在被淘汰时当废品变卖。

1. 虽然一块土地可能同时派上多种用途，比如一块湿地可用作野生动物保护区、休闲场所或防洪设施，但土地总量是恒定的。

总之，资本的存在需要空间和时间；而土地本身就是空间，且不受时间影响。

土地具有不可移动性，而资本可以移动和改变

土地除了具有永久性外，还具有不可移动性。而资本却相反，能够周转。随着资本折旧，企业将利润或资本增值免税额再投资于新技术，搬迁到更好的区位去，出售或回收旧设备，资本都会改变其形态和区位。如果你住在城市里，你就可以清楚地看出这一点：新商店开业又关门，新建筑建起又拆除，人行道和马路被挖开重建。这一切都发生在同一块土地上，而土地本身却始终没有改变。

同时，土地被固定在由政治而非经济界定的行政区域内。资本很容易跨越这些界限——资本是可移动的，可以迁址。如果你有一家跨国公司，你想逃避法国的高额公司税，那你可以轻松地把生产运营业务转移到加勒比地区的避税天堂去。但是，如果你需要享有便利的运输网络，或需要临近提供互补商品的特定生产商，或需要轻松雇用到会讲法语的高技能员工抑或必须在特定时区内运行以便交易者能便捷地进入市场，那你可能就需要重新考虑了。这些特征被固定于空间上，即“土地”。

英格兰银行统计部门把贷款分为有担保或无担保两种：前者指的是有房地产做抵押的贷款（Bank of England，2016a）。在英国和大多数发达经济体中，房地产抵押贷款在信贷总量中所占的比例，比无房地产抵押贷款的占比更高，利率也低得多（第五章将进一步讨论这一点）。金融机构极为看重区位、固定性和永久性——不信的话，你试试把电脑作为抵押品向银行借款！

土地能为使用者提供稳定的服务流，但是它和资本品不同，无法被储存、控制或节约下来供未来可预见的增长性需求使用。不对土地

加以利用，土地服务就打水漂了。新古典经济学的奠基人之一阿尔弗雷德·马歇尔（Alfred Marshall）意识到了这一点。他认为，土地的公共价值来自三个因素，三个均是外在因素，不受土地所有者控制：自然的馈赠、公共服务及附近私有土地利用所产生的溢出效应（不管是积极的还是消极的）（Marshall，1920，pp.300 ~ 307，摘自 Gaffney，1994b，p.49）。

边际生产力理论假定，从长期来看，所有生产要素——不管是土地、资本还是劳动的边际收益都是可变动的（Wicksteed，1914，p.7）。这一假定的基础是，所有要素都可以分解为等值的物理量：如果一家企业向生产过程中增加了一个单位的劳动或额外资本品，那么新添加的这个单位与之前各个单位的性质均相同。但是，土地并非如此。一家企业不可能获得完全相同的两块土地，因为每块土地的区位都是独一无二的。一般情况下，城市每新增一块土地，都会距离生产中心更远一些。

土地的经济租金不会增加投资或生产

如果资本投资回报率[1]上升，这会吸引更多资本流量——在一定利率条件下，直到收益率降到一般水平。也就是说，直到竞争扼杀了超额收益。换句话说，资本投资所产生的利润、分红或利息收入，会吸引更多投资需求，从而可能推动利率上浮。这些一般规律不适用于土地。当地租上涨时，超额收益会反映在地价上涨上，而地价被视为生产的固定成本。这是一个循环论证，不是地价拉高了固定成本，而是地价吸收了生产创造的额外收益。结果是，土地成本上升并没有提高生产力或资本需求，其作用恰好相反。高地价和高地租消耗并降低了

1. 资本回报率或资本投资回报率的典型计算方法是，净营业盈余减去纳税额，然后除以指定时期的总资本投资。通常按年计算。

资本收益（Gaffney，1994b，p.65）。

资本和土地竞争着企业相同的有限开支能力。在所有其他条件不变的情况下，如果土地价格上涨，企业用于资本投资的资金就会减少，利润就会下滑。企业可以用资本置换土地，比如建造摩天大厦或深挖地下室，以节约土地成本。[1]但是，置换的限度也就到此为止了，而且毕竟与把资本转化成土地是不同的。新古典经济学理论似乎在假定，企业不能把土地转化为资本，因为如果没有土地，资本就无法存在——资本需要空间和时间才能存在。反之则不成立：没有资本，土地仍然存在。此外，虽然某个企业（或家庭）确实可以在一定程度上获得额外的土地，包括用资本来置换土地，但是企业作为一个整体却无法获得额外的土地，因为土地的总供给量是固定的，至少人们想要的那种类型的土地的供给量是固定的。

资金的成本（利率）对土地和资本往往也会有逆效应。虽然利率下调降低了资本投资的成本，但是随着生产力的提高和经济的增长，资本支出增加往往会推动地价上涨，依附于其上的地租也会随之上涨。此外，低利率会对高地价推波助澜，因为它让更多信贷流入了家庭住房和商业地产的抵押贷款（详见第五章）。

总之，为了更加广泛地了解决定着资本和产业的那些过程，我们有必要先分别了解土地和经济租金的动力机制。

土地缺席经济学理论的政治原因

如上所述，土地和资本之间存在根本差异。而新古典经济学在

---

1. 伦敦的肯辛顿—切尔西区是英国房价最高的地区之一。2013 年，该地区接到了 450 份地下室建筑规划申请。与此相比，2001 年这一数字是 46 份（Dowling，2014）。由于居民的反对，市议会于 2014 年决定禁止挖掘多层地下室（Ward，2014）。

边际生产力理论中居然成功地把两者合二为一，真是令人称奇。有学者认为，克拉克及他的追随者能够成功的真正原因是，他们代表着既得利益者（有产者）的利益，并得到了这些反对土地税的阶层的支持（Gaffeny，1994b；Hudson，2010）。

新古典经济学的资本理论，除了在寻求一种普遍适用的资本理论，以便把经济学变成一门真正的科学之外，它还可以被视为对亨利·乔治的一种政治回应，是对19世纪末20世纪初不断发展的单一税制运动的回应。亨利·乔治的反对者们模糊了土地在财富创造过程中所发挥的具体作用，将其与资本品混为一谈，借此来阻挠政策制定者和进步政治家把土地价格分离出来征收地价税的提议。克拉克和他的追随者曾就职于哥伦比亚大学等美国高校，得到了大企业的资金支持。到了19世纪末，这些大学的宗教背景正在逐步淡化，转而由富有的商业和金融利益集团提供资助（Gaffney，1994a，pp.50～53）。

有证据显示，亨利·乔治（以及李嘉图）有关土地的经济租金理论构成了克拉克发展其理论的动力。加夫尼提到，克拉克的文章有24篇是针对亨利·乔治的，时间跨越28年（1886—1914年）（Gaffney，1994a，p.48）。以下引文就是其中一例，摘自他的权威著作《财富的分配》（*The Distribution of Wealth*）一书的序言。

> 亨利·乔治先生提出他的主张：工资是由耕种免租金的土地所能得到的产品决定的。正是这个主张首先让我致力于去寻找一个方法，把任何劳动的产品从多个要素协力创造的产品中分离出来，单独加以识别。这种探索让我得出了本书呈现的规律。按照这个规律，在完全自由竞争的条件下，任何劳动所得的工资倾向于等于该劳动本身所增加的产量。（Clark，1899，p.viii）

在更加广泛的意义上，克拉克的主张和当时欧洲盛行的边际效用理论，可以被视为对亨利·乔治和卡尔·马克思（1867）劳动价值论做出的回应。乔治和马克思都强调经济租金和资本家对工人的剥削，两者都是生产工具（借用马克思的著名术语）私有制的产物。

虽然克拉克所主张的边际生产力理论被描述为客观的分配理论，但是事实上，它有着强烈的规范性色彩。他明确地辩称，由对产出的边际贡献来决定报酬是公平的，因为“按照自然法则，一个社会阶层所得到的就是它对该产业总产出的贡献”（Clark，1891a，p.319）。每个单位的资本或劳动都有自己的边际产品。在完全自由竞争的条件下，每当一家企业尝试支付低于这个标准的报酬时，都会导致其他企业支付更多。竞价会让价格重新回到均衡水平。如果克拉克的自然法则“无阻力地顺畅运行，那么它会让每个生产要素获得其本身所创造的财富额”（Clark，1899，p.v）。在这里，克拉克认为土地所有者这个阶层所做的贡献就是土地对生产的贡献。不过，克拉克并没有承认自己是这样假定的。

边际生产力理论和边际效用理论最后都会创造这样一个世界：只要存在足够竞争和自由的市场，所有人都会根据他们对社会的真实贡献获得相应的公平报酬。用米尔顿·弗里德曼的名言来说，就是“没有免费的午餐”。

边际生产力理论丝毫没有提及生产要素所有权的分配问题，更不会说土地了。地产被认为是最有效的组织形式，因为它让私人交易和自由市场成为可能。这一理论几乎毫不质疑房产所有权和保有权的分配方式，也不质疑享有这些权利为所有者带来的收益（租金）。这最终限制了该理论关于收入分配的阐释所能达到的高度，特别是考虑到在这个真实的世界里此类经济租金的数额如此巨大（Robinson，1973）。

土地与社会主义

虽然新古典经济学可以说是主导了过去50年里的经济学思潮，但是在20世纪的前60年里，卡尔·马克思产生了强大的影响力，而且从1918年至今出现在世界各地的社会主义政权延续并实践了他的思想。马克思主义聚焦于生产工具所有权产生的经济租金。欧洲的社会民主主义政权在发挥政府干预作用方面尤为成功。它们制定了竞争法，防止了垄断权力的极端滥用，同时还征收累进所得税，以此来支持先进的福利国家。甚至在美国这个从未实行过社会主义和企业公有制的国家，强有力的反托拉斯立法也对那些控制着铁路、电报和石油行业的超大型垄断企业给予了致命的打击。为了给人民提供保障性住房和公共基础设施，并使其免受食利者的盘剥，罗斯福进步时代的政策促成了巨额公共投资。

然而，土地的经济租金远远没有受到那样高度的关注。一个可能的原因是，亨利·乔治本人以及他的单一税制运动没能与19世纪晚期和20世纪上半叶不断壮大的社会主义运动形成广泛联盟。因为亨利·乔治只强调地租及土地税这种解决方案，而没有论及其他形式的经济租金。赫德森（Hudson，2008，p.4）认为，只把焦点放在土地税上未免有些狭隘。

> 因为这样做就把亨利·乔治与其他改革者孤立开来了。改革者认为，土地税对有产利益集团来说挑战性过大，因此他们诉诸更容易实现的公共法规改革和更多元的税制改革……亨利·乔治……反对资本的社会主义所有制，甚至不倡导工业改革和金融改革。亨利·乔治在反对这些改革方面毫不妥协，这进一步把他的单一税制主张推到了政治光谱的远端。

在亨利·乔治生活的年代，美国的土地并不十分稀缺。有强有力的证据表明，真正的租金被商业垄断公司攫取了，比如控制着全国资本流动的铁路公司（Patten，1891，p.361）。在美国，税款历来是由地方政府负责征收。因此，联邦政府为了征收全国性的土地税而展开的政治斗争十分艰难。相对而言，在商业和劳工部门实施包括打破商业垄断在内的全国性改革则要容易一些。

相比之下，欧洲的土地更加匮乏，土地所有者和劳动者之间的不平等状况更加严重。因此，在这里，亨利·乔治理论的潜在影响力也许更大些，特别是考虑到李嘉图在英国留下的思想遗产。亨利·乔治基本认同李嘉图的理论。但是，李嘉图主要关注农用土地的边际生产力，而不是城市土地。随着农业生产的工业化及其取得的巨大进步，在农业用地上从事劳动的人口比例不断减少，于是李嘉图的影响力也在随之减弱。第四章将更加深入地探讨这些重要发展。

在19世纪中后期，马克思的影响力逐渐增强。他对土地税持怀疑态度，将其视为支持工业资本和城市资产阶级的政策。马克思认为土地税有利于资本家与拥有地产的既得利益集团之间的斗争，但无力防止他们剥削劳动人民［Marx,（1847）1995，引自Hudson，2008，p.13］。在马克思看来，只有把资本主义生产工具和土地全面国有化，才能让劳动人民获得他们应得的、公平的经济盈余份额，别无他法。李嘉图地租理论的政治目标是支持征收土地税，而不是征收工业税，是“试图挽救资本主义政权的最后尝试”。[1]

虽然亨利·乔治支持自然资源的垄断权应该归政府所有，但是他

---

1. 1881年，约翰·斯文顿（John Swinton）寄给马克思一本《进步与贫困》，马克思在回给斯文顿的信里写下了这句话。这句话发表在恩格斯的著作中（Engels，1887，此处引自Hudson，2008 p.41）。

反对征收资本税和所得税［George，（1879）1979，pp.125～126］，并把工业看作财富的创造者。这一观点招致社会主义者的敌视。社会主义者越来越认为，对劳动人民的剥削与资本家控制着土地关系不大，更多的是因为政府没有合理调控工业，没有对过高收入征税。

同样地，亨利·乔治也没那么重视金融行业的改革。而社会主义者，特别是蒲鲁东的追随者，把金融行业看作食利者利润的主要来源，认为金融业使得公共和私人债务不断累积，超出了经济增长能够消化的范围。亨利·乔治在很大程度上忽视了银行攫取经济租金的能力，没有认识到银行通过住房抵押贷款的利息获得了部分因地价上涨而产生的经济租金（Hudson，2008，p.20）。对于这一现象，本书第五章将进行深入探讨。

最终，与土地税运动相比，着眼于调控工业以及主张对资本和劳动征税的社会主义运动，取得了相当大的成功。在欧洲社会民主主义政府下，税收没有落在土地所有权所滋生的非劳动所得上，而是落在了资本收入和劳动上，或者在很大程度上落在了货币资本的利息上（见第四章）。

今天土地与资本融合的后果

经济政策未能正确地兼顾资本和土地的不同属性，这一点在当前有关房地产的政策——尤其是相关的税收政策中就可见一斑。

如果你是一名在英国购房出租的业主，那你会获得一定的免税额，以此补偿你的住宅中实体家具的资本折旧。但是同时，你又应该在出售房屋时支付资本利得税（假设你不居住在这所住宅里）。显然，你家中家具的价值会折损——砖和灰浆也会折旧，但是与此同时，住房的总价却在上涨。事实上，是住房下面的地价在上涨。本章第二节已经解释了其中的全部原因。虽然税收制度承认两者的差别，但我们却将其都称为资本，从而把两者混为一谈。

在更加广泛的层面上，在英国，出租房间或住宅所获得的非劳动所得的税率与生产活动（工作）收入的税率是相同的。由于地价涨速比工资增长的速度快，所以土地所有者要求的房租的涨幅高于工资增长率。此外，资本利得的实现速度快。这些因素共同作用，构成了对土地投资的不当激励，却没有鼓励资本投资。2015 年之前，英国住房抵押贷款的利息也可以抵消税额，而且抵消幅度高达 45%。据估计，国库每年给房东的补贴总额约 63 亿英镑（This is Money，2015）。[1]

政策制定者信奉的是新古典经济学的自由市场理念。对于他们来说，房地产价格上涨带来的政策挑战是如何确保土地和住房市场的自由性和竞争性，同时让住房消费者获得尽量多的信息。这理应引导土地市场实现均衡，以相对很小幅度的波动稳定在合适的价格上。然而，房价或房租（相对于收入）仍然在上涨，这可以归因于住房或土地供应不足。

主流政策的争论恰恰就集中在这个问题上：人们常常呼吁建造更多住房，或投入更多的土地用于住房建设。和失业等其他政策挑战一样，这种呼声也聚焦在供给一面。这些政策假定，住房需求遵循的规则，与驱动其他商品需求的规则是相同的，即边际生产力理论和边际效用理论。然而，这些假定却忽略了土地和房产财富在人口中的分配、税收制度的影响以及银行通过提高住房抵押贷款额度推动房价上涨的作用（见第五章）。

当需求增长时，人类不会（也无法）像制造商品那样“制造”土地。相反，在生产和消费过程中，人类占用着稀缺的土地。如果这一

1. 在 2015 年的预算中，英国财政大臣乔治·奥斯本（George Osborne）主张收紧房东享有的住房贷款贴息政策，贴息幅度从 45% 降至基本率 20%（This is Money，2015）。

资源得不到适宜的管理，那它们很容易被错误配置，或通过投机行为被浪费掉。随着在英国这样的国家的土地变得相对更加稀缺，房价自然也在随之上涨。与此同时，拥有房产已经成为千百万家庭的目标，但不是为了房屋的自住使用价值，而是将其作为金融资产。

经济理论和经济政策忽视了土地的作用，这潜在地影响了地价的计量方式。许多发达经济体没有长期地合理计量并跟踪地价。例如，人们不能自由查询英格兰和威尔士土地管理部门掌管的信息。更糟糕的是，有关土地或房产价格，公众几乎无法获取相关数据。尽管存在各种各样的广义房价指数，但唯一的官方房价指数终止于 2011 年。公众也无法获得评估总署（Valuation Office Agency）为征收营业税而掌握的有关商业地产价格的数据。市场信息匮乏造成了严重的低效率和进入壁垒（见第四章），也限制了公共机构和市民严密监控土地所有者和开发商行为的能力（Jefferys，Lloyd & Argyle et al.，2014）。

房产价格往往并不是代表土地价格的适宜指标，因为如前所述，材料价格和劳动成本与地价关系极小。正因为如此，即使经济学家有这个想法，他们也无从分析土地价格和土地租金的经济意义。欧盟统计局和经合组织（OECD，2015）迟迟未能意识到这个问题，直到近期才与各国政府一起努力，改善土地估价方法，试图把土地包含到国民经济核算的框架中去。

本章小结

19 世纪的古典经济学家意识到，土地作为生产要素之一发挥着重要作用，并且人们可以通过土地获取经济租金。但是，到了 20 世纪初期，包括李嘉图、穆勒、亚当·斯密和亨利·乔治在内的诸多古典经济学家的理论和政策解决方案却逐渐从经济理论和公共政策中淡出了。许多因素共同作用导致土地和经济租金从现代生产与分配理论中消失了。这些因素包括经济重心从农业转移到城市生产和工业上来，亨利·乔治及其追随者没有与注重其他经济租金形式的欧洲社会主义者形成联盟，以及新古典经济学理论的兴起。

但是，土地既不是资本，也不只是另一种商品。土地的供给量是固定的，在时间和空间上也是固定的，但它在生产中发挥着核心作用。由于这些原因，当企业和家庭都在寻求最佳区位并尽其所能地扩展他们的消费能力时，土地所有权就提供了攫取经济租金的机会。好区位的地产十分稀缺，这表示它的收入弹性高于一般水平。这也表明，随着人们收入的增加，人们对地产的消费相对高于其他商品和服务。相反，跟大多数商品相比，它并不具有价格弹性：价格收入比的上升，将会使得消费者获得更多贷款，进行更具投机性的购买，而不是寻找替代品（第五章将继续探讨这个问题）。

如今的经济学教材，把收入狭义地描述为按照某人为生产所做贡献而给予的报酬，“财富”则被理解为因某人的生产性投资而取得的积蓄，而不是由于拥有土地或其他自然稀缺的有价值资源而获得的天降暴利。主流经济学理论基本不关心体制（包括土地所有权、房产所有权和土地相关税收制度）的作用。这些都是历史形成的，是由政治权力和阶级关系决定的。事实上，正是这些本质上属于政治、社会和文化范畴的体制的发展变化，决定着经济租金的分配方式。接下来，我们将把话题转向土地的制度和政治经济发展，从现代历史一直讲到当前。我们将把英国作为主要案例。

第四章

住房用地：现代土地经济学

他们如果可以通过购买城镇外围的土地来扩张城市，或为相同目的修建桥梁，那么不仅要以合理条件请这些土地所有者出卖其手中的土地，而且在得到土地后，要将它们建设成为公民谋福祉的领地。

——英国国王詹姆士二世关于建造爱丁堡新城提案的评论，发表于17世纪80年代，引自格兰特的著作（Grant，1880，Vol.II，p.335）

引 言

本书前面各章对土地在经济中的作用，以及土地在现代西方世界经济学思潮中的地位，做了一个历史回顾和理论上的一般性概述。但是，由于土地的地理位置是固定的，而且土地的经济用途很大程度上取决于社会和法律体系，所以在不同国家和不同的经济部门里，它实际发挥的作用大相径庭。一本书不可能全面地涵盖所有这些千差万别的历史，诸如澳大利亚的殖民地不动产市场、领土扩张时期美国的拓荒经济、法国早期以土地为支撑的货币改革实验以及中国小农经济的演化等。

本章没有试图包罗万象，而是集中探讨英国[1]的住房历史，将其作为实际案例来阐释土地对经济的作用方式。我们之所以将英国作为典型案例进行研究，是因为它既与本书的总论点密切相关，又紧密贴合当今社会问题。英国是最早发展现代土地市场的国家之一，也是最早的工业化国家之一，在殖民时代，它的很多体制被输出到世界各地，

1. 英国指的是除爱尔兰和北爱尔兰之外的英国。讨论近代时期时，往往主要关注英格兰，因为在英国的各个组成部分间的住房市场和住房政策差别很大，特别是世纪之交自治权下放之后。

这让它的经济史与更大范围内的土地经济学密切相关。在最近几十年里，英国住房经济经历的一切，是其他发达经济体住房经济趋势的前兆：世界各地的许多国家近年来都经历了房价居高不下和大幅波动、住房可负担性危机以及财富不平等不断加剧等问题，而这些都是几十年来英国住房经济的标志性特征（Woetzel et al.，2014）。

本章将会探讨，在英国的住房系统中，地租问题在过去的几个世纪里分别是如何体现的，以及不同的政策干预是如何试图解决这些问题的。干预措施包括土地用途管理，政府征地、土地公有和私有化，税收政策，住房保有权相关规定，住房补贴及直供非市场化住房。因此，我们认为英国的住房经济是一个很有用的透视镜，透过它我们可以窥见有关土地经济学的许多普遍性话题，特别是在不同时期各个社会试图解决租金问题的内在政治方式。

本章将首先讲述产业革命带来的经济转型，以及伴生的19世纪的城市化现象，然后简要描述20世纪现代住房市场的兴起，最后分析住房市场在21世纪遭遇的困境。下一章将说明，自20世纪70年代以来，私有家庭住房这一新的资产类别如何在自由化的金融体系中扮演核心角色。上述这些经济变革的结果是，公众、政治和学术界的注意力越来越多地集中到了住房市场上，而土地在背后发挥的关键作用在很大程度上被忽视了。

产业革命和城市发展

到了18世纪中期，在英国，私有制的发展、圈地运动和清扫领地行动几乎铲除了封建制度的全部残余，打造了相比美国“有产民主”，甚至法国和意大利的小农经济而言更加高度集中的土地私有模式，尽管其集中程度远不如东欧农奴制经济（Linklater，2013）。

但是，在18世纪末19世纪初，产业革命改变了整个英国的经济生活。科学创新和技术进步推动了农业、工业、运输和贸易的发展，导致了前所未有的经济扩张，也导致了权力关系和生活条件的剧烈变化。

在此前的几百年里，农业一直占据着英国经济的主导地位，但是产业革命期间的生产力大爆炸使得资本替代了土地，成为生产的首要要素。这标志着，农用土地作为财富的主要来源的地位开始下降。与此同时，一个由富有的企业家、船主和商人构成的新阶级产生了。

在约 1650—1850 年，新工具、化肥和收割技术的发展大幅提高了农业生产力和农作物产量。在整个中世纪时期，小麦产量一直稳定在每英亩 10 蒲式耳[1]，而到了 18 世纪，英国每英亩小麦产量是 25 蒲式耳（Linklater，2013）。食物供给量的增加推动了英国人口的快速增长，总人口从 1750 年的 570 万增加到 1850 年的 1 660 万，到了 1900 年，英国总人口已达到 3 200 万（Overton，1996）。

农业生产力的提高意味着农业劳动力被释放到其他经济部门中，其中许多人流向城市中心寻找就业机会。在城市中心，蒸汽动力和其他新技术的发展已经改变了工业的面貌，使大批农业劳动力在蓬勃发展的新兴工业中找到了工作。最重要的产业包括采煤和冶铁。煤炭为新发明的蒸汽机提供必要的能源，而铁往往被炼成钢，用于建设国家的基础设施和运输网络。纺织厂机械化也让纺织业发生了革命性变化，英国北部一跃成为全球棉纺织业的中心（ONS，2013a）。

到了 1850 年，英国的劳动人口中仅有 22% 从事农业，这是当时世界上所有国家中最小的农业人口比例（Overton，1996）。到了 1900 年，英国城市人口已增加到 2 000 万；而在 100 年前的 1800 年，城市人口仅有 200 万（Clive Turner，2015）。从农业到工业经济的转型，为土地发挥重要经济作用打开了新的维度。此前土地的首要经济作用是

1. 蒲式耳是旧用容量单位，主要用于描述小麦等农作物。

生产食物，产业革命让土地承担了新的经济功能，使其成为资本主义工业生产的发生场所。

经济转型也降低了农用土地在税收方面的重要性，创造了针对工业和城市其他经济部门征税的新机会。1700 年，土地税占英国国民收入的 35% 左右。随着时间的推移，到了 18 世纪 90 年代，这一比例下降到了 17% 左右，在 19 世纪 20 年代进一步下降到 11%，到 19 世纪末期已经降到 2%。1799 年，英国首次引入所得税。当时的目的是为了支付备战拿破仑战争所需的武器和设备的费用，但是税负大部分落在了那些需求度较高的国产商品和进口商品上，国产商品包括啤酒、酒精饮料、砖、盐和玻璃，进口商品则包括茶、糖和烟草等（Mathias，2013）。

1815 年，英国实施了《谷物法》，限制进口谷物，并对其征收关税。这部法律的宗旨是让谷物价格保持在高水平，以保护英国土地所有者免受拿破仑战争结束后廉价的外国进口谷物的竞争。但结果证明《谷物法》是颇具争议的，其中一个例子就是旧有地主阶级与新兴富有企业家之间的矛盾在日益激化。虽然这项政策得到了土地所有者的强烈支持，却遭到企业家的强烈抵抗，因为企业家们把高昂的食物价格看作削减工资和提高利润的壁垒。

《谷物法》最终于 1846 年被废除。反《谷物法》同盟等群众运动成功扭转了公众和精英舆论，使其一致反对《谷物法》。这被视作重商主义经济学思想的失败，是大卫·李嘉图等古典政治经济学家的胜利。这也是地主阶级政治权力削弱的证据，以及工业和城市政治权力崛起的证据。1832 年和 1867 年的两大政治改革法案，进一步让议会内的权力天平向新兴城市中产阶级甚至工人阶级倾斜。到了 19 世纪晚期，土地从主流经济学思想中淡出了，地主阶级的政治权力也在逐渐削弱（Linklater，2013）。

住房供给和保有权

在英国主要大城市里，城市人口的快速增长创造了巨大的住房需求，然而大多数城市都没有准备好迎接人口的迅猛增长。房东们看到了快速获取利润的好机会，纷纷将大房子改造成单元房公寓和经济公寓，肆无忌惮地往已经很拥挤的房子里塞进了大批租户。在这段时间里，在城市中经营主导产业的人往往掌握着很大的权力。工厂主在工厂附近修建住房，满足了很大一部分新兴城市工人的住房需求，但这种住房廉价且品质低下。因为这一时期相关建筑法规非常少，就算有往往也被无视了，所以不管是伦敦这样的老牌城市，还是曼彻斯特这样的新兴城市，都没有足够的基础设施来很好地支撑如此高密度的城市人口。在这样的条件下，生活十分艰苦。小小的开放式房间或开放式公寓往往十分拥挤，里面缺少卫生设施和淡水，再加上食物匮乏，卫生状况恶劣，导致到处都像贫民窟一样（Wise，2013）。在伦敦，恶劣的卫生条件导致了霍乱的传播，1832—1866 年间 43 000 条生命死于这种传染病（Clive Turner，2015）。整个 19 世纪，伦敦的人口死亡率都高于出生率，但由于外来人口规模极大，伦敦人口增长依旧非常迅速，无数人从英国乡村和世界其他地区源源不断地涌来（Ackroyd，2001）。

然而，这种惨淡的城市生活画面并不是普遍现象，而且也并非未受质疑。与此同时还有其他趋势并行，它们既是对新型工业城市发展的直接反应，同时又源于完全不同的经济和文化根基。首先，在产业革命的初始时期，由私人出资赞助的城镇规划就十分兴盛，服务对象是较富裕阶层。巴斯、布赖顿和爱丁堡新城等开发项目设计之初就考虑到了质量和社会舒适度。统一的土地所有权模式让战略性协调规划成为可能，从而让这些市镇的发展具有良好的基础设施和统一的景观，由宽阔豪华的街道组成的方形或月牙形住宅街区是其显著特征

（Haywood，2009）。

其次，一些开明的工厂主和富有的慈善家以解决社会弊病为己任，致力于为新兴工人阶级提供良好的住房环境。富有的纺织厂厂主理查德·阿克莱特（Richard Arkwright）就是其中的杰出典范。他为自己的工人们修建了高质量的住房，这些建筑至今还屹立不倒。他相信，健康的劳动力队伍对所有人都有利。因为他的雇员不仅可以享受更高标准的生活条件，也会提高工作效率。深切关注提高工人生活质量的富有工厂主还有很多，比如巧克力制造商乔治·卡德伯里（George Cadbury）和约瑟夫·朗特里（Joseph Rowntree），以及纺织厂厂主泰特斯·索尔特（Titus Salt）和罗伯特·欧文（Robert Owen）。

通过提供更高质量的住房来解决城市的贫困和肮脏问题，在这方面还有更直接的尝试。先驱者包括奥克塔维亚·希尔（Octavia Hill）和乔治·皮博迪（George Peabody）等人（Hanley，2007），这些慈善家发明了社会性住房这个概念。社会性住房（简朴但质量可靠的城市住房）由慈善基金会建造并永久归其所有，以合理价格出租给工人家庭，让他们能够拥有体面的生活条件。在这方面，他们借鉴了传统救济院的做法，自中世纪以来，救济院一直在为特定行业里一定数量"值得帮助的穷人"提供住房。但是，希尔等人将这一做法向前推进了一步，他们不仅仅满足于做慈善，而是把为公众提供住房作为社会改革和社会进步的工具，并利用金融、规划和建设等现代手段，创建了生气勃勃的组织，影响了整个社区未来几十年甚至几百年的发展。

再次，还出现了自我组织式的合作互助式住房供应组织，具体形式包括 1775 年首次出现的建房互助会，以及 19 世纪初成立的建房俱乐部，它们分别提供融资和住房建设方面的互助。后来又出现了其他形式，比如 1904 年的租户共同合伙模式，20 世纪 60 年代的共同所有权模式，20 世纪 70 年代的共有产权合作模式（Birchall，2014），以及当今的社区土地信托模式（见第七章）。虽然合作式住房对英国住房系统的贡献始终没有得到广泛承认，但它对城市改革运动发挥了重要的影响。比如田园城市运动，它致力于把新的设计原则与合作和互助的传统结合起来（Rowlands，2009）；再比如住房协会运动，在提供社会性住房方面，它在很大程度上取代了市政委员会的角色。

最后，还存在一种自我组织式的土地利用机制。它在英国历史悠久，不过往往是被压抑状态。封建时代的公共用地，以及一直持续到第二次世界大战前的由工人阶级自建房者群体发起的“小宗地”（plotland）运动都是其表现形式。在多种保有形式的最边缘，排他性的法定所有权与使用土地的普遍需求之间的冲突甚至催生了擅自占用现象，即非法占有土地和房地产（Ward，2002）。有些人已经连续几代占有并管理不归他们所有的房产，并在此过程中获得了该房产的集体权利和习惯权利。比如非法占用牛津城外海丁顿采石场的社区，那里非常规的土地所有权支撑了一种特别的房产交易经济，还培育了一个独立于官方济贫项目之外的福利网络，该网络一直持续到20世纪（Ward，2004）。

毋庸置疑的是，这些并行的趋势改变了很多地方，也改变了数百万人的生活。然而，这些举措都没有足够的根基，也没有得到广泛传播，也就未能克服新兴工业城市的结构性问题。改善城市基础设施的需求最终促使政府采取行动，突破了市场干预要最小化的思想藩篱。大型公共工程开始实施，比如由巴泽尔杰特（Bazalgette）主持修建的庞大下水道系统最终消灭了霍乱。这些大工程需要政府制定一系列公共卫生法案，通过这些法案来采取行动并发放补贴（Clive Turner，2015）。到20世纪初，大城市的住房标准已经开始有所改善。市政排水系统、冲水马桶以及常规的垃圾收集已成为司空见惯的现象。此外，新的建筑法规禁止建造不合格的住宅。

为了使个人土地所有者不再有能力阻止修建新铁路，英国建立了强制性买地的制度。该制度让政府有权力取得相关土地权利或干脆把土地买下来，而不需要取得当前土地所有者的同意。当然，政府要给土地所有者相应的补偿。开始时，议会为此单独通过法案，不过到了19世纪晚期，强制征地的权力慢慢变得更加稳固和透明了（Gray & Gray，2011）。即使是在自由放任主义盛行的年代，人们还是清楚地意识到，只有集体干预土地市场才能提供社会发展和经济发展所不可缺少的基础设施。

在这些干预措施改善了基础设施后，政府的注意力开始转向城市中的低质量住房。城市里，贫民窟与高端住房并肩而立。拥挤不堪的城市贫民窟随处可见，这往往被视作贫困和经济失能的标志。但事实上，贫民窟代表着特定区位的相对经济吸引力，表示即使这个区位卫生条件越来越差，仍然足以吸引更多人源源不断地涌来。其实，像伦敦著名的老尼科尔街那样的贫民窟，往往是最有价值的不动产。因为在贫民窟里，一个家庭只占用一个房间，而在高端房产里，整座宅子只住着一个富裕家庭和他们的仆人，所以贫民窟的房租收入一般比相同面积的高端房产的租金收入还要高（Wise，2013）。因此，贫民窟实际上是经济租金问题的一种表现方式，它意味着经济增长带来的利益集中到了贫民窟房东的口袋里。他们获取了租客的大部分收入，并将代价外化到全社会。老尼科尔街最终被新的伦敦郡议会重新开发，变成了前卫的“边界街地产”（Boundary Estate）：狭窄的巷子和歪歪斜斜的廉价公寓被一排排大公寓取代，街道整洁有序。这里经常被视为世界上首个公屋住宅区。它代表着解决地租问题的新尝试，即以低于市场的价格为贫穷的工人提供高质量的住房，而建设住房的资本成本则由政府承担。

虽然上述多种努力让城市变得整洁有序，提供了城市基础设施，并给予了普通人更好的住所，从而极大地改善了城市生活面貌，缓解了地租问题的最恶劣影响，但是土地经济的基本结构大体上并没有改变。到了19世纪末，绝大多数英国人仍然从个人房产所有者手中租赁住房，恶劣的居住环境仍然存在。数据显示，这一时期约90%的住房是租赁房屋（Heath，2014），包括城市中产阶级的住所。租约期限通常是租户的有生之年，给人一种租户可永久居住的假象，但是房东明显有能力获取高额经济租金。工人阶级住房皇家委员会（the Royal Commission on the Housing of the Working Classes，1885）发现，几乎有一半工人阶级家庭，仅房租一项就花费了收入的25%～50%（Samy，2015）。这部分是因为交通不便导致产业工人必须住在雇用他们的工厂附近。

在新兴城市经济和产业经济中，地租问题仍然存在，而且十分显著。但是在这一时期，地租问题表现最显著的并不在李嘉图最初用于解释其理论的农业领域，而是在住房市场。

1900—1970年：两次世界大战和资本主义黄金时期

20世纪之初，社会精英和政治精英日渐意识到，英国这个工业化和城市化国家的社会问题的根源在于土地及房产的经济结构与实体组织中。这一意识让人们开始关注如何在更加系统的层面上克服这些问题（Simpson et al.，1992）。在接下来变化莫测的几十年里，政府和其他参与各方反复尝试用越来越多可供发达的民主社会使用的政策工具改革土地经济。

爱德华实验

这一时期出现的最著名人物包括速记员埃比尼泽·霍华德爵士（Sir Ebenezer Howard），他于20世纪早期开创了田园城市运动的先河，影响极大（见框4–1）。霍华德的提议是，利用永久性社区公有土地提供体面的住房和健康的环境等公共福利。田园城市运动既是旨在解决市场失能问题的经济改革，也是有关城市设计原则的改革。其永久占有土地为社区谋福利的模式，是一次通过获取经济租金并由该社区用来解决租金问题的明确尝试。

框 4-1 埃比尼泽·霍华德爵士的田园城市

19 世纪 80 年代，大量人口的涌入造成大城市生活条件恶化，这引起了埃比尼泽·霍华德爵士的极大关切。对此，他提议建立“田园城市”，即提前规划较小规模的近郊市镇并在周围建立永久性的农业用地。爱德华在他的著作《明日：通向社会改革的和平道路》[*Tomorrow: A Peaceful Path to Social Reform*，重版后书名改作《明日的田园城市》(*Garden Cities of Tomorrow*)] 中描述了他的这一设想。按照他的设想，这些市镇能同时享受城镇和乡村的优点，由在该市镇存在经济利益的公民管理并提供资金 [Howard，(1898) 2010]。

1903 年，霍华德在伦敦北部 43 英里（约为 70 千米）外的莱奇沃斯（Letchworth）将他的设想付诸实践。他用支持他的慈善家的捐款购买了两个合计 4 000 英亩的农场，并把土地所有权转给了一个新建的土地合作社，移居莱奇沃斯的人们将获得该合作社的互助股份。慢慢地，一个朝气蓬勃的社区建立起来了，社区中的人们共同致力于按照霍华德田园城市的模式发展莱奇沃斯。这一模式的一个关键部分是它的筹资机制：随着社区从乡村变为城市，土地会增值，该机制会把土地增值收集起来，持续再投入社区改善项目中。随后，20 世纪 20 年代，霍华德又领导人们开发了附近的韦林花园城（Welwyn Garden City）。

> 虽然霍华德的田园城市提议从未在更大范围内被采纳，但是人们公认，他的思想影响了世界各地的城市规划。虽然20世纪60年代出现了一次著名的土地私有化尝试，但由社区集体控制的莱奇沃斯花园城市传统基金会仍然是当地最大的土地所有者。该基金会利用其地产创造的收入，资助慈善项目并为社区提供服务。

另一种完全不同的尝试则是寻求通过税收形式系统地解决经济租金问题。20世纪早期，人们热衷于经济和社会改革，其中大部分是出于精英阶层防止社会动荡的愿望。我们现在讲的这种尝试也不例外，因为一旦出现动荡，可能导致更极端的改革要求。1906年，自由党政府领袖、财政大臣劳合·乔治和他年轻的盟友温斯顿·丘吉尔（Winston Churchill）试图引入一系列全新的社会福利计划，通过“人民预算案”在英国民众中重新分配财富。

这项预算案声称其宗旨是“与贫困和肮脏展开无情的斗争”，并建议每次土地交易需缴纳20%的土地增值税。这份提案深受亨利·乔治理论的影响，寻求获取“土地的自然增值”，因为自然增值并非来自土地所有者的技能或劳动，而是来自整个社区的集体努力。这次有关预算法案的辩论让经济租金问题获得了更广泛的关注，更加深入人心。正如温斯顿·丘吉尔在下议院的演讲指出的那样：

> 路修好了，街道建好了，服务改善了，电灯把黑夜照成白昼，水从遥远的山区水库里输送过来——在此期间，房东始终都端坐着一动没动。这些改善中的每一项都是通过其他人的劳动和纳税人的金钱实现的，土地垄断者丝毫没有做出他作为土地垄断者应该做出的贡献。然而，每项改善都让他的土地升值了。他对经济没

有做出任何贡献，对大众福利也没有做出任何贡献，对于使其财富增长的那个过程，他也没有做出任何贡献（Churchill，1909a）。

征收土地税的提议在上议院中遭到激烈反对，因为上议院的议员中很多是贵族地主，该提议对他们不利。上议院最终没有通过这项预算，这引起了宪法危机，并导致了普选制度的确立（Dolphin，2009）。

然而，这种社会和经济改革热潮很快就戛然而止了，因为1914年爆发了第一次世界大战。战争立即终结了针对土地所有权征税的政治动机，但也促成了后来对土地经济的其他形式的干预。房屋建设戛然而止，住房需求随之远远大于供给。有些房东趁机牟取暴利，结果导致了集体拒交房租运动，造成社会动荡，进而削弱了英国阻止战争爆发的努力。作为应对措施，政府于1915年通过了《房租增长和抵押利息（战时限制）法》，禁止增加私人租户的房租，并冻结房东支付的抵押贷款利率。这些新实施的租金管制措施原本是临时性的，战争结束6个月后就要终止。然而，由于住房短缺，这些措施被一直沿用下来（Kemp，2002）。

在这个民主国家里，租户的数量远超房东数量，因此，作为租金问题的解决措施，租金管制的政治吸引力是很明显的，特别是因为这个解决方案貌似不需要政府付出什么代价。在英国，在20世纪的大部分时间里，租金管制一直以某种形式持续存在着，直到1989年1月私人出租房租金管制被解除。对于上述租金管制措施的有效性，正反面意见都有。今天，许多经济学家反对租金管制，理由是这会导致租房市场上住房供应紧缺，同时抑制私人投资从而降低可供出租住房的存量（Jenkins，2009；Heath，2014）。

两次世界大战之间：1919—1939 年

第一次世界大战造成了毁灭性破坏，对战后世界的影响非常巨大和深远。在此期间，英国政府把为从战场归来的军人提供高质量的保障性住房作为重要任务，认为这是维护社会和谐及让经济走出低迷的必要途径。这也被看作在军人复员后防止工业和政治领域发生动荡的预防措施——1916—1922 年担任首相的劳合·乔治害怕英国受到 1917 年俄国革命的影响。他这样评论他提议的住房计划："虽然这可能要花上几亿英镑，但是与国家稳定和布尔什维主义的威胁相比，这又算得了什么。"（Jones & Murie，2008，p.9）

1919 年，《住宅与城镇规划法》(也称作《埃迪森法》) 开始实施，首届工党政府则于 1924 年颁布了《住宅法》(也称作《惠特利住房法》)。这两项法案标志着一个新时期的开始。在这个新时期里，地方政府修建住房，并以低廉的价格出租给人民（Clive Turner，2015）。这一政策使得租房市场出现从私人租赁转向社会性租赁的重大改变。1918 年，77% 的家庭租房居住，但只有 1% 的家庭租赁的是社会性房东的住房（房屋所有者是市政委员会，或改革派慈善家创立的慈善机构）。但是由于政府开始直接修建公屋，到了 1939 年租赁社会性住房的家庭百分比已经上升到 10%（ONS，2013b）。

在两次世界大战之间的那段时间里，住房自有率也开始上升，并在 20 世纪随后的时间里一直保持上升趋势。1918 年，23% 的家庭拥有自有住房；到了 1939 年，这一比例已经上升到 32%（ONS，2013b）。20 世纪 30 年代，低利率、不断改善的生活条件以及申请保障性住房抵押贷款机会的增加（贷款由成员共有的建房互助会提供）三者共同创造了私人住房开发的繁荣景象。在这一时期，投机型私人住宅建设开始兴起，在这种建设模式中相对小型的建筑公司可以购买城市和市镇周边的农用土地，将其开发为零售商业区和住宅新区，然后进行销售（见框 4–2）。

框 4–2　新市镇计划

新市镇计划利用 1946 年《新市镇法案》（及后来的相关法案）赋予的权利于 1946—1970 年在英国建立了 32 座新市镇。这个计划的宗旨是重新安置第二次世界大战后生活在贫困中以及被炮火摧毁的住房中的人口。这些市镇的建设以一系列成文制度为基础，其中包括建立一个指定的公营公司为每个新市镇提供服务。作为计划的实施机构，这个公司的权力异常强大（TCPA，2014）。

新市镇建造于老城指定绿化带之外的农业用地上。每个新城开发公司都以农业用地价格强制征购土地，为新市镇制订总体计划，并用发行国债筹集的资金来建设必要的基础设施。新城开发公司为已归其所有的地块颁布建筑规划许可，并将许多地块出售给私人房屋建筑商，然后利用土地增值来偿还贷款（DCLG，2006）。其他地块被卖给了当地政府部门，用于建设公屋和社区公共设施。

如今很多新市镇口碑很差。一部分原因是当代人偏爱双向车道、交通环岛和水泥路面；另一部分原因是从当下的眼光来看，新市镇规模太小，无法取得经济上的成功。这些批评让人们误以为这一计划执行不成功。新城开发公司大部分是自筹资金，因为它们能够以超低利率贷款，并且获取它们创造的土地增值。今天，新市镇的居民总数超过 276 万人，占英国家庭人口的 4.3% 左右。

这一时期的住房有了新的发展，其特点是受新的交通设施和薄弱且零散的规划体系的促进，城市大幅向郊区扩张（Barlow，1940）。

市镇和城市周围有很多可购买的土地，而且价格相对较低。随着大片大片的土地被收购并投入首次开发，城市不断向外扩张，有些城市的占地面积10年内翻了一番。结果是，在20世纪30年代，很多单薪家庭发现可以利用抵押贷款购买一套新的家庭住宅，而贷款额度仅是单份普通工薪的3倍。这佐证了第一章中的论点：当新的边际土地足够多时，地租问题是可以暂时被避免的（虽然不能永久克服）。但是，要实现这一结果的条件是稀缺的、短暂的，依赖于将代价外部化到其他群体或全社会。就郊区城市化而言，其代价可见于今天依赖于汽车出行的低人口密度社区的盛行、随之而来的交通阻塞以及相关的经济和环境代价（Litman，2015）。不过，由于在第二次世界大战后英国大力控制城市无限扩张，上述影响在英国远没有在许多其他发达经济体里那么显著。

社会性住房的增加，再加上新兴的私人房产开发，两者共同作用的结果是从1918年到1939年第二次世界大战爆发时，新建住房已达400万套（Marshall，1969）。这一时期还标志着下一个重大变动的开端，即土地的经济意义发生了重要变化，出现了几乎人人都有权购买的消费品——家庭住房。

第二次世界大战后复苏时期：1940—1969年

第二次世界大战期间，德军的大轰炸让整个英国受到了前所未有的毁坏。50万套住房被毁，另有25万套住房被严重破坏（Lund，2011）。战争结束后，政府开始了雄心勃勃的新的社会性住房计划，以便能够为从战场归来的军人以及在战争中失去房屋的家庭提供住所。要实现这一目标，政府需要以新的方式来解决租金问题，具体来说就是要解决土地的“改善价值”问题，即颁发建筑规划许可引起的土地增值问题。问题其实很简单：到底应该让多大比例的增值归土地所有者，多大比例归政府规划部门才算合理？反之，如果公共政策禁止土地所有者开发他们的土地，那么应该给他们多少补偿？

1932 年，《城市及乡村规划法案》的缺陷让人们深入了解了这个问题。该法案要求，如果限制土地所有者的开发权，那么当地政府需要向土地所有者补偿他们损失的全部开发价值。人们认为这一法规让土地所有者获取了过高的经济租金。但是到了 1942 年，问题变得急迫起来，因为战争对英国大部分城镇地区都造成了破坏，这些地区亟待修复。如果土地所有者能够获得公共拨款重建项目创造的全部收益，那么政府几乎就没有资金来建设公共服务设施了，而且这还会引发地价暴涨，进一步破坏开发的可行性。

厄思沃特补偿与增值委员会提议，以 1939 年的价格强制购买重建用地，直截了当地解决经济租金的问题（Uthwatt，1942）。这一提议遭到土地所有者的激烈抵抗，并最终被丘吉尔驳回（Ambrose，2014）。工党政府于 1947 年找到新办法，寻求在公共利益与私人利益间找到平衡点。新办法规定房地产所有权仍保留在私人手中，但是开发权利归政府所有。这意味着，土地所有者和开发商必须要向当地政府申请建筑规划许可，只有这样才能建设新房产或改变现有建筑的用途（Clive Turner，2015）。

虽然土地所有者会获得一次性补偿来弥补价值损失，但是与此同时，已获得建筑规划许可的土地会使开发费用得到减免。虽然政府为了重建、工业发展或改善住房等目的而选择某一地带开发，必要时可强征土地，但是土地所有者必须得到全部市场价值的补偿。在大城市周围建立绿化带，可以防止像 20 世纪 30 年代那样发生近郊城市化扩张，同时把私人投资集中在被战争破坏的城市中心区。与此同时，政府可通过清除贫民窟和开展新市镇计划（见框 4–2）确保土地供给量。

但是，正如本章开头引文中詹姆士二世评论爱丁堡新城首个计划书时所说的，建造新的居民区关键是要低价收购土地。如果土地所有者可以通过地价形式攫取过高的经济租金，那么开发部门就没有足够的资金来保证基础设施和较高的房屋品质了，而基础设施和高品质房屋是“为公民谋福祉”所必需的（Grant，1880）。实践证明，低成本购地、强有力的规划制订以及规划申请的决定权三者结合在一起是攻克经济租金问题的强有力措施。

第二次世界大战后的一系列土地市场干预措施，大部分都保留到了今天，特别是规划系统。被废止的干预措施包括确保充足的新住房用地供给量，以及取得建筑规划许可需缴纳开发费用。这笔费用广受诟病，想要修建自住用房的个人及大型土地所有者都认为这项收费不公平且难以实施。为此许多土地所有者持有他们的地块而不加以开发，希望未来的政府会取消这一收费。后来的保守党政府确如他们所愿，废除了开发费用。

1951 年当选的保守党政府承诺每年要建造 300 000 套住房。保守党的部分愿景是大大提高住房自有率，让英国变成一个“有产民主国家”（Bogdanor & Skidelsky，1970）。20 世纪五六十年代是英国住房建设的顶峰时期。单 1968 年一年，英国就建造了 425 000 套住宅——这一数字至今未被超越（见图 4–1）。但大量房屋由于年久失修或战争损毁被拆除，部分抵消了这种前所未有的建设速度。

这些因素共同作用，导致了私人租房的快速衰落，以及房主自住率的极大提升，同时，社会性住房比例也有所上升，不过上升幅度没那么明显。到了 20 世纪 60 年代末，在房屋租赁领域，社会性租赁比例高于私人租赁比例；到了 1971 年，房主自住率与住房租赁率基本相当（见图 4–2）。这是具有分水岭意义的时刻，从这个时刻起，房主自住将成为英国最常见的住房保有形式。

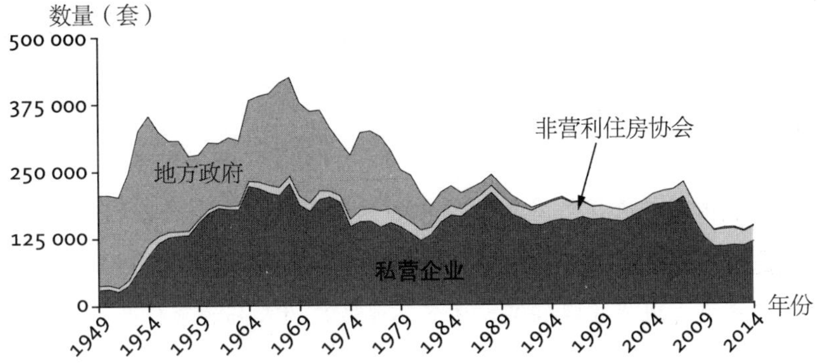

图 4-1 不同保有权形式的英国新建住房数量

资料来源：英国国家统计局（Office for National Statistics，2016a）。

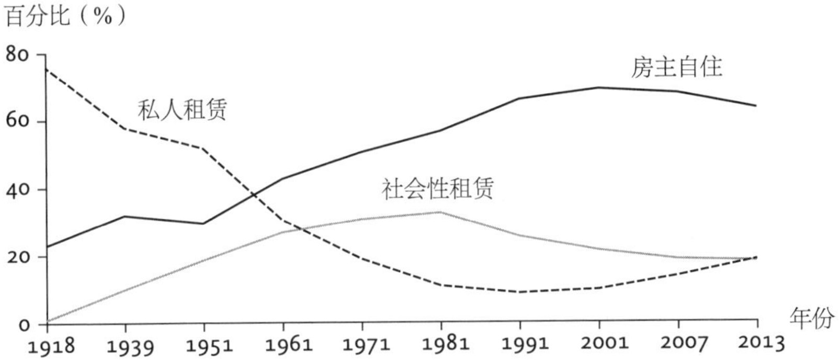

注：1918 年和 1939 年的数据只包括英格兰和威尔士。

图 4-2 1918—2013 年英国不同保有权形式所占比例变化趋势（北爱尔兰除外）

资料来源：英国国家统计局（Office for National Statistics，2016b）。

第二次世界大战后的英国，和大部分发达国家一样经历了长期的高经济增长率、温和通胀率和充分就业率。在经济政策的制定中，凯恩斯的经济学思想（见框 4-3）和一些大胆的社会改革思想（比如建立福利国家制度、铁路国有化以及创建英国国民医疗服务系统等）占据了主导地位。第二次世界大战后的这段时期经常被称为“资本主义的黄金时代”，并一直持续到 1971 年布雷顿森林体系下固定汇率制崩溃为止。[1]

框 4-3 凯恩斯经济学

凯恩斯经济学的名称、理论和纲领都源自英国著名经济学家约翰·梅纳德·凯恩斯（John Maynard Keynes，1883—1946）。凯恩斯被视为现代宏观经济学之父。他最广为人知的著作是《就业、利息和货币通论》（*The General Theory of Employment, Interest and Money*），首版于1936年。

这一经济学流派的中心论点是，政府干预能够稳定经济。在20世纪30年代的大萧条期间，当时的经济理论既无法解释全球经济严重崩溃的原因，也无法提供能够大力推动生产和就业的有效公共政策解决方案。之前人们普遍认为，自由市场具有自我调节能力，能够保证充分就业，然而这一理念已经不再奏效。

凯恩斯理论的要点是，总需求是经济体中最重要的驱动力。总需求等于家庭、企业和政府的总消费。此外，价格（尤其是工资）对供需变化的反应是缓慢滞后的，因此会导致商品与劳动力的周期性短缺和剩余。凯恩斯主张，自由市场不具备对抗这一症状和实现充分就业的自我均衡机制，因而通过公共政策进行政府干预（进而实现充分就业和经济稳定）是正当的。

---

1. 1944年7月1日至22日，在美国新罕布什尔州布雷顿森林公园举行了联合国国际货币金融会议，会议决定建立布雷顿森林体系。布雷顿森林会议的主要成果是建立了可调整的盯住汇率制。根据该制度，所有货币都与美元挂钩，而美元则以固定价格与黄金挂钩。在这次会议上，还成立了国际货币基金组织（IMF）和世界银行（WB）两大全球金融机构，它们至今仍扮演着重要角色。1971年8月5日，美国总统尼克松宣布美元与黄金脱钩，这标志着布雷顿森林体系的瓦解。

第二次世界大战后，凯恩斯的思想得到广泛接受。在西方工业化国家，经济政策制定者的主要思想来源是凯恩斯主义。然而，到了 20 世纪 70 年代，凯恩斯经济学渐渐褪去光环，因为很多经济体开始出现经济增长缓慢、高失业率和高通胀率并存的现象，这一现象通常被称为滞胀。

在凯恩斯时代的混合经济中，一部分住房建设由国家支持、市政委员会执行，这与私营企业房产开发并行。此外，非营利住房协会也在进行房产开发，不过后者的影响范围要小得多。政府建设住房最多的年份，也是市场建设住房最多的年份，这表明政府的住房供给对私人投资几乎没有挤出效应，甚至可以说前者促进了后者。在相对较小的地方，建筑公司可以签订合同为当地的市政委员会建设住宅，同时出资建造几处投机型住宅项目用于自行销售。如果信用很难建立或销售缓慢，那么这些建筑商可以通过继续为当地的市政委员会建设住房来生存下去，并让其员工免于失业。因此，政府的住房供给不仅支撑了私人投资，而且它是逆经济周期运动的，能够平缓房价周期性的波动。而私营住房建设公司采用的是投机型商业模式，房价在波峰波谷间变化是其固有特征。

这种在住房供给和保有领域同时存在的混合经济，以严格的金融监管和税收体制为支撑。金融监管限制了流入私人住房市场的信贷量（见第五章），税收体制旨在平衡住房所有者和租户的经济地位。两者相辅相成，共同构成了解决经济租金问题的最全面的尝试。征税、金融监管和租金管制三管齐下，共同防止了房产所有者获得过高的经济租金，同时，对土地市场的政府干预以及公屋建设平缓了市场波动，为公民提供了低成本的可选住房方案。但是在这一时期的末期，在凯恩斯主义指导下的土地经济的一些关键机制的效果已大为降低。

首先，税收制度变动极大地鼓励了人们转向自有住房。1963 年，“A 类申报表”所得税（针对估算租金收入征收的税款）被废除。估算租金收入是房主自住者从其房产中获得的“隐性”收入，数额等于私人租赁领域里支付在类似房产上的租金。估算租金的概念建立在这样的理念上：自住房主同样享受了住房服务，他们如果租赁的是他人房产，就必须要为这项住房服务付费。虽然国家不再针对房主自住房屋的估算租金征税了，但是租赁住房的房东获得的租金收入仍然需要缴纳所得税。许多经济学家认为，对估算租金收入免税使得通过自有住房获得收入变得比通过其他形式获得收入更具吸引力，其效应是扭曲了人们的投资决定，把过多的资本吸引到住房市场中来（Callan，1992）。在供应价格弹性小的条件下，这会推高房价，让其他人无法购买住房，加深了拥有房产者和不拥有房产者两大人群间的隔阂。根据英国国家统计局的数据，2012—2013 年，估算租金收入免税的额度估值是 83 亿英镑（National Audit Office，2014）。

其次，当英国于 1965 年引入资本利得税时，主要家庭住房均享受免税。资本利得税是针对资产处置中实现的利得征收的税种。资本利得的计算方式是，用资产处置取得的收入减去获得资本所花费的成本。这项免税意味着，相对于选择投资其他资产的人们来说，投资型购房者在卖掉其住房时会受益。在英国，这一点尤其相关，因为这里实际房价已经大幅上涨，住房所有者享受着天降暴利且无须为此纳税。根据英国国家统计局的数据，2012—2013 年，这项免税的估值是 104 亿英镑（National Audit Office，2014）。

再次，1969 年政府引入了住房贷款贴息制度（mortgage interest relief at source, 简称为 MIRAS）政策，借此为住房抵押贷款支付利息提供税收减免。住房贷款贴息制度让抵押人能够收回部分贷款利息的成本，减免幅度相当于所得税基本税率。这是明确的金融刺激手段，旨在鼓励人们获得住房抵押贷款以购买房产。从 1994 年起，减免幅度逐渐降低，直到 2000 年被完全取消。虽然现在自住房主已经不再享受住房贷款贴息，但是购房出租者始终享有某种形式的税款减免。

最后，政府开始支持各种形式的“低成本住房所有权”，其中第一步是于 1964 年引入了互助性共同所有权形式（Martin，2001）。这些变化共同刺激了人们严重偏好自有住房，推动了 20 世纪七八十年代住房自有率的持续上升。即便房价不断上涨，这一趋势仍然不曾停止。

1970 年至今：“住房资本主义”的兴起

不管是在社会领域和政治领域，还是在经济领域，20 世纪 70 年代都是剧变的时期。这一时期紧随第二次世界大战后的大规模住房建设时期，住房短缺的燃眉之急已解，不再构成重大威胁。与此同时，布雷顿森林体系崩溃，全球经济运行机制发生转变，英国经济面临着多重挑战。这些挑战包括通货膨胀如脱缰的野马一发不可收拾，石油价格剧烈动荡，利率居高不下，以及行业联盟与工会之间的矛盾日益加剧。这最终导致 1979 年撒切尔夫人当选为首相，货币主义随之问世，社会和经济政策开始更多地偏向于以市场为导向（见框 4–4）。回头来看，20 世纪 70 年代的经济和政治震荡掩盖了住房部门中的几个剧变。这是住房自有率取得过半优势的时期，也是如今司空见惯的房价暴涨暴跌周期模式的诞生时期。

框 4–4　货币主义

“货币主义”一词主要与诺贝尔奖获得者、经济学家米尔顿·弗里德曼关联在一起。他的代表作是与安娜·施瓦茨（Anna

Schwartz）合著的《美国货币史（1867—1960）》（*A Monetary History of the United States, 1867–1960*），该书出版于1963年。货币主义学派认为，如果货币供应不出现重大的意外波动，市场就其内在而言是稳定的，遇到干扰也能快速调节。货币主义者相信，只有固定货币供应增长率，政府才能最好地实现货币政策的目标。他们还主张，其他形式的政府干预往往会造成经济失衡，而不是有助于经济发展。

货币主义经济学家相信，应该把住房供应留给私营部门，他们反对社会性住房、补贴和租金管制这样的政府干预措施。他们虽然总的来说倡导税收最小化，但是赞成征收房产税，理由在于它是最不具有扭曲性的课税。米尔顿·弗里德曼支持亨利·乔治倡导的土地税，并且给出了十分有名的理由：土地税是“最不糟糕的税”。

20世纪70年代末期，英美两国正在与高通胀率作战，货币主义在两国有着很大的影响力。但是几年后，货币主义就不再受经济学家的青睐，因为货币供应和通货膨胀在各种不同衡量标准下的关联，并非如货币主义理论所阐释得那样清晰。如今，各国央行基本上已经放弃了设定货币供应目标，而是选择通过设定利率来控制通货膨胀。但是，货币主义支持自由市场及反对政府干预的理念，对经济理论和政策制定产生了持续的影响。

房价暴涨时代的到来

在20世纪70年代早期和80年代早期，住房抵押贷款政策松动（下一章将对此进行详述）。在这一时期之前，住房抵押贷款大多是由建房互助会来运营的。建房互助会是互助组织，为其成员的利益服务。但是，信贷市场自由化鼓励了银行进入住房金融市场，这推动了第一次房价暴涨暴跌的发生。1970—1973 年，住房均价几乎翻了一番，然后其实际价格又急剧下跌。此后，政府重新给银行规定了借款上限。但是 1979 年上台的保守党政府又取消了这一限制。结果，1978—1982 年发生了房价的第二次暴涨暴跌。在这两次房价的涨跌中，虽然名义房价始终没有下降，但是名义价格没有追上总体通胀率，这造成了实际价格的下跌。

公屋建设大幅减少，部分是由于 20 世纪 70 年代的财政危机，另一部分原因则要归结于下面这个事实：过去 20 年里住房建设规模前所未有，人口增长则很温和，这时人们普遍感觉供给已经不再是问题了。再加上对市中心衰落的政治担忧与日俱增，导致在米尔顿凯恩斯市建成后，新市镇计划宣告终结，资本被导向了城市再生计划（Hall & Ward，2014）。与此同时，法院关于补偿的裁决（特别是在 1969 年的迈尔斯案件中）重申了下面的原则：对于任何强征的土地，土地所有者都能够要求得到符合其"期望价格"的补偿。这削弱了新市镇模式下政府低价购地以供新住房建设使用的能力。当时，几乎没人注意到这两项相互关联的改变。这些变化实际上一方面取消了 1946—1947 年方案中有关土地供给和土地规划的做法，另一方面原封不动地保留了这一方案的另一面（开发管制和绿化带）（Aubrey，2016）。

奔向住房自有

1979 年，在撒切尔夫人的保守党政府上台后，富有时代特征的第二次世界大战后巨额政府公屋建设项目宣告终结。受 20 世纪 50 年代保守党战略的启发，新组建的内阁寻求大力提高住房自有率，以便实现该党长期以来的目标：把英国改造成一个"有产民主国家"。朝着这一目标迈出的第一步发生于 1980 年 10 月。当时，政府通过了第一个

《住房法案》，颁布了“公屋购买权”这一主导性政策，迫使市政委员会把社会性住房卖给实际占用人（见框 4–5）。

框 4–5 公屋购买权

公屋购买权让公屋的租户能够以较大的价格折扣购买他们的住房。在撒切尔夫人当政期间，150 万套公有住房实现了私有化，她把这一过程描述为“20 世纪最重要的革命之一”（Linklater, 2013）。这导致 20 世纪八九十年代里，房主自住率一直保持着大幅上升趋势，而社会性租赁部门的住户数量明显下降。

从诞生伊始，公屋购买权政策就充满了争议。时至今日，对于这一政策的效果，人们仍然褒贬不一。有人称赞其为伟大的成功，因为它让很多人取得了住房所有权，获得了一份不断增值的资产。如果没有这项政策，这些人就不会有机会获得房产（Stephens et al.，2005）。但是，也有人批评这项政策削弱了政府达成满足国民住房需求相关目标的能力。在很多情况下，社会性住房的短缺导致等待者名单加长，这让一些家庭入住了不适合或更加昂贵的房屋。这一政策还导致私人住房和社会性住房的房产类型差异日益增大。在政策实施后的数年中，高层公寓等不受欢迎住房类型的购买率更低，结果是当地政府手中剩下的一般都是低质量住房（Forrest & Murie，1986）。

此外，经济状况较好的租户更容易行使其公屋购买权。于是，在社会性租赁部门里，最贫穷的劣势家庭更加密集了。1979 年，在收入占前 10% 的家庭中，20% 的家庭居住在社会性住房中，而到了 2004—2005 年，这一比例已经骤降到接近于 0（Hills, 2007）。这一现象被描述为社会性住房租赁角色的“剩余化”

（Stephens et al.，2005）。

公屋购买权政策遭受的另一种批评是，它没有让纳税人的钱体现出应有的价值。纳税人为公屋初建提供了资金，为购买公屋的租户提供了数额不菲的折扣补贴，然而在公屋出售后，纳税人却没有得到本来应有的租金收入。如果出售的公屋能够被替代，该政策就能免受很多批评。即使是大打折扣后，出售公屋所筹集的资金仍然足以建设大量新社会性住房，这一点是肯定的。但是，政府的规章制度基本上阻止了市政委员会建造新的社会性住房，销售所得大多被国库挪用于一般财政用途，在背后驱动这一决定的是政府的一厢情愿：减少国家开支和公共债务，限制地方政府，减少社会性住房在保有权中的比重。

接下来的改革让住房部门发生了彻底改变。大部分存留的公屋被转移到住房协会名下，这主要是出于让官方的公共借款额保持在低位的政治需要。1988 年《住房法案》废除了租金管制，并引入了“保证短期租赁”模式，至此准备工作就绪，私人租赁部门即将复苏。在这种新的租赁保有形式（“保证短期租赁”）下，私人房东可以任意驱逐房客而不需要提供理由，租期可以短至 6 个月。

与此同时，金融监管进一步放宽，致使更多信贷进入购房领域，从而点燃了房价暴涨的新烈火（见第五章）。1990 年，为了让英镑价格处于欧洲汇率机制范围内，英国提高了利率，于是房价暴涨之火再次熊熊燃起。

最后，在认识到住房走向市场会让部分人无法获得适用住房后，英国政府整合了个人住房补贴的复杂体系，住房补贴机制应运而生（Malpass & Aughton，1999）。一项重大转变正在发生，而这个新的补贴机制正是其中的一个组成部分。补贴政策正从补贴“房产”转移到补贴个人（Webb，2012）。向个人补贴机制的转变，能够更加充分地发挥市场力量的作用，为低收入家庭提供住房（Forrest & Murie，1986）。1975 年，超过 80% 的补贴给了供应方，目的是增加社会性住房的建设；而到了 2000 年，超过 85% 的补贴给了需求方，旨在帮助个人租户支付需缴纳的租金（Stephens et al.，2005）。

第二次世界大战后开始实施的一系列土地和住房相关经济政策，持续了几十年，在第二次世界大战后达到顶峰，而 20 世纪七八十年代的改革是对此前政策的翻转。政府不再寻求积极干预市场以确保住房开发所需的土地供应，不再提供大量非市场住房以供租赁，也不再限制房东设定租金水平或驱逐房客的自由。相反，信贷监管放宽和公有资产私有化让更多人拥有了获得自有住房的机会，而在新的自由化市场下居无定所的少数人还有现金补贴作为支持。在这个新的自由放任的处理方案下，租金问题并不会得到直接的解决，但是更多人获得了跻身赢家行列的机会，其人数比例之高是前所未有的。

住房的新政治经济学

在上个千年之末，对住房市场的直接政府干预大体已经终结，社会性住房呈下降趋势，住房自有率持续上升。这些变化将会永久改变英国的住房政治经济学，并会对政治行为、公共政策和宏观经济结果产生长期影响。

其重大效应之一是对选民利益和愿望的影响。在过去 30 年里，在因住房市场繁荣而享受大量既得利益的群体中，参与投票的人数大幅增长；而利益分布在社会性住房中的选民，投票数量明显下滑。这让关于住房问题的政治态度发生了变化，住房所有者的愿望赢得了更多关注。[1]

总的来说，这些因素意味着英国社会看待土地和房产的方式发生了深刻的转变。100 年前，在大多数人眼中，房屋只是一个居住的地方而已。但是今天，自有住房被推销为投资机会，它能在面临工资停滞、养老金缩水和国家福利减少的不利形势时为人们提供长期财务安全。不管是对政治家还是对普通大众而言，住房都不再是普通消费品，而是财富积累的工具。很多人逐渐把获得住房所有权看作“迈进不断壮大的中产阶级队伍的必要的一步，因为在中产阶级以信用为基础的生活方式中，住房资产已成为关键的支点并驱动着消费”（Forrest et al., 1999）。

在第四章和第五章中，我们将会讲到，这一现象背后的作用力是金融部门监管放宽和自由化，以及收入和财富不平等的迅速加剧。这标志着土地经济作用的最后一次重大转变。高住房自有率、宽松的住房金融系统以及不平等的加剧共同催生了“住宅资本主义”（residential capitalism）体制（Shwartz & Seabrooke，2008）。与此同时，不管是在全国选举还是在地方规划决议中，房产所有者都占据了政治支配地位，这确保了他们的利益能够得到政府政策的保护和补助（Keohane & Broughton，2013）。

但是，打造“有产民主国家”这个愿景依然还没有完全实现。实践证明，土地的新政治经济学就其内在而言是不稳定的。正如很快就表现的那样，在政府的支持下通过抵押住房所有权而获得的私人财富积累并没有解决土地经济旧有的矛盾，它只是让这些矛盾转移到更新、更广泛的领域里去兴风作浪了。

1. 部分学者援引了工党的例子作为这一论点的证据。工党原本反对出售公屋，后来却转而支持这一政策并热衷于提高住房自有率（Forrest & Murie，1986）。

供给：新千年的住房建设

从 20 世纪 60 年代的鼎盛时期开始，英国政府稳步从住房供给体系中退出。此举产生了深远的影响，不仅让保有权天平稳稳地偏向市场一方，还让投机型私人住宅建设占据了不可撼动的主导地位（见框 4–6）。

框 4–6　投机型住房建筑商模式

投机型住房建设或叫“当前交易者”（current trader）型住房建设，本质上是一个周期性循环过程，其完整周期包括筹集资金，购买土地，获得建筑规划许可，建筑房屋以及最后出售房屋（Callcutt，2007）。上述大多数工作是由专业承包商来执行的，包括地产代理商、规划咨询公司、建筑承包商和营销机构，不过有些工作也可能由开发商内部执行（开发商指的是启动这一过程的那家公司）。人们说开发商的行为是投机型，因为他们不是在已知购房者和确定的房屋价格条件下建造房屋，而是意图在开放市场上把住房产品出售给任何最高出价者。在这种模式下，开发商不准备对该房产保有长期权益，而是要转而把资金重新配置到下一个投机周期中。这跟商业地产开发形成鲜明对比。商业地产一般由资产控股公司开发，这类公司寻求的是从该地产获得租金收入。

开发商的利润是实际售价减去整个开发过程中的总成本后的差额。通常情况下，获取利润的过程存在长时间的滞后性，因为在取得土地后，开发商要过多年才能进行成品房销售。开发商在这一过程中必须投入大量资金，因此承担着很高的风险。最大风险在于建筑规划许可，以及这一过程末期住房所能卖出的价格。这些风险通常是由开发商自己承担的，而开发过程涉及的各家承包商通常只承担较小风险，即履行约定的合同内容。相应地，承包商一般收取固定费用或获得6%左右的利润，而开发商的利润回报率是20%左右。如果市场行情持续上涨，那么开发商的实际利润可能还要高得多。

英国住房体系的数个重要特征都是这一模式的产物。由于住房开发具有风险性和不确定性且需要大量资金，开发商会优选能够降低风险的策略，比如持有战略土地储备，每个项目都单独进行融资，并且寻求控制局部地区的新建住房市场以减少竞争。风险及住房的高需求性阻碍了房地产业中的创新，使得住房建设产业偏向于选择那些久经考验的技术和产品设计。

因为房产开发具有内在的时滞性，且容易受到住房市场价格周期的影响，所以住房开发具有高度周期性。当房价下跌时，开发商暂停买地，快速缩减建设比例以减少开支。当房价上涨时，开发商必须争相获得合适的土地，从而使地价波动幅度进一步加剧。

因为买地通常是开发商最大的单项成本，往往也是他们要承担的第一项成本，所以开发商支付的地价很大程度上决定着开发过程中接下来要发生的事情。获得土地十分困难，成本又高，这也为新公司的进入设置了较高的壁垒。

高风险、周期性和进入壁垒，这三个要素共同作用，导致房地产企业的倒闭和并购，从而造就了这一行业的高度集中化。开发商只有对当地有深入了解，以合理价格获得最好地块，才能部分破解上述困境。

因为开发商不会对项目持有权益，而且比购房者（通常是消费者或业余投资者）掌握了多得多的信息，所以他们几乎没有动机以质量为先。

值得注意的是，这个投机模式的上述诸多方面，大多源于私营企业与规划系统之间的交互作用——特别是规划系统能力不足，无法预先确定合适的土地用途，从而造成了不确定性。那些更注意规划系统的国家，似乎没有遭遇过程度如此之高的投机行为（Needham，2014）。

英国逐渐不再建设传统的社会性住房。作为这一转变的一部分，在20世纪末21世纪初兴起了一种补贴保障性住房的新方式。[1]1990年，《城市及乡村规划法案》第106条允许地方规划部门与开发商缔结有法律约束力的协议，规定开发商必须提供特定的公共设施，以此作为开发项目的一部分，特别是在开发项目中提供一定比例的保障性住房（有时也可以向政府支付一定折算金额的款项）。这些公共设施的成本落在开发商身上，因此，虽然法律上并未明文规定，但可以把第106条的实施看作政府对开发商征收的某种形式的发展税，只不过协议细节要根据个案具体商讨，现金极少易主。这一条款也是在通过规划系统为保障性住房提供某种形式的直接补贴。也许是因为这一条款是逐步演化而来的，也许还因为每项义务是分别协商确定的，与第二次世界大战以来征收发展税的其他尝试命运不同，第106条尚未遭遇强烈抵抗。然而，和整个规划系统一样，它仍然受到了信奉自由市场的经

1. 从这里开始，“保障性住房”一词指的是数量不断增长的各种低于市场价且享受补贴的住房保有形式，和传统社会性住房一样，它也是政府政策支持的对象。由于从1998年起，英国政府针对威尔士和苏格兰制定了越来越多的住房政策，从这里开始，讲述范围开始缩小到英格兰。

济学家和开发商的抨击，尤其当开发商觉得规划部门要求的保障性住房占比过高时，这种抨击就格外强烈。

自20世纪90年代起，用于支持住房协会发展以及获得保障性住房的资金来源出现了混合模式。这一混合模式由三大支柱构成：规划补贴（第106条）、对住房协会的直接拨款以及协会的商业贷款。这一模式成功地降低了单位住房的政府直接补贴金额，整合了混合业权社区中的市场住房和保障性住房。但是，它让保障性住房的供给面临着市场风险、政治风险和多重不确定性，它还让精确地核定到底需要为保障性住房提供多少补贴变得十分困难。因此，第106条的价值也就很难精确量化（University of Reading et al.，2014）。

住房协会的投资能力依赖于贷款方给他们放贷的意愿。而贷款方的意愿很大程度上取决于他们是否认为住房协会的未来收入流是安全的，而其对安全性的认知又很大程度上取决于社会福利政策（因为约60%的社会性住房租户依赖于住房福利）。于是，住房福利的削减以及未来还可能继续削减的不确定性，增加了住房协会借款的成本。

与此同时，保障性住房供应越来越多地倚重于第106条，这意味着它与市场生产越来越直接且紧密地联系在一起。因此，当私营住房建设停顿时，保障性住房的供应就会中断。此时，保障性住房建设也就不再能像过去那样发挥稳定的反周期影响，这潜在地加剧了市场低迷程度（Katz et al.，2003）。

自20世纪70年代以来，出现了三个私营住房供应增长时期，每个时期都以市场住房建设的大幅下滑而终结。鉴于投机型住房建设模式的内在本质，这是意料之中的。虽然供给量的每次跳水都十分迅速，但暴跌后的复苏却是缓慢的，而且每个供给波峰都低于前一个。供需之间的这种不对称关系，导致整个市场住房建设自1966年达到顶峰之后，都在不可阻挡地一路下滑（Jefferys & Lloyd，2015）。

住房市场暴涨暴跌周期模式的另一个效应是，它使得投机型住房建设的风险越来越大。当市场风向快速转变时，规模较小的开发商发现，银行在催促他们偿还为买地而承担的高价银行贷款，而与此同时房屋售价和成交量一溃千里。由于没有反周期的公共投资或公屋建设合同帮助他们渡过难关，许多企业不可避免地宣告破产，或被资本状况较好的竞争对手收购。随着周期轮转，住房建设越来越集中到少数较大的全国性公司手里。

这些全国性住房建筑商的运营模式重点是控制和交易高需求区位的土地，因为这既是必要的生存策略，也是最大的利润来源。媒体和政策的关注点一般集中于开发商的“当前”（已获得建筑规划许可的）土地储备，但这部分只包括约未来 5 年的住房供应。事实上，据估计，开发商持有的土地中约 82% 是战略性土地（未获得建筑规划许可）（Office of Fair Trading，2008）。开发商往往会通过签订期权协议来控制战略性土地，而期权协议是开发商与农场主等土地所有者之间的私人合同，一般不会公开披露。

期权协议限制了竞争对手获取合适的开发土地的能力，构成了进入住房建设产业的一个重要壁垒，从而进一步巩固了现有大型企业的优势地位（Griffith，2011）。鉴于土地市场存在上述条件，“哪家开发商掌握的特定地块上可供开发的土地越多，哪家开发商就有效地控制了垄断权”（Cheshire，2011）。

产业的集中化，再加上进入壁垒，已经降低了竞争压力，从而阻碍了产品创新。结果是，英国的新建住房被广泛认为既不美观，又质量低下——其中仅有 18% 的住房被评价为设计优秀或非常优秀。多达 2/3 的购房者说，他们甚至不会考虑购买新建住房，因为他们对房屋的质量和面积极为不满（Neale，2009）。虽然设计质量部分是主观的，但是有关空间的证据更加明确。相比于英国以前修建的住房以及其他可比国家的新建住房，英国的新建住房更加狭小，比如在土地稀缺的荷兰，新建住房的面积平均比英国大53%，丹麦新建住房的面积平均比英国大80%，就连日本的住宅面积平均起来都比英国大21%（Robert-Hughe et al.，2011）。

低质量的开发转而导致了两个截然不同的恶性循环周期。首先，规划系统地方化，由地方酌情裁决，于是当地人更容易成功抵制他们认为有损环境质量的项目，从而进一步降低了总体供给率（Garvie，2013）。其次，在房价高、供应短缺和住房抵押贷款市场自由化的条件下，缩小住房面积和提高住房密度的市场压力进一步抬高了地价。因为开发商必须为开发土地竞价，在不确定的条件下，存在出价过高的重大风险，这哄抬了地价，也提高了土地所有者的期望值，从而加大了对土地的投机压力，并进一步抑制了开发的活力（见框4–7）。

框4–7　差额土地估价

土地的不可替代性，在某个具体时刻和每个区位的价值都是独特的，即不存在一般地价。因此，地价指数充其量只是一个描述性平均值，而不是对实际市场价格的精确表达。每个地块都要分别估价，才能确定其潜在价格。非开发用地的估价一般基于它的使用价值，即它能产生多少收入。开发用地的估价更加复杂，因为它的价值取决于其上能建筑什么，以及该建筑物能获得多少销售价值或租金收入。

住房用地的购买者是开发商。开发商一般采用差额估价法来得出报价。这个估算过程的基本原理是：首先，估算出开发商预期能从所建设的住房（或其他房产）中获得的最终销售价值，然后减去建设预期将发生的全部费用，最后得出差额。开发商决定的这块土地报价必须出自这一差额。

这一过程具有高度不确定性，因为其中有许许多多的未知数，开发商只能估计其成本，而且由于是竞价，土地所有者通常会接受最高出价。住房供给系统的如下几个关键特征都源自这一过程。

- 房价上涨直接反馈到地价上涨中，于是土地所有者会获取房产价值上涨的大部分收益。
- 公共政策强加的任何成本（比如发展税、对所建设内容的限制或保障性住房等实物福利）实际上都出自地价，因为开发商会把所有这些成本都计算在差额估价中。
- 在竞争性土地市场中，对销售价格估算最乐观的开发商或计划成本最低的开发商，给土地所有者的报价一般会最高，并且通常会获得那个地块。这促使住房开发朝着建设成本更低和密度更高的方向发展，也意味着住房越来越小，质量越来越低下。
- 一旦支付了土地费用，开发商就面临着成本高于预期或销售值低于预期的风险，这会侵吞开发商的利润。如果开发商的利润下降太多，这个项目就会被认为是“不可行的”，这时，建设就会停止，资金链会断裂，开发商可能会破产。支付的地价越高，破产的风险就越大，因此，对土地的竞争意味着在此地块上开发项目可能会逐渐丧失可行性。

尽管始终有反思和政策举措试图改革规划系统，推动私营住宅建设（Barker，2004；Callcutt，2007；Lyons，2014），但是总供给量仍然远远低于在第二次世界大战后混合经济下达到的水平。

需求：只增不减?

今天，在英国，住房市场的周期循环及人们对住房自有的执着都已根深蒂固，甚至达到了人们认为两者一向都存在的地步。尽管住房市场的崩溃给许多家庭以及整体经济带来了破坏性影响，但是，房价在1970—1995年的三次暴涨暴跌都没有减弱英国民众对自有住房的渴望，也没有浇灭政治家宣扬住房自有的热情（Saunders，2016）。事实上，一旦价格稳定下来，购房者和贷款方的兴致就会恢复，每次市场崩溃都会让房价回落到新一代住房所有者可触及的范围内。20世纪90年代中期的房价收入比是5，与1967年的这一比值相当（见图4-3），而住房自有率已经从50%左右提高到接近70%。

但是，20世纪90年代中期开始的第四次房价暴涨则不同。这一次，利率和通胀率持续走低，让房价到2007年为止在十年内增长了两倍，房价收入比则激增至10（Jeffery & Lloyd，2015）。可负担性如此大的下降幅度被抵押贷款的低利率掩盖了，至少是在一段时间内被掩盖了，因为抵押贷款的低利率让月供保持在了合理范围内，购房者能够筹足首付即可（Wilcox，2006）。于是，面对不断积聚的可负担性压力，政策的重点放在了采取一系列措施降低住房自有成本，从而帮助首次购房者跨越首付壁垒，而市场对此的反应是住房抵押贷款的贷款价值比越来越高，在某些案例中竟然高达100%。信贷紧缩及其后的银根放松，一方面进一步稳固了高房价、低抵押贷款利率的状况，另一方面又通过取消高贷款价值比的住房抵押贷款不断抬高了首付壁垒。随着可负担性压力的加大，首次购房率骤降，于是政府开始为边际住房所有者提供越来越慷慨的补贴（Wilson & Blow，2013）。

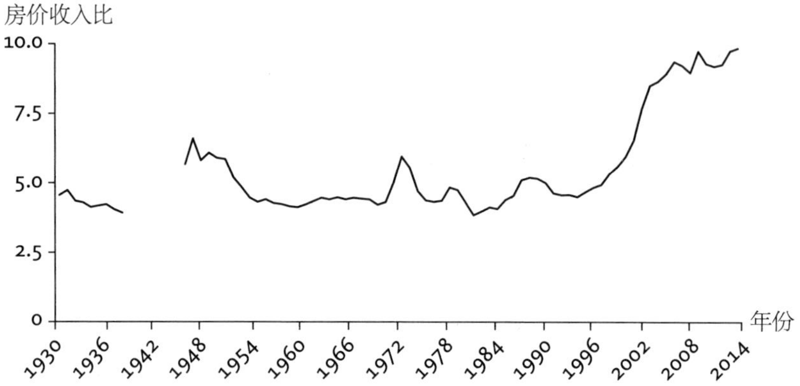

图 4-3　房价与平均总收入比

资料来源：英格兰银行和英国社区与地方政府部（Bank of England，2016d；DCLG，2010）。

正如我们在第五章和第六章将会讲到的，房价长期上涨的结果是住房所有者的资产财富和未偿抵押贷款债务额同步大幅增长。金融危机促使新发放的住房抵押贷款快速缩减，但是这仅引起了房价的温和调整，而且在英国大部分地区，这部分调整已经又翻转回来了。国内需求被贷款方试图去杠杆化的举措所限制，而新的监管制度要求贷款方更加细致地审查借款方的偿还能力，并进一步加强了对需求的限制。但是，金融危机的全球性也打开了新的需求来源。焦虑的外来资本追求英国房产的相对安全性，加入了购房出租的投资洪流（见第六章“土地和经济租金是如何加剧不平等现象的”一节）。

金融危机及相关应对措施对房地产业和土地市场也造成了深远影响。2008 年后，提供住房抵押贷款的银行、主要大开发商及政府都热衷于人为抬高开发商手中的储备土地的账面价值。如果监管部门像之前市场暴跌时那样允许地价骤降，那么很多开发商将会面临破产。虽然很多开发商违反了与银行的契约或接近违约，但是总的来说，不对开发商资产行使止赎权，对银行来说是有利的，因为这会加速地价的螺旋式下降。实际上，由于开发商削减支出并寻求资本重组，市场基本上冻结了。这维持了相对较高的土地和住房价格，保护了开发商和银行的利益，但这是以交易量和产量骤降为代价的。跟前三次房价暴涨后不同，这一次没有实现市场出清，没有让土地和住房的价格回落到基础价位，也没有为新的竞争者提供进入市场的机会，或让新一批的买房自住者获得购房机会。

由于没有实现市场出清，新一届政府诉诸滚雪球般的需求方补贴政策，把少数中等收入家庭纳入补贴范围，让他们获得了住房所有权。这种兴起于20世纪80年代末，旨在对供应方进行最低程度干预并支持需求方获得住房所有权的新型土地经济方案在此时被推向极致。

保有权：住房自有率已到极限

在历史上以及第一次世界大战后战败国的重建中，农业用地的重新分配打破了政治和经济权力的垄断。同样地，在20世纪里，自有住房的普及带来了很多好处（Linklater，2013），它不仅给了数百万家庭首次拥有安全、体面住房的希望（包括退休后拥有免房租的住处），而且给了他们一份固定资产，为他们创造了一个把财富转化为当前消费的新途径（见第五章）。

但是，住房自有率的上升，似乎也在自掘坟墓，因为房价上涨遏制了来自首次购房者的有效需求。

如前所述，住房建筑商越来越多地服务于私人市场，使住房供给水平极易受住房市场下滑的影响，而在房价上涨时供给量的恢复又十分缓慢。

住房自有率的上升还冲击了住房策略——进一步加剧了房价上涨与供给僵化的模式。

随着英国住房自有率的逐步上升，个人财富与住房市场相关联的选民人口比例也在上升。住房存量的大幅增加可能会促成房价下跌。于是，一边要解决供给问题和可负担性，另一边又要维护住房所有者的资产财富，两者间存在政治矛盾。基奥恩和布劳顿把这一现象描述为住房自有率和房价间的负反馈循环（Keohane & Broughton，2013），这种循环会导致“低供给均衡”（见图 4-4）。

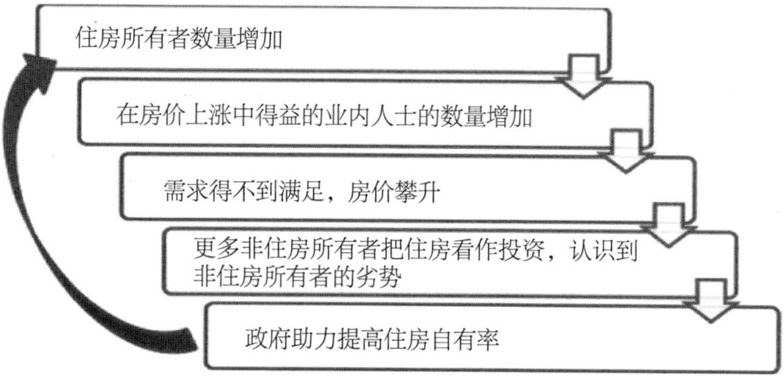

图 4-4　住房自有率与“低供给均衡”

资料来源：基奥恩和布劳顿（Keohane & Broughton，2013，p.6）。

税收政策的演变也遵循类似的轨迹。随着住房所有者在选举中占据了主导地位，自 20 世纪 60 年代以来，英国历届政府纷纷降低房产税（见框 4-8），并开始为购房和住房自有提供补贴。

框 4-8　英国的住宅房产税

在英国历史上，土地曾是税收的首要来源。但是，随着时间的推移，税负已经从土地逐渐转移到了收入流和支出流上（Mirrlees & Adam，2011）。尽管如此，在英国和大多数发达经济体中，土地税和房产税仍然是构成税基的一个重要组成部分。

- 市政税：当地政府定期征收的家庭税。征税基础是家庭所居房产的评估价格，其中英格兰和苏格兰基于1991年4月1日估算价格征税，威尔士基于2003年4月1日的估算价格征税。
- 资本利得税：针对股票或房产等资产出售或处置时产生的利得或利润征收的税款。基本住房免征资本利得税。
- 遗产税（IHT）：死者遗产过户时针对其资产净值超出起征点（当前是32.5万英镑）部分征收的税款，一般会扣除部分减免。当前遗产税率是40%。
- 印花税（SDLT）：购买或转让房产或土地时需缴纳的税款。在英格兰、威尔士和北爱尔兰，印花税有起征点，按照售价的一定百分比收取；苏格兰的类似税种叫作土地及建筑物交易税（LBTT）。

按照某些衡量指标，在经合组织成员国中，英国的房产税比例最高，相当于财政收入的12%（OECD，2015）。但是这主要来自市政税，而市政税被认为是高度无效率的房产税，因为应税价值与当前市场价值严重不符，而且它对租房居住的人群同等征税（Andrews et al.，2011）。事实上，相对于其他投资形式，英国的税务系统为自有住房提供了优惠政策。

原因之一是前面讨论过的主要住房免征资本利得税和估算租金税。近年来，遗产税改革进一步优惠了住房相对于其他资产的税收政策。在2015年夏季预算中，财政大臣宣布了一项新的主要住房减免税，减免额度将从2017年4月的人均10万英镑逐渐提高到2020—2021年的17.5万英镑。对于含一座住房的地产，这实际上让人均免税额度从32.5万英镑增加到50万英镑，让一对已婚夫妇的免税额度可以达到100万英镑。

有证据显示，自有住房的税收优惠相对于其他投资形式的税收优惠政策，对整体宏观经济后果造成了更深刻的影响。奥克斯利和哈夫纳（Oxley & Haffner，2011）研究了英国、丹麦、德国、荷兰和美国的住房税收系统，并对比了各国住房税收政策对房价波动、分配后果和保有权选择的影响。他们得出结论：相对于其他保有形式，英国税务系统对自有住房政策更加优惠，这些税收优惠给住房所有者带来了重大的分配优势。与租房居住的人群相比，实际价格上涨对住房所有者有益。他们还发现，英国的房价波动性相对较高，这跟缺乏逆周期房产税（比如资本利得税和估算租金税）有关。

社会福利更加个人化，同时减少了对公屋供应和政府干预土地市场的依赖，这些举措进一步加强了上述趋势。政府越来越多地致力于鼓励个人积累住房等资产，将其作为在老龄化社会里解决社会保障成本和满足退休需要的手段（Doling & Ronald，2010）。不管是处于政治光谱哪一端的政党当政，在各届英国政府的领导下，社会福利越来越多地转向以资产为基础，在2010年保守党重新掌权后，这一趋势更加显而易见了。

如今看来所有这些因素共同作用的结果是，住房自有的黄金时期貌似异常短暂。事实上，到20世纪80年代为止，公屋购买权促发的住房自有化浪潮已经掩盖了一个更深层次的事实，即第二次世界大战后住房自有率的稳定上升已经停滞。随着房价开始在波动中呈现出不可逆转的上涨趋势，以及租房居住的中产家庭数量越来越少，房价与未购房者收入之间的差距越来越大。管制放宽后抵押贷款成本降低，再加上公屋购买权提供了很大折扣，能够暂时弥补这一不断拉大的差距。但是到了 20 世纪 90 年代初期，有能力买房的准购房者数量已经不足，抵押自有住房比例已停滞不前。老龄化社会的人口构成状况意味着，虽然年轻的首次购房者数量在下降，但是无抵押贷款的高龄房主仍然推动了总住房自有率在接下来 10 年里的缓慢上升（DCLG, 2016）。然而推动效应也只能到此为止，到了 2003 年，总住房自有率达到了峰值 73%，此后便一直处于下降趋势（见图 4–2）。

随着传统社会性住房日益减少，而购房又越来越遥不可及，越来越多的家庭发现自己没有好的住房选择，特别是在东南部经济繁荣的城市和曼彻斯特等几个大城市，住房压力日益加重。

尽管存在为意欲购房者设计的新型补贴计划，但是中低收入家庭越来越发现，除了租赁私人住房，他们几乎别无选择，这从而引发了保有权模式的显著变化。在整个 20 世纪里，私人租赁部门在某种程度上持续下滑，但是自 1988 年管制解除后，私人租赁开始重整旗鼓。20 世纪 90 年代，贷款机构看到了为购房出租投资提供金融服务的机会（见第五章），私人租赁部门借此腾飞起来。这些投资者大多已是住房所有者，住房市场的繁荣已经让他们积累了大量财富（Lord et al., 2013）。同时，他们往往是个人业余投资者，而不是专业房地产公司，而且他们倾向于优选现有住房，而不是新建住房。因此，自 1996 年以来，这个新的需求来源帮助维持了房价高位和上涨势头，但是几乎没有鼓励新的房产开发。

事实上，由于房价上涨和社会性住房供给量的萎缩，年轻一代越来越难以成为房产自有者，而购房–出租模式的繁荣恰好为这一代人提供了租赁住房。同时，随着私人住房的租金吸收了越来越大比例的工资收入，租户攒够购房首付款也越来越困难。这为一个日益壮大的社会群体挖下了租金陷阱（见第五章）。

这意味着从长期来看，住房福利的总费用已不可避免地大幅增长。2014—2015 年，政府在住房福利上的开支是 243 亿英镑，比公安、道路和军购三者的合计支出还要多。领取人数的变化及花在每个领取人身上的费用变化，共同导致了总费用的增加。20 世纪 80 年代末 90 年代初，私人租赁管制放宽，导致私房租金快速上涨，并最终导致了补贴支出的大幅增加。经过 20 世纪 90 年代末的一段平稳期后，到了 21 世纪初，由于领取人数和每个领取人所需费用双双上涨，政府的住房福利支出再次快速增加（Adam et al.，2015）。今天，在英国，每 5 个家庭中就有 1 个依赖住房福利。[1] 尽管政府反复尝试缩小这一比例，但仍然无济于事。

本章小结

自 2000 年以来住房状况的上述变化，使得保有权图表上的两条曲线如今出现了交叉。首先，几代年轻人中有抵押的自有住房比例在下降。与此同时，利率低且年长者预期寿命延长，意味着无抵押自有住房所占比例已经超过有抵押自有住房比例。其次，自 20 世纪 60 年代以来，私人租赁住房已经首次超过了社会性租赁住房（见图 4–5）。

假设这些趋势继续下去，19 世纪的土地经济状况似乎要在 21 世纪重新上演：或早或晚，大多数人将会发现，他们在租住极少数富有房产所有者的住房。从这个角度来看，人们一开始会觉得 20 世纪是个例外，因为在 20 世纪里，一波接一波的政策干预（包括对土地、住房和金融市场的干预）让数百万人实现了拥有体面且安全的住房的梦想。

---

1. 根据英国就业和退休保障部（DWP）的数据，2014—2015 年，在约 2 700 万家庭中有 490 万家庭申请住房福利。

但是，随着住房自有率达到极限，而且政府放弃了解决租金问题的努力，土地的市场机制再一次大显身手。

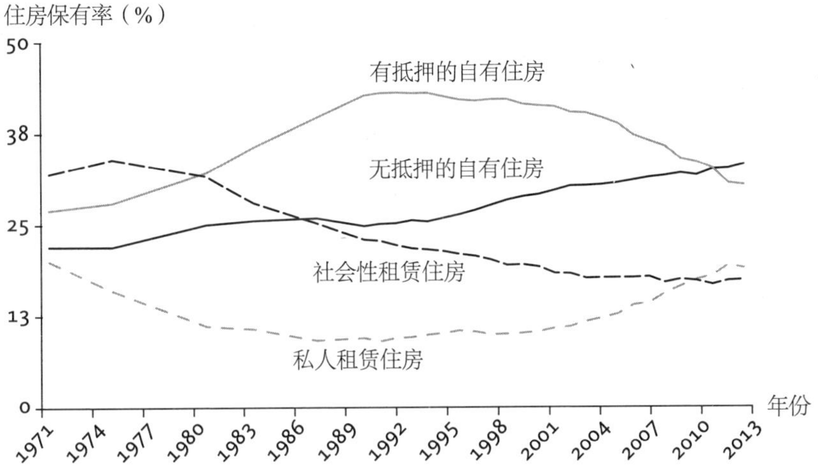

图 4-5　1971—2015 年英国住房保有率变化曲线

资料来源：第一太平戴维斯（Savills）对英国社区与地方政府部（DCLG）公布数据的分析，尼尔·赫德森（Neal Hudson）对英国住房调查和劳动力调查数据的分析；1981 年前的数据中，1971 年和 1975 年的数据插补自未加权的官方回应。

在寻求走出租金陷阱的道路上，数百万人成为自有住房者，而且开始体验到了自己获取租金的好处。今天，食利经济的受益者不再是一小撮有地产的贵族，而是众多的普通住房所有者，其中包括一个规模更小但在不断增长的子群体，他们利用自己的住房财富获得了数处房产，然后将其出租给被排除在住房所有权之外的人们。然而，他们在经济中的作用却依然类似于 18 和 19 世纪的土地所有者。

在多数民主时代，政府让公共政策天平偏向于这些新兴的家庭土地所有者，从而加深了拥有地产者和不拥有地产者这两个人群间的财富鸿沟。结果，当今政府发现，它需要支付巨额补贴以缓解住房问题，然而，即使这样也似乎仍然无法解决土地经济学中的那些问题出现的基本动因。到目前为止，政策始终是继续提高边际住房自有率，可惜该政策成效有限，而且个人补贴的成本在不断提高。所有保有形式的住房供给量都严重落后于需求指标。低供给均衡是住房市场的波动性和风险性的产物，而住房所有者政治进一步巩固了这一均衡，使其到达根深蒂固和无可撼动的地步。

私有制的漫长历史告诉我们，结局可能有两个：或者是房产价格崩溃，重置住房市场；或者是住房市场失灵越发严重地抑制经济的发展，直到用于支付租金的工资比例与日俱增，最终导致这部分人群的不满逐步升级，促发政治危机，造成难以预测的后果。

土地经济对不平等状况的上述影响，将在第六章中继续探讨。在此之前，我们需要先了解另一个关键因素——土地和金融间的致命关联，它推动了近几十年来住房价格和住房财富的爆炸式持续增长。

第五章

土地和住房的金融化

在过去100年里的大多数发达国家中，相对于其他贷款，住房抵押贷款所占份额已经发生了巨幅增长。不管是在1928年还是在1970年，银行的首要业务都是非抵押企业贷款，鲜有例外。但是到了2007年，在大多数国家，银行的首要身份都已经变成了不动产贷款机构。

——奥斯卡·乔达等（Oscar Jordà et al.，2016，p.16）

英美经济……把英美人口变成了高杠杆投机者。他们投资的那种固定资产构成了大多数投资组合的主体，削弱了人的流动性。

——马丁·沃尔夫（Martin Wolf，2008）

引 言

主教大道（Bishiops' Avenue）是位于伦敦北部繁华地段的一条壮观的大街。可是，那条街上 1/3 的豪宅是空房（Booth，2014），其中许多豪宅已经处于失修状态，多年无人居住。这景象令人触目惊心。它们坐落在世界上发展最快的城市之一，区位又那么好，这些建筑曾经是那么富丽堂皇，主人为何对它们置之不理，任其沧桑凋败呢？很明显，从任何理性的角度来看，这些地方都已经不再是所谓的住房了。

屋子里有人居住吗？建筑实体状态如何？主人们并不太关心这些问题，因为决定这些房产价值的不是此类特征。它们的真正价值在于这些房产下面的优质不动产——土地。据记载，1988 年，这里的一座豪宅的售价将近 100 万英镑，而现在它们的售价高达 6 500 万英镑。

这个案例有些极端。但是，在英国和其他发达经济体的部分地区，土地和房产作为家庭居住或商业活动场所的使用价值，与其作为金融资产的市场价值两者之间的区别正日益模糊化。作为金融资产，土地和房产能让所有者获得非劳动所得的资产利得，或者称为租金攫取。但是，地价和房价的上涨速度长期快于收入增长速度。人们越来越多地把房产视作金融投资，而不仅仅是居所而已：供退休后利用或留给子女，作为借款的抵押资产或简单地作为投机型金融资产。类似地，如今的众多企业及国内外投资者也把土地视为有吸引力的资产，特别是在低利率的经济环境下。

这种状况是如何发生的呢？在上一章中，我们看到了不同政治经济体制是如何塑造土地机制的，同时又是如何被土地机制所塑造的。我们还了解了保障性住房建设的锐减是怎样拉高了英国的地价的。本章将集中探讨金融的作用，探讨信贷监管放松、信息和通信技术发展以及家庭的投机利得期待这三个因素，是如何日益成为地价和房价快速上涨的重要驱动力的，特别是在近 30 年里。

今天，土地、房产和金融系统三者之间的交互作用，决定着宏观经济的面貌。土地已经“金融化”，成为投机型贷款和投机型投资的对象，从而使得地价和房价从整体经济增长和收入中剥离出来。这一现实是现代经济的核心问题。许多著名经济学家越来越清楚地认识到了这一点，比如约翰·米尔鲍尔（Muellbauer，2012）、阿达尔·特纳（Turner，2015a）以及约瑟夫·斯蒂格利茨（Stiglitz，2015a），但是政策制定者还未着手解决这一问题。

政策制定者没能认识到这一问题的原因之一是，对于土地及其在生产过程中的作用，以及不解决经济租金问题的潜在后果，主流经济学理论里缺少相关分析。前两章已经对这一疏忽进行了简要描述。另一个同样重要的问题是，主流经济学理论对于银行系统在经济中的作用，以及银行系统创造的信贷流和债务存量，也没有形成正确概念。在新古典经济学中，信贷和货币被视作蒙在真正的经济上的“面纱”。而真正的经济是由生产和消费过程中的“真实的”商品和服务交换构成的（Schumpeter，1954，p.277）。银行只起到促进这一交换过程的作用。具体运作方法是让预先存在的存款再循环到借款方（非金融公司）手中，以投资到创造商品和服务的生产企业。货币和信贷供应的波动可能会引起短期经济冲击，但从长期来看其作用被视为中性的，因为经济增长主要取决于技术和劳动生产率的变化。

然而事实上，当商业银行发放一笔贷款时，它并没有“再循环”来自其他经济部门的货币，而是在创造新的货币和新的购买力（McLeay et al.，2014）。此外，银行不仅仅在为企业创造用于生产投资的货币，还在创造用于购买现存住房和土地的货币。

如果银行以现有土地为基础创造信贷和货币，正如它们利用大多数住房抵押贷款所做的一样，那么这将促使房价和地价上涨。[1] 价格上涨意味着，为了成为住房或土地所有者，家庭和企业的举债必然也会增加。因此可以说，在土地供给量固定的情况下，银行信贷供应反过来又创造了更大的信贷需求。于是家庭和企业对土地的需求可能会大大超出人们的收入或企业的利润，也大大超出经济增长率。如果人们预期房价涨势将会持续高于收入增长，那么土地需求就会更加旺盛。随着家庭负债收入比的逐渐上升，这将会产生非中性的、“真实的”长期经济影响。当抵押贷款消耗了越来越多的收入时，人们可能会开始紧缩消费。

类似作用机制同样适用于商业地产。在整个20世纪里，商业地产多次经历了由信贷驱动的泡沫，包括20世纪20年代中期佛罗里达东南部的房地产泡沫（Ballinger，1936），20世纪80年代末的日本房地产泡沫，20世纪70年代在美国多个州出现的房地产泡沫（由大宗商品价格冲击导致），以及20世纪90年代的东南亚房地产泡沫（Kindleberger & Aliber，2005，pp.29—30）。

在有关英国和其他国家房价不断上涨的讨论中，并未提及这些作

---

1. 银行还可以创造信贷和货币，以此用于购买股票和债券等现存金融资产或帮助企业开展并购业务。银行实际上也是这样做的。同样，在上述情况下，可能产生的效应是这些金融资产的价格飞涨（Werner，1997；Bezemer，2014）。

用机制。在理解发达经济体的房价、地价和消费三者的行为模式时，信贷（特别是商业地产或住房抵押信贷）成了“房间里的大象”。人们对它视而不见，避而不谈（Muellbauer & Williams，2011）。英国房产系统的另一个显著特征是保险公司和国际基金等非银行机构的资金投入。全球进入低利率时代以及近年来的货币政策，使得更多保守型投资者到英国来寻求更高收益率的资产。

在本章中，我们将会探讨土地、金融系统和整体经济三者之间的关系。我们将会为你揭示，金融监管放宽是如何让银行转型为房贷机构并且助长了房价的过度膨胀的。信贷自由化还让地价和房产财富逐渐成为决定消费需求的重要因素，成为现今发达经济体中经济增长的主要推动因子（在英国，约 2/3 的 GDP 增长是由内需消费驱动的）。这一过程导致了一个反馈循环的出现，即房价不断攀升和家庭负债不断积累。这让我们的经济在市场冲击面前变得十分脆弱。

住房与土地价格、收入和银行信贷

在过去 20 年里，英国经历了在发达经济体中幅度最大的几次房价上涨及颇为剧烈的价格波动（价格震荡）。要衡量住房的可负担性，一个被广泛认可的指标是平均房价与平均可支配收入之间的比率（房价收入比）。[1] 图 5-1 展示了自 1987 年以来五大发达经济体这一比率的变化指数。在英国和澳大利亚，房价收入比上升了近 40%，与此相比，在包括日本和德国在内的其他国家中，这一比率则呈现明显下降的趋势。英国和美国保障房房价可负担性比率也出现了重大震荡，其震荡

1. 相比于单看房产名义价格变化，考察房价收入比能更加准确地揭示住房可负担性。可支配收入指的是税后总收入扣除养老保险和其他福利费用后的余额。可支配收入被广泛用作购买力指标的测算。

幅度比经济增长变化要剧烈得多。

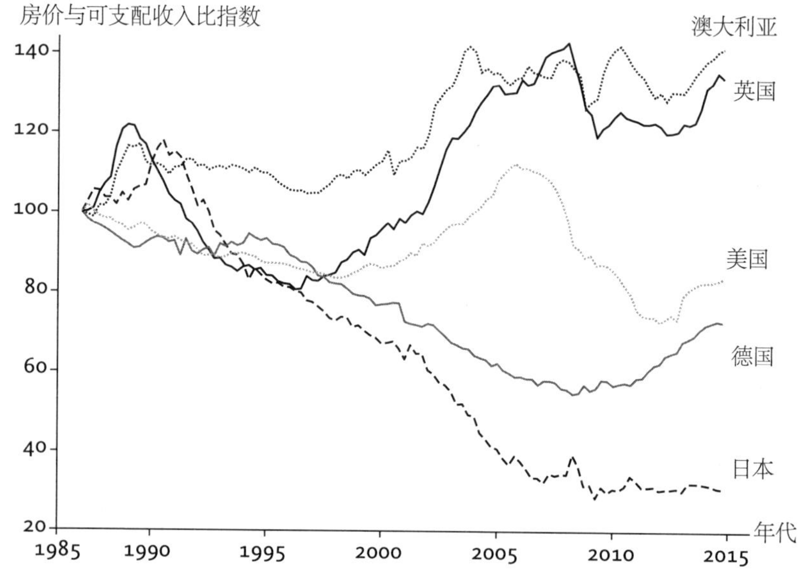

注：以 1987 年为基准，当年的房价与可支配收入比指数为 100。

图 5-1　五大经济体 30 年来房价与可支配收入比指数

资料来源：经济合作与发展组织（OECD，日期不详）。

住房财富增加和房价上涨中的绝大部分，并非源于建设成本的上升，而是源于地价的上涨。实际上，建设成本变化曲线相对扁平。近期一项针对 14 个发达经济体的研究发现，1950—2012 年，81% 的房价上涨都可以归因于地价上涨，其余部分才归因于建设成本的提高（Knoll et al.，2014，p.31）。在英国，这一数字是 74%。本书第一章图 1-1 显示，地价的波动性远远高于房价。特别是自 20 世纪 90 年代早期以来，地价上涨幅度远远高于房价的上涨幅度。

那么，我们该怎样解释不同国家间土地和住房价格的上述差异呢？发展水平相近的不同经济体，各自经历却千差万别。这说明，"低利率造就高房价"这种笼统性的一般论断缺乏说服力。从长期来看，这些国家的央行利率变化是类似的，但是房价趋势却迥然相异。

似乎更有可能是那些根深蒂固的、因国而异的及体制上的动力因素在起作用，学术研究也支持这一发现（Muellbauer，2014a）。我们在第四章中提到过其中一个可能的原因，即在供给方面，这些国家有着非同寻常的房价驱动因素，包括不同的规划法规和不同类型的土地与建筑市场。英国的规划系统相对复杂，运转缓慢；而德国的地方政府在土地规划方面享有更高的自主权。可以预见，在英国这样的国家里，房价上涨幅度会比在德国这样的国家里要大。然而，虽然澳大利亚和美国的土地规划系统同样是相对分散的，但是这两个国家也经历了数个房价飞涨的阶段。

看图 5-1，我们可能还会问另一个问题，房价收入比这么高，人们是怎么买得起住房的呢？在经历了价格飞涨后，比如 20 世纪 90 年代晚期到 21 世纪第一个十年中期期间的英国和澳大利亚，住房和土地市场为什么没有更快地得到纠正呢？在发达市场经济体中，一般很难看到任何商品或服务的价格会出现类似房价这样的剧烈波动。

这个问题的答案不在于住房供给，而在于对那些住房的需求。对住房和土地的需求，不受任何特定时点上人们的收入情况或国内经济中流通的货币量这两个因素的预先限制。这是因为人们可以利用信贷从银行获得抵押贷款，以此来解决购买住房和土地的资金需求。当你获得抵押贷款时，银行不会从经济中的现存货币供给中抽取货币，因此不会立即影响经济体中别处的经济活动。[1] 银行发放贷款其实是在创造新的信贷和货币——为经济增添了新的购买力（见框 5-1）。于是，尽管房价涨速高于收入，通过银行贷款（信贷创造），一般家庭还是具

1. 不过借款是需要偿还的。在其他条件不变的情况下，向银行借款可能会减少未来支出，具体取决于利率。

备了购房能力。

框 5-1 银行系统的信贷创造和货币创造[1]

银行在发放“贷款”时也为自己同时创造了新资产和新负债。银行只需要在自己的账户里录入信息并说明借款方欠它一笔钱，即贷款，它就创造了资产。与此同时，银行在客户的账户里录入信息并说明客户有同样数额的一笔银行存款，它就创造了负债。在此过程中，任何其他客户的存款都没有发生丝毫变化。银行创建的存款，主要建立在银行对于借款方偿贷能力的信心之上。

然后，借款方把贷款花在别处。贷款被花费后，最后又以存款形式进入另一家（甚至可能是同一家）银行。然后，高效的电子支付系统确保了这些负债具备货币功能：大多数支付都可以通过电子形式来完成，减少一个账户的余额并增加另一个账户的余额，这一过程不涉及任何实体的现金转移。

偿还贷款时，会发生相反的过程。贷款（银行资产）和存款（银行负债）会同时减少；这时货币被销毁，货币供应收缩。因此，在任何时点上，决定货币供应量的是新创造的贷款与已偿还的贷款两者之间的差额。在英国，银行通过贷款业务创造了97%的货币供给，剩下的部分是英格兰银行和英国国库以现金形式创造的。

1. 详细阐述见瑞安–柯林斯等人的著作（Ryan-Collins et al.，2012），以及刊载于英格兰银行《季刊》（*Quarterly Bulletin*）的文章《现代经济中的货币创造》（McLeay et al.，2014）。

如图 5-2 所示，抵押贷款的未偿债务与实际可支配收入之间的比率，已经从 1987 年的 30% 提高到近 100%。这一趋势推波助澜，推动了平均房价的上涨，让平均房价从家庭平均可支配收入的 4 倍增加到 10 倍。这个数字当然掩盖了巨大的区域差异——在伦敦和英国东南部这些住房更加抢手的地区，房价收入比甚至达到了 20（ONS，2015c）。一项近期研究评估了自 2002 年以来的生活水平变化趋势，结果显示，如果包含住房成本（包括抵押贷款和房租）在内，那么超过半数的英国劳动年龄人口生活水平有所下降或没什么提升（Clarke et al., 2016）。

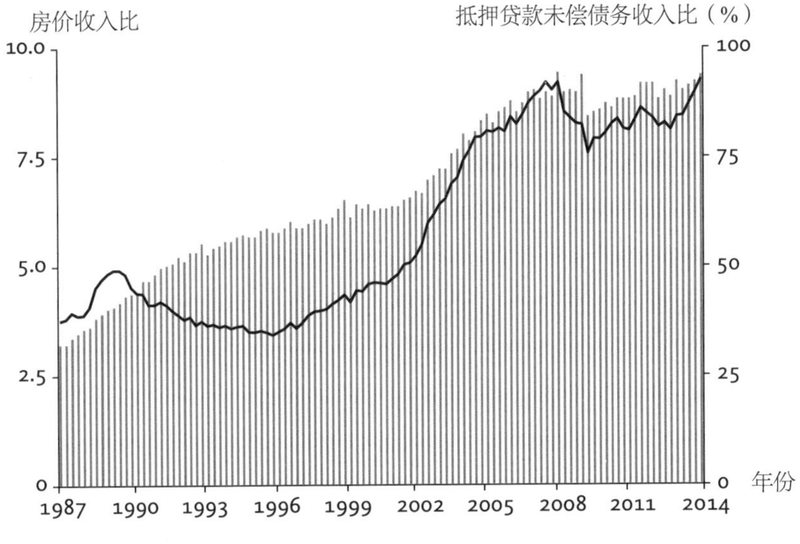

图 5-2 英国房价收入比与抵押贷款债务收入比

资料来源：英国国家统计局、全英房屋抵押贷款协会和英格兰银行；数据以 2000 年为基期，剔除了通货膨胀的影响。

当然，住房成本的提高，对于不同人群的冲击并不相同。2013 年，有 117 万家庭的抵押贷款债务额超过了其可支配收入的 4.5 倍。这占了近 1/7（13.2%）背负抵押贷款的家庭（ONS，2015a，p.I）。有关不平等问题，我们将在下一章进行讨论。

当然，房价上涨的原因是多方面的，其中之一是收入和人口的增速超过了住房存量增速。住房存量短缺，不仅是因为供给量不足，还因为组建的家庭数量增加了，比如越来越多人选择独居（Dorling，2014）。同时，人们通常都希望居住空间更加宽敞。此外，大量购地资金从境外涌入英国，特别是在英国东南部，那里全现金购房者的数量已经显著增加。

然而很明确的是，过去 30 年里英国房价上涨的一个主要驱动力是信贷的相对弹性供给，再加上土地供给量的固定性，以及投机型购房需求的增长。鉴于经济增长的步伐没有房价上涨的速度快，如果没有银行系统的信贷创造和货币创造，就无法想象房价涨幅怎么可能会如此巨大。

在国际层面，抵押信贷和房价之间的上述关系同样适用。国际货币基金组织针对 36 个发达国家（包括英国）和新兴经济体的相关研究发现，抵押贷款占 GDP 的百分比每增加 10 个百分点，实际房价就可能会上涨 16 个百分点（IMF，2011）。当然，关联性不代表因果关系。可能是其他因素潜在地驱动了房价的不断攀升，而房价上涨增加了对抵押信贷的需求，而信贷需求的增加又进一步拉高了房价（Goodhart & Hofmann，2008）。

图 5-3 显示，自 20 世纪 80 年代早期以来，英国银行发放的家庭住房抵押贷款占 GDP 的百分比已大幅提升——从 20 世纪 80 年代早期的 20% 提升到现在的 60% 以上，而发放给非金融公司的贷款占 GDP 的百分比始终保持在 20% ～ 30% 之间。

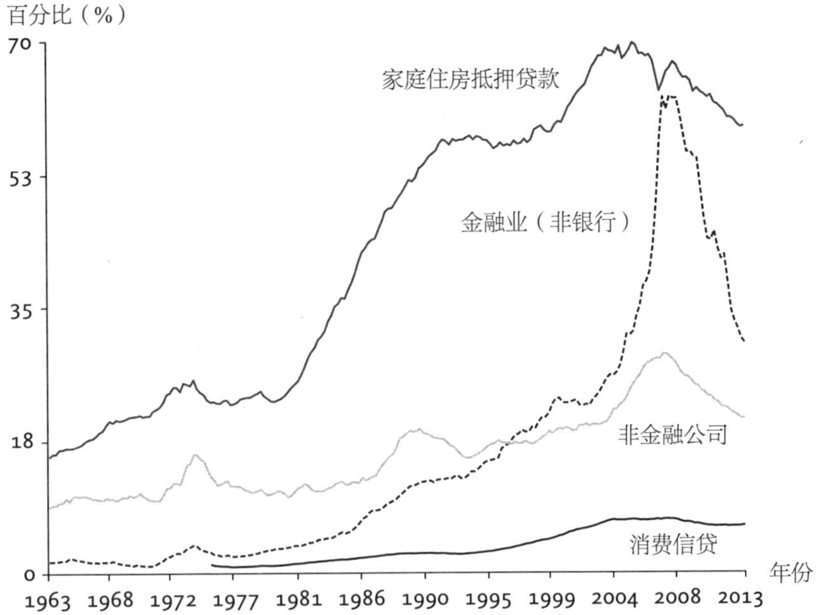

图 5-3 1963 年以来英国分类名义信贷存量（未偿贷款）占 GDP 的百分比

资料来源：英格兰银行，GDP 数据来自英国国家统计局，信贷数据系列已做断裂调整。

但是，这仍然没有充分体现出英国银行业已经在多大程度上转向了土地相关信贷创造。在非金融公司贷款中，以商业地产为抵押的贷款的增速比其他形式的企业贷款都要快。图 5-4 则显示了驻英国银行发放给不同行业的贷款在不同时期各占多少份额。请注意，图 5-4 不包括境外银行（图 5-3 包括境外银行的英镑贷款）。1986 年，商业地产贷款仅占非金融公司贷款总额的 14%。而到了 2014 年，这一数字已经上升到将近 60%。与此同时，除不动产之外的非金融公司贷款占贷款总额的相对份额，已经下降到 10% 的低位。

此外，来自房地产代理公司和其他不动产中介机构（作为非金融公司的一分子）的借款占 GDP 的百分比，已经从 20 世纪 80 年代中期的 1.5% 上升到 2009 年的 11% 有余。现在，这一数字是 7%。在金融

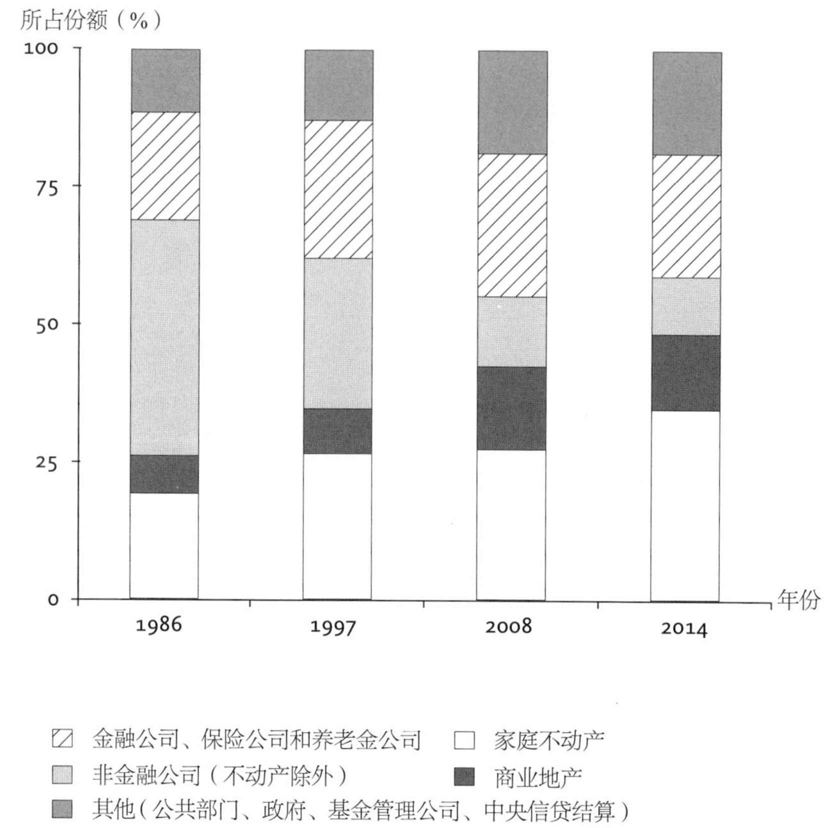

注：图中数据仅包括驻英国银行。

图 5-4　1986—2014 年不同行业所获银行贷款份额

资料来源：英格兰银行。

危机的高峰期，如果把上述额外类别计算在内，土地相关贷款（建筑业除外）占 GDP 的百分比高达 80%，之后已经下降到 GDP 的 70%，而在 1986 年，这一数字仅为 30%。

不仅是英国的银行变成了不动产贷款方，现在，在大多数发达经济体中，银行的首要业务都是抵押贷款。近来，一项针对 17 个发达经济体信贷发展过程的历史研究发现，在过去的 100 年中，银行的抵押贷款业务在贷款总额中所占的份额已经差不多翻了一番，从 1900 年的约 30% 增加到现在的约 60%（Jordà et al.，2016，p.110）。同样，过去几十年里的增长最为显著。自 1990 年以来，抵押贷款业务在贷款总额中所占的份额已经从 40% 增加到了 60%。

那么，是什么推动了土地的金融化呢（见框 5–2）？

框 5–2　什么是金融化

金融化这个术语常被用来描述金融市场、金融动机、金融机构和金融精英，不断渗透进国家、经济和社会新领域并对其产生日益深远的影响的过程（Epstein，2005；Krippner，2005；Palley，2007）。

在金融化过程中，劳动、服务、土地或其他可交换物被转化为可以在金融市场上交易的金融工具（如债券等债务工具）。举个例子，当家庭或企业持有房地产的主要目的不再是将其作为生活或工作的场所，而是产生资本利得时，我们就可以说房地产已经金融化了。与此相关的是，有论点称，金融化在把风险从国家转移到个人头上，具体方式是家庭期待通过积累金融资产来为自己提供福利，而住房是首要金融资产（Watson，2009）。

企业金融化指的是企业的投资策略集中于短期股价，而不是创造长期利润和业务增长，以及企业本身开始从事实际经济活动之外的金融活动，比如回购股份以拉升股价。

与此相关的是，金融化也可以指金融部门在国家和国际经济体中的规模不断扩大，因此其权力也随之扩大。金融业增长的主要特征是，在新型金融工具的刺激下金融交易呈爆炸式增长，以及国家间的经济交易日益频繁。金融活动涉及范围的扩大及机动性的提高，会对其他经济领域造成过高的风险，而应对这些风险可能需要国家的支持。

金融化这一术语也遭到了批评，因为它对于如何判断某个经济体或某一经济部门何时金融化了几乎没有确定的度量标准。

房价与信贷间的反馈循环

英国和许多其他发达经济体过去30年的经历告诉我们，住房和土地价格与抵押信贷之间存在正向反馈循环（见图5–5）。

循环机制如下：如果抵押贷款（包括商业地产）的增速超过了新的家庭住房和商业地产供给量，那么地价就会上涨。当地价上涨时，家庭和企业被迫要增加举债才能获得“爬上住房阶梯”的资格。这增加了银行利润和银行资本（银行资本指的是为覆盖违约损失，银行必须持有的货币）。而这让银行得以发放更多贷款，从而进一步拉高了房价。如此循环，直到房价涨至人们收入的数倍（如果是商业地产贷款，就是公司收益的数倍）。如前所述，现在英国的平均房价是可支配收入的10倍，与金融危机前的房价收入比基本持平（见图5–2）。正如英国金融服务局（Financial Services Authority）前主席阿达尔·特纳认为的那样：“不动产抵押贷款会引发信贷供应、信贷需求和资产价格间的自增强循环”（Turner，2015a，p.71）。

土地和住房价格上涨，可能会对流入非金融公司的银行贷款造成“挤出”效应，使得更多银行贷款流入抵押信贷。一项针对美国银行贷款的研究就发现，房价上涨促使银行减少企业贷款并转而投向住房抵押贷款（Chakraborty et al.，2014）。研究人员发现，这导致与受影响银行有业务来往的企业得到的投资减少。换句话说，地价上涨对企业投资会造成负面影响，因为地价上涨导致企业贷款减少（此外，如第三

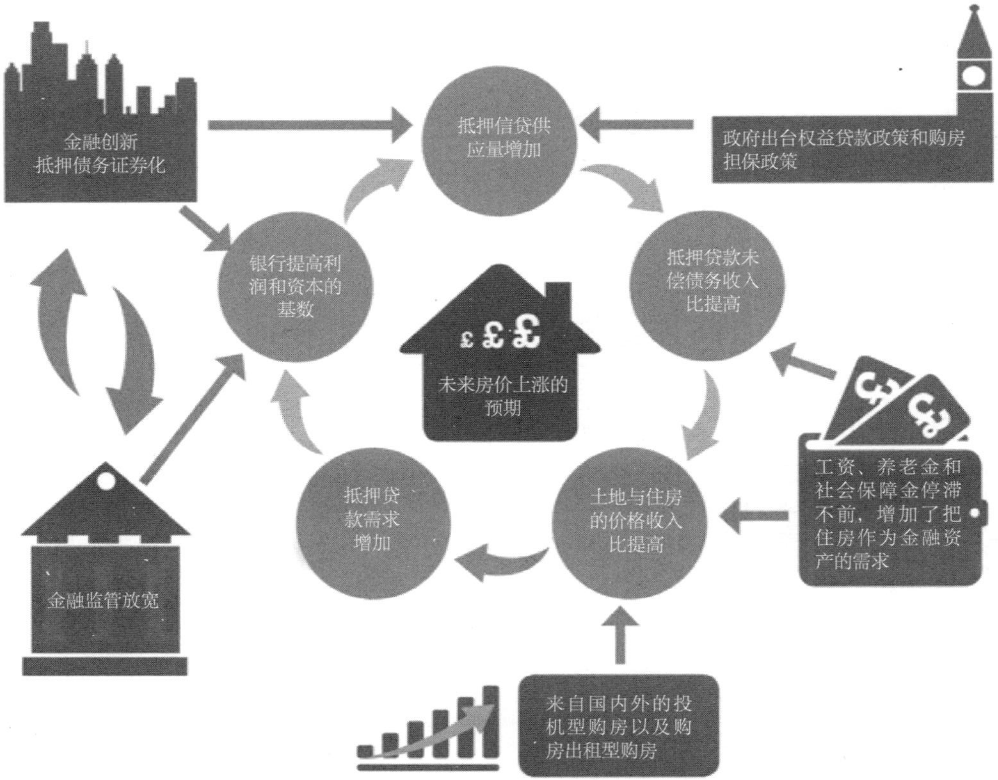

图 5-5 房价与信贷间的反馈循环

资料来源：新经济基金会（New Economics Foundation，2016）。

章所述，企业房租可能也增加了）。另一方面，随着抵押物增值，房价上涨也可能让小企业通过权益贷款获得更多信贷（见本章“抵押信贷自由化的宏观经济效应”一节）。

在英国，房价与信贷之间的反馈循环，得到多种因素的共同支撑。在英国的某些地区，特别是伦敦和英国东南部地区，住房（和土地）已经成为国内外（非银行）投资者投机型投资的对象。自 1996 年银行业开始发放购房出租（BTL）抵押贷款以来，英国的购房出租市场已大幅扩张（见本章“抵押融资和不动产融资在英国的发展历史”一节）。英国住房市场中外来投资的年度总额，已经从十年前的每年 60 亿英镑左右，增加到 2014 年的 320 亿英镑（Armstrong，2016，p.2），占英国外来直接投资总额的 17%。考虑到英国利好的法律环境和税务环境（见第四章），再加上全球范围内的低利率和央行的量化宽松政策，股票和国债的收益一路走低也就不足为奇了。

此外，近年来英国政府的政策进一步支撑了房价与信贷之间的反馈循环。政府通过各种“帮助买房”（help-to-buy）计划大力度补贴购房成本，其中包括权益投资、抵押担保政策和最近开始实施的“帮助买房”个人储蓄账户（ISA）计划——进一步加大了减免税力度。

投机型金融资本不仅仅流入了城市，也不仅仅是政府补贴这一个因素引起了地价的上涨。欧盟共同农业政策的补贴提供了丰厚利润（见第二章），这起到一定的刺激作用，使人们越来越多地将农用地视为一种有利可图的金融投资。近年来，来自富有个人和机构投资者的投资大量涌入，引起英国农用地价格暴涨（Fairbairn，2014）。其中的机构投资者包括养老金基金和对冲基金等。2015 年，莱坊公司（Knight Frank）报告称，英国投资级农用地价格在此前的 5 年中翻了一番，比高端伦敦房产、英国富时 100 指数以及黄金的回报率都高

（Knight Frank，2015）。

在低利率、经济增长和就业水平稳定的良性环境下，房价与信贷之间的正反馈循环可能会持续一段时间。这样的环境让家庭和企业能够继续偿债，尽管它们的总负债收入比在上升（换句话说，他们的"偿债率"仍保持在可控范围内）。随着房价的上涨，他们的"净财富"也在增加。净财富指的是住房与其下土地的账面价值减去抵押贷款的余额。虽然负债收入比在上升，但是净财富的增长还是让家庭有信心继续消费。

但是，如果经济遭遇剧烈冲击或利率上调，那么家庭可能会难以继续偿债。这可能会导致消费萎缩，同时导致负资产和抵押贷款违约。一旦出现负资产和抵押贷款违约，它们就很有可能引起家庭和企业房产价格下跌，银行贷款收缩，以及经济衰退。并且，在反馈循环进入逆循环后，它们就为金融危机的发生埋下了祸根。正如房价上涨速度比其他社会必需品的价格涨速要快一样，房价一旦下跌，也将是极其迅速的，特别是当投机型投资者低价抛售不良房产时（Shleifer & Vishny，2011）。这种情况曾多次发生过，比如 1973—1974 年以及 20 世纪 90 年代早期在英国，20 世纪 90 年代早期在日本，以及 2007—2008 年金融危机过后在很多发达经济体里（见图 5-1）。在所有上述案例中，"转弯"幅度如此巨大，以致对整体经济造成了长期的损害。

而且，有强有力的证据表明，即使没有发生经济冲击，如果一个经济模式的基础是通过增加以资产为抵押的财富来刺激消费，那么其效率一定是极为低下的。这种模式需要通过财富或抵押通道大幅增加净财富（以及负债），才能促成消费的小幅增长。我们将在本章最后一节中继续讨论这一点。这种经济模式还会导致财富不平等加剧，直到难以为继的程度（第六章将进一步探讨不平等问题），这最终将会抑制消费（Piketty，2014）。

正如我们即将在本章最后一节中探讨的那样，有证据显示，驱动现代经济的周期并不是大多数经济学家所关注的、相对短期的传统“商业周期”（一般两三年为一个周期），而更多的是主要由土地和住房价格驱动的且相对长期的“信贷周期”或者叫“金融周期”（跨度长达 16 ~ 18 年）（Aikman et al.，2014；Anderson，2009；Borio，2014；Minsky，1992）。

房价与信贷之间的反馈周期之所以会出现，原因与抵押信贷市场的监管放宽和自由化有关。本章接下来的两节将会更加深入地讨论这一问题。但是，在讲述这一历史前，首先有必要问一问，抵押贷款及土地和住房价格这两者与收入之间的差距越来越大，但是为什么政策制定者和大多数经济学家都没有更多地关注这个问题呢？至少，在2007—2008 年金融危机之前，他们没有充分关注这一问题。

抵押融资、生命周期模式和抵押物的作用

自 20 世纪 60 年代到 2007—2008 年金融危机爆发期间，经济理论中关于购房和抵押贷款的作用，占主导地位的概念是生命周期模式（lifecycle model）。[1] 这一理论有时也被描述为“永久收入”（permanent income）假说（Friedman，1957）。根据这一理论，个人会把消费和储蓄行为均摊到他们的整个生命周期中去。举例来说，一个家庭在其收入最高期间的储蓄额会高于消费额，从而不断积累资产，等到家庭成员退休后，则会动用这些储蓄，逐渐消耗之前积累的资产，以此来养

1. 这个理论的创始人包括弗兰科·莫迪利安尼和理查德·布伦伯格（Modigliani & Brumberg，1954），米尔顿·弗里德曼（Friedman，1957）和詹姆士·托宾（Tobin，1967）。

活自己。在生命周期模式中，为退休生活积累资产这一需要是储蓄的主要动机。

按照生命周期模式理论，抵押贷款举债从理论上来说是一种均摊消费的自然延伸，家庭在按照其整个生命周期的收入来调整消费。在生命周期的早期阶段，他们愿意承担一笔高额贷款来增加住房消费，使其负债高于他们目前的收入水平，因为他们预期在未来自身生产力提高时收入可以增加。此处假设上述借款没有限制。随着家庭成员年龄的增大，相对其抵押贷款负债，他们的收入会增加，这使其能够清偿早期的债务，并为退休攒下积蓄。

在这个生命周期模式中，如果房价暂时上涨了，那么这可能会鼓励房主增加消费，因为他们感觉自己更加富有了——他们的净财富（资产减去负债）增加了。然而，人们往往认为，从整体来说，这一效应会被抵消掉。因为房租也会随之上涨。不拥有房产的人如果想要购房，就需要攒更多的钱支付首付，而这会减少他们的消费。因此，住房价格变化（相对于投资住房或新房建设）只会影响财富在居民家庭里的分配，而不会影响居民家庭财富的总量（Goodhart & Hofmann，2008，pp.181 ～ 182）。

根据生命周期理论，一个经济体中的房价、抵押融资供应量、储蓄和收入之间存在相当紧密的关联。与此相关的是，抵押融资在理论上不应该导致长期房价上涨。虽然从长期来看，随着人口变化或商业周期的轮转，房价可能会出现涨跌波动，但是总的来说，由于抵押贷款会在人们的生命周期里得到清偿，一个经济体中用于购房的货币量应该能够达到平衡。

正如我们在本章第一节中描述过的那样，主流经济学理论还忽略了货币和信贷在经济中的因果关系，房价和抵押债务一般没有被视作决定长期经济运行的重要因素。[1]结果是，现代宏观经济学同时忽略了房价和抵押信贷的作用（Leung，2004；Goodhart & Hofmann，2008）。

这一疏漏后来被证明是致命的。几乎没有哪个主流经济学家或者中央银行的经济学家预测到了2007—2008年金融危机的发生。因为几乎没有哪个主流宏观经济模型考虑了房价或债务证券的能动作用（Bezemer，2009；Muellbauer，2016）。因此，对于当时抵押信贷和房价相对于收入的大幅增长，他们并不十分担心。

生命周期模式存在的问题

在现实中，住房和土地价格以及住房抵押信贷，可能而且也的确会对经济造成长期影响，具体要看它们与信贷市场和银行业的交互作用方式。中性的生命周期假说建立在对家庭和金融业行为的不现实的假设上，而这样的假设是建构主流经济学家使用的均衡模型所必需的。

这些假设包括：家庭的借款能力是无限的，银行的放贷能力是无限的；与此相关的是，持有抵押贷款债务没有违约风险；借款成本不会根据借款额的不同而发生变化；家庭收入不会出现重大波动，而且家庭成员也对此心知肚明（换句话说，他们有充分的预见能力）。

上述假设除了从常识角度来看值得怀疑外，从经验性证据来看也是站不住脚的。举例来说，如果生命周期假说是准确的，那么我们可以预期，从长期来看，老龄化经济体（也就是最发达的经济体）的家庭负债水平应该会更低。因为与过去相比，更大比例的人口应该已经

1. 新凯恩斯学派经济学家试图把信贷和资产价格效应纳入一般均衡模型，代表形式是“摩擦因子”（friction）。这些摩擦因子可能会放大或加速经济震荡，从而让震荡持续时间更久（Bernanke et et al.，1999）。但是，这些模型仍然假设经济最终会恢复均衡状态，其中的震荡源于实体经济，而不是源于银行信贷或家庭及企业的“非理性”预期，因为家庭和企业并不会制造那些源于“货币经济”的危机。

积累了一定数量的资产。事实上，实际情况恰好相反。几乎所有发达经济体的家庭负债占 GDP 的百分比，特别是抵押贷款负债占 GDP 的百分比都有大幅提升（Jordà et al.，2016）。一项近期研究发现，自 2003 年以来，美国的负债主体已经从年轻人转向老龄家庭（有学生贷款的年轻人除外）（Brown et al.，2016）。来自英国和澳大利亚的证据显示，年长一代并没有在老年阶段消费掉之前积累的财富，而是把它们作为遗产传给了子女，而年轻人正越来越多地利用资产增值抵押贷款支付一次性的大额开支（Parkinson et al.，2009）。

生命周期模式对金融业和银行的假设也是不现实的。它假设银行愿意以市场利率放贷，使得抵押信贷供应量与需求量大致相当（实现市场“出清”）。这个假设的前提是，家庭和金融中介机构（指银行）对信息的掌握程度都非常高（甚至是完全掌握），能够基于可知概率对未来做出准确判断（“理性预期”假说）。

可事实上，经验性研究表明，贷款方和借款方之间同样存在信息不对称：一般来说，对于自己未来的偿债能力，借款方总是比银行拥有更多的信息（Stiglitz & Weiss，1981）。在这种情况下，银行很难评估出能够合理反映贷款相关（不可知）风险的适当利率。能够覆盖此类风险的利率很可能会非常高，高到让许多可信赖的借款者望而却步，导致只有风险容限度非常高的人（他们往往是“赌徒”）才会选择借款。在经济学文献中，这个问题被称作“逆向选择”（adverse selection）（Akerlof，1970）。

证据显示，银行没有利用利率来进行贷款决策，而是根据其他标准来量化和配给其贷款的（Werner，2005，pp.194 ～ 196）。于是，购房贷款的放贷决策取决于一些颇具特质的变量，这些变量无关信贷价格，却往往与借款方的状况有关。一般条件是银行要求有抵押物，即借款方提供给贷款方的、作为偿贷担保的资产。如果借款方不能履行偿还义务，银行可以收回抵押物，以弥补自己的损失。

最理想的抵押物形式应该是不容易藏匿和转移的，而且能长期保值。如果你已经读到这里，那么你多半就已经猜到，那种优质抵押资产可能是土地。似乎正是这种抵押通道以及它让债务和消费双双增长的作用，更加有力地驱动了现代宏观经济，而不是什么生命周期的“财富效应”（Muellbauer & Murphy，2008）。

在信贷市场自由化并且允许银行发行抵押债务的发达经济体中，抵押通道的影响越来越大，这一点在英美尤其明显，但不仅限于英美。事实上，在英国，银行业（相对于建房互助会）发放住房抵押贷款是相对较新的现象，20 世纪 90 年代才开始出现。在下一节中，我们将会更加细致地回顾英国家庭房产和商业地产的融资历史。届时，我们将会向你展示本章用来驳斥中性生命周期模式的理论依据在现实中是如何上演的。在这之后的一节中，我们将探讨上述抵押通道对宏观经济的影响，特别是对家庭消费和企业投资的影响。

抵押融资和不动产融资在英国的发展历史

建房互助会和互助住房贷款

你可能会有疑问：“建房互助会”这一术语来自何处？顾名思义即可。过去，建房互助会的使命是为其成员建造新住房提供资金。该组织首先出现于 18 世纪晚期的英格兰中部地区。当时，在小型金属加工企业的驱动下，这一地区的经济发展迅猛。这些技艺高超、相当富有的小企业主希望投资建造房产。自发组织起来的互助会成员便以月付方式向中央资金池中投入一笔钱，这些资金被用于成员们建设住房。建成的住房则作为担保物，吸引更多资金进入互助会，以便建造更多住房（Clark，2001）。

建房互助会是互助式“共同体”，这一金融机构归其成员共同所有，为其成员的共同利益服务，而不是为某个私人所有者或股东的利益服务。最初的建房互助会大多是自行终止式。当所有成员都拥有住房时，互助会完成使命后就会自行解散。[1] 建房互助会的唯一目标是为其成员提供居所。在这种安排下，收入和住房价格之间的关系是相当稳定的，毕竟是收入的集资提供了建造住房所需的大部分资金。

19 世纪 40 年代，建房互助会开始接受非潜在住房所有人的储蓄，于是永久式建房互助会诞生了。在前一批成员完成购房后，永久式建房互助会吸收新成员，并继续吸纳存款和发放贷款，进行滚动式经营。到了 1860 年，伦敦有 750 多个建房互助会，各郡建立了 2 000 个建房互助会。而到了 1910 年，全英国 1 723 个建房互助会拥有多达 626 000 名成员，总资产达 7 600 亿英镑（BSA，2015）。在整个英国范围内，几乎每个市镇都拥有一个以本市名称命名的建房互助会。

随着时间的推进，许多建房互助会合并，从而集合了大量流动资产，这让更大规模的住房建设计划和不依赖于本地储蓄的抵押融资成为可能（见框 5–3）。在此情况下，建房互助会开始支付存款利息。它们发放的贷款具有风险，因为其贷款期限长于存款期限——它们也是在创造信贷和货币。就这一点而言，建房互助会与银行并无差别（见框 5–1）。例如，抵押贷款期限可能是 5 年、10 年或 15 年，但是客户可能会在期满之前就取回存款。

框 5–3 银行和建房互助会如何为抵押贷款“融资”

银行必须保证，它们的资产（发放的贷款）与其总负债（欠

1. 最后一个自行终止式建房互助会“第一索尔兹伯里和地区完全节俭建房互助会”（First Salisbury and District Perfect Thrift Building Society）解散于 1980 年 3 月（BSA，2015）。

客户的钱）及资产净值（欠银行所有者的钱）之和相等。鉴于银行资产是由期限不同的贷款构成的（比如为期 6 个月的消费贷款或为期 25 年的住房抵押贷款），金额相等的银行负债（欠别人的钱）也需要由不同期限的负债构成。用银行业术语来讲，“融资”（funding）指的是让一家银行持有的负债与其资产相匹配。

如框 5–1 描述的那样，银行发放贷款时创造的存款，被视作相当安全的负债。因为即使是短期存款（任何个人在任何时间都可以取回的那些存款），但是总的来说，一家银行的所有储户同时想取回存款（所谓的“银行挤兑”）的可能性是非常小的。储户往往是信息缺乏者，因为他们通常不会花时间研究银行的状况以及市场动向。

按照其资产构成的不同，银行会持有存款以及其他类型的负债，包括储蓄产品（如两年期定息债券）或从金融市场上借来的各种不同期限的债务。

除了从储户借款，银行还会从“批发货币市场”（wholesale money market）举债。“货币市场”这一术语指的一个巨大的交易网络，各种货币在其中进行着流动性资产的借贷。此类借贷行为一般是在银行等金融机构之间进行，也可能涉及非金融公司和政府。这些资产包括政府证券等可交易证券、短期国库券或公司借据［商业票据（commerical paper，简称 CPs）］和银行债务［定期存单（certificates of deposit，简称 CDs）］。这些资产通常是一年内到期。

“批发”指的是那些由金融机构进行的大宗借贷，而不是普通个人的零售存贷。相比于存款，短期批发融资可能是风险更大的融资方式，因为发行贷款的机构对市场动向更加敏感。

然而，除了少数欺诈行为外，建房互助会因为“银行挤兑”而倒闭的案例少之又少，其中的原因有如下三个。首先，建房互助会的商业模式吸引的是有意与它们维持长期业务来往的存款者，这些人需要利用存款获得定期的可靠收入。这个模式刚好与两大人群的需求相吻合，即希望获得购房首付的年轻存款人以及为其存款寻求安全收入的退休老年人。由于建房互助会吸引的存款具有长期性，资金被快速取回的可能性是非常低的。

其次，建房互助会总的来说是保守型机构。它们只为有稳定收入、有存款历史和有充足首付款的购房人提供贷款，放贷条件比今天的标准要高很多倍（Scanlon & Whitehead，2011，p.278）。因此，大部分人无法轻易获得抵押贷款。

最后，当建房互助会的行业组织性加强后，它采取措施限制了潜在的不稳定性。1939 年，新成立的英国建房互助协会（BSA）为整个行业设立了利率卡特尔。这一组织发挥了限制非理性房贷的作用，让存款利率和贷款利率都低于市场出清水平。当借款方遭遇困境时，建房互助会调整放贷条款或利率水平，从而能够抚平市场波动。这意味着抵押贷款风险非常低（Scanlon & Whitehead，2011，p.278）。

在英国，直到 20 世纪 80 年代，家庭住房抵押融资基本上限制在建房互助会这一行业内。建房互助会与包括银行组织在内的金融系统其他部分是分开管理的。一个由行业和政府代表组成的联合咨询委员会（Joint Advisory Committee，简称 JAC）负责决策整个国家应该发放多少抵押贷款。

20 世纪六七十年代期间，在伦敦地价飞涨的刺激下，包括美国银行在内的诸多所谓“次级银行”开始进入伦敦银行业，并向商业房地产公司发放大额贷款。过度的商业房地产贷款是 1973—1974 年“次级银行”危机的最主要诱因（Reid，1982）。面对来自这些次级银行以及处于英格兰银行监管范围之外的其他金融机构的竞争，英国 1971 年制定并实施了《竞争与信贷管理案例》以确保公平竞争。这把一大批新的金融机构纳入了英格兰银行的监管范围（不过，仍然不包括建房互助会）。但是与此同时，新法案也允许大型英国清算银行从日益壮大的货币批发市场那里借款（见框 5–3）。[1]

然而，在 20 世纪 70 年代早期，面对房价暴涨，英格兰银行于 1973 年再次实施了信贷控制。1973—1979 年，英格兰银行试图通过一系列量化指标来控制信贷，其中包括给银行制定严格的流动性比率（相对于其发放的贷款，银行应该持有的现金额），强迫银行持有最低水平的存款和特别存款（被称作“紧身衣”），另外还包括明令指示和“道义劝告”（非正式口头指导）（Muellbauer，2002，p.11）。这些措施限制了银行业付息性负债的增长，使银行在个人储蓄和抵押贷款市场中的地位趋于边缘化（Stephen，2007，p.203）。此外，建房互助会还享有比银行更加优惠的税收政策。这些优势意味着抵押贷款产品的竞争非常小，房贷利率卡特尔几乎没有任何压力。

结果是，在整个 20 世纪 70 年代，建房互助会在家庭住房抵押贷款市场中所占的平均份额仍保持在 83% 的高位（Stephens，1993）。这进而导致的结果是，抵押融资的可用性很大程度上取决于资金（人们积累的储蓄）的可用性。于是，出现了相当程度的抵押信贷配额现象。与今天的标准相比，当时的房贷条件非常严苛。住房抵押贷款融资基本上仅限于较富裕的人群，或那些愿意耐心攒足首付的人。1963 年，英国在废除估算租金税费后（见第四章）增加了对购房的税务激励，从而使得提高住宅自有率的民意压力随之增加。

---

1. 有关银行业监管放宽的更多内容，详见瑞安 – 柯林斯等人的著作（Ryan–Collins et al.，2012，pp.48 ~ 52）。

抵押融资监管放宽

1979 年开始掌权的撒切尔政府着手大力推进金融自由化。外汇管制立即被解除，这让银行业面临着更加激烈的外来竞争，同时也让英国银行获得了海外融资，特别是来自迅猛发展的欧洲美元市场的融资。为了让英国银行能够与外国银行有效竞争，政府进一步采取措施，包括取消了被称作“紧身衣”的最低水平存款的束缚。这让银行第一次有能力与建房互助会就抵押贷款展开有效的竞争。对建房互助会的量化限制也被废除了，互助会最终于 1983 年放弃了利率卡特尔，同时它们享受的税收优惠也被取消了。

以外国银行分支机构为主的“集中化”放贷机构进入市场，它们不需要像建房互助会那样花费资金运营庞大的分支网络。而且，它们能够利用批发融资，这比建房互助会所仰赖的零售存款更加便宜。

如此一来，建房互助会发现自己在竞争中处于不利地位，因为它们不能像银行那样利用批发融资。1986 年，《建房互助会法》（Building Societies Act）部分地创造了公平竞争的环境。这个法案让建房互助会能够从货币批发市场举债，获得一定比例的资金。如果建房互助会愿意，那么它还可以提供主流银行服务，把自己转型为银行。如今对银行和建房互助会的监管制度都自由得多了。于是，20 世纪 80 年代末，大量信贷涌入房产市场，使住房市场的规模迅速扩大（Chrystal，1992）。在 1984 年之后的 4 年里，建房互助会的年均抵押贷款额翻了一番。而在 1984—1989 年，一些大型银行发放的购房贷款增加了两倍，从 154 亿英镑猛增到 431 亿英镑（Davies，2002，p.438）。

抵押贷款的增加对家庭来说是很有吸引力的，其原因有三个。首先，20 世纪 80 年代早期的信贷自由化，让家庭能够进行“资产增值抵押贷款”，即从住房增值中获得资金，花费在消费品、汽车和度假上。其次，在此期间，政府逐渐降低了利率。最后，利息成本减少了，这主要是受住房贷款贴息制度的影响。减免幅度是借款者的边际税率，即最高所得税率，最高可达 30 000 英镑。从 20 世纪 70 年代末期到 80 年代中期，单位抵押人的实际税款减免额提高了 50%（Davies，2002，p.438）。

1990 年，房价暴跌，泡沫最终破灭。这让很多借款者陷入“负资产”的境地。根据近期的一项估算，在高峰期约有 20% 的借款者处于这一境况（Aron & Muellbauer，2016）。负资产指的是房主的住房价值低于其所欠的抵押贷款。这加重了接下来三年经济衰退的严重程度，并延长了这次经济衰退持续的时间。在这次经济衰退中，失业人数比 2007—2008 年金融危机期间还要多很多。20 世纪 90 年代早期的住房市场崩溃，导致大量抵押物被收回，企业贷款血本无归。

1996 年，银行与住宅租赁经纪协会（Association of Residential Letting Agents，简称 ARLA）合作，推出新的购房出租抵押贷款，首次为房主提供定制金融产品，用于投资住房。银行同意降低 2% 的针对租赁房产抵押贷款的风险溢价，条件是房主让银行与住宅租赁经济协会附属的中介机构来管理其房产。购房出租抵押贷款极受欢迎，到了 2015 年，这种贷款占全部抵押贷款的比例已经从 0 增加到 16.5%（CML，2015）。近期的一项估算认为，购房出租抵押贷款市场的总价值已达 10 亿英镑（Dyson，2014）。这些产品推动了房主所有的住房所占比例的大幅增长。在英国，每五套住房中就有一套归私人房主所有。英国全国住房与规划协会（NHPAU）的一项研究发现，购房出租计划的实施，导致房价在 1996—2007 年上涨了 7%（NHPAU，2008）。

1997 年，工党上台，工党政府进一步缩小了建房互助会与银行在监管政策方面的差异（不过部分差异至今仍存在），两种抵押贷款业务的监管机构也变成了同一个（英国金融服务局）。虽然建房互助会可以公司化，把共同体改制为股东所有，但是到20世纪90年代中期为止，实际上这样做了的建房互助会只有一家，即阿比国家银行（Abbey National）。不过，从20世纪90年代中期开始，建房互助会还是迎来了一股公司化浪潮：它们持有的抵押资产份额从1995年的2/3大幅降低到了1997年的1/4（Stephens，2007，p.210）。到了2006年，曾经是主流的建房互助会审核的购房抵押贷款，仅占全部新生购房抵押贷款的1/5，其中大部分是通过硕果仅存的全国建房互助会办理的（Ball，2009，p.127）。

对于建房互助会公司化的原因，有很多的解释。一是很多小型建房互助会出于对恶意收购的恐惧而选择合并。二是转向追求利润最大化和效率的提升。这是建房互助会全国化的好处，它们不再是致力于为其成员服务的地方机构。三是鉴于当时证券交易所里银行股的价格很高，公司化成功后，互助会成员和管理人员极有可能收获天降暴利。到了20世纪90年代中期，地价再次上涨，抵押信贷重新开始扩张。繁荣景象一直持续到2008年的金融危机（见框5-4）。

框5-4　北岩银行的寓言故事

2015年11月，英国政府同意将价值130亿英镑的前北岩银行（Northern Rock）抵押贷款包出售给美国私募股权集团博龙资产管理公司（Cerberus Capital Management）。这笔交易的背景是北岩银行在金融危机中倒闭，后被政府托管。这些抵押贷款涵盖12.5万名客户，平均欠款额为10万英镑。这是欧洲国家政府有史以来出售的最大一笔金融资产。

一个专营不良债务的美国投资基金怎么会收购价值130亿英镑的英国银行抵押贷款业务呢？背后的故事会让你清楚地看到，在过去的 100 年里，英国的房产和土地是如何一步步走向金融化的。

北岩此前是一家股份制银行，在 2008 年 2 月金融危机顶峰时期被英国政府国有化。在此 6 个月前，储户在这家银行门口排起取现长队。这是 19 世纪以来英国第一次真正意义上的银行挤兑事件。7 年前，它还是一家性质相当不同的机构——建房互助会。

随着时间的推移，许多分散的建房互助会合并，集合了大笔流动性资产，从而使得更大型的住房建设计划和抵押融资成为可能。1965 年，英国两家东北部地区的建房互助会合并，分别是北部各郡永久建房互助会（Northern Counties Permanent Building Society，始建于 1850 年）和岩石建房互助会（Rock Building Society，始建于 1865 年）。它们合并后的互助会被命名为北岩建房互助会。

在 20 世纪七八十年代的监管放宽后，来自国内外银行对抵押融资市场的竞争，促使建房互助会通过并购来实现扩张。北岩建房互助会收购了 53 家较小规模的互助会，其中最著名的是 1994 年收购英格兰北部建房互助会（North of England Building Society）。最终，北岩建房互助会于 1997 年进行了公司化改制，成为一家股份制银行。其成员自 19 世纪 60 年代以来耐心积累的资产在证券交易所中公开发行和交易，让当时的储户和抵押贷款者大赚了一笔。

北岩银行寻求积极成长。为了能够与规模更大的英国银行竞争，它制定的经营策略需要大量从英国和国际货币市场举债，而不是仰赖于传统的零售存款。然后它基于这一融资向客户发放抵押贷款，再拿这些抵押贷款到国际资本市场上去出售。要实现这一步，北岩银行需要对贷款进行“证券化”，即把不同风险的贷款打包在一起，组成抵押贷款支持证券，以此来吸引各种不同的投资者。

2001年，北岩银行设立了一个名为“花岗岩”（Granite）的证券化载体，通过它来持有抵押贷款证券并出售给投资者。但是，与存款不同的是，这种货币市场融资更加注重短期效益，十分不稳定。当2007年美国次贷危机爆发时，货币市场融资来源突然中断。由于金融机构之间的信任突然崩塌，银行和其他流动性提供者突然都不愿意继续参与现有货币批发市场融资。因为北岩银行非常倚重货币市场，所以它迅速陷入清偿危机。到了2007年9月14日，银行门口排起了提取存款的长龙，出现了全面储户挤兑。在此情况下，银行不得不被国有化，股东们失去了所有的资本金。

2010年1月1日，政府把银行拆分成两部分：“资产”和“银行业务”。被命名为英国资产解决公司（UK Asset Resolution，简称UKar）的不良“资产”部分，由北岩银行的“花岗岩”资产和来自另一家金融机构——已倒闭的名为布拉德福德和宾利（Bradford and Bingley）的公司化建房互助会——的坏账组成。

2015年11月13日，由“花岗岩”持有的北岩银行抵押贷款，连同另外10亿英镑北岩银行贷款，被卖给美国博龙资产管理公司。博龙公司的英文名称Cerberus是神话中看守冥府大门的多头狗，防止死者逃离冥界。博龙资产管理公司专营不良债务，押注欧洲房产市场复苏，从苏格兰皇家银行（RBS）、劳埃德银行（Lloyds）和澳大利亚国民银行（National Australia Bank）收购了大批贷款资产。

但是，不能把抵押贷款的过度增长和高风险全部归罪于英国政府的政策决策。在20世纪的最后25年中，银行业本身也在日益国际化，国际监管是不可避免的。

1974 年，在德国赫斯塔特银行（Herstatt Bank）倒闭的刺激下，巴塞尔银行监管委员会（the Basel Committee on Bank Supervision）成立。该委员会提供了一个平台，来讨论如何在国际层面上协调各国间的银行业监管。在该委员会的努力下，《巴塞尔协议 I》于 1988 年出台。协议对银行资产负债表提出了最低资本适足要求，同时规定对不同类型资本（包括贷款）使用差异化风险加权系数，后者尤其重要。住房抵押贷款的风险加权系数，仅为非金融公司贷款（50%）的一半。而由于通常认为证券化抵押债券的流动性更强，其风险加权系数仅为 20%。在这一协议下，银行的不动产相关信贷风险可以上升到从前的 2.5 倍，且银行无须增加资本金，自身则得以从中赚取费用和净息差（Persaud，2016，p.5）。在《巴塞尔协议 I》问世后的 20 世纪 90 年代，抵押贷款和银行杠杆化在全球范围内迅速发展起来（Jordà et al.，2016，P.122）。

住房抵押融资的证券化和国际化，以及 2007—2008 年金融危机

在标准的教科书式的银行业务中，银行会持有贷款直至期满并从中赚取利润——银行收取的贷款利息与支付给储户的存款利息之间的差额，即“利差”（interest-rate spread）。然而，自 21 世纪之初开始，很多银行开始采取了一种新的商业模式，特别是英国和美国的银行，其中美国银行尤甚。在这种模式中，银行发放贷款，然后把这些贷款打包成债券（债务工具），最终通过把这些债券卖给第三方投资者来赚取利润。第三方投资者包括养老基金、保险公司或其他形式的资产管理基金。上述贷款往往会作为银行的表外资产，暂时由银行资助的特殊目的载体（SPV）持有（见框 5-5）。通过把这些贷款转移到资产负债表外，银行可以降低需要与其资产相匹配的银行资本额度，这意味着它们可以发放更多贷款。

框 5-5　什么叫证券化

证券化是把大量非流动性贷款汇集在一起并将其重新打包，然后发行可交易的债务证券并出售给投资者。非流动性贷款指的是无法轻易出售或进行现金交易的贷款。在相关贷款被偿还时，这些证券将会得以兑现。

证券化类型多样，随着发展，其操作过程也日渐复杂。就其最基础的形式而言，证券化过程分两步。第一步，拥有贷款资产或其他生财资产的公司（通常是银行）——被称为发起人——划出它想要从资产负债表中转移出来的贷款，放入被称为“参考资产组合”的资产池里，然后把这个资产池出售给“发行人”特殊目的载体。特殊目的载体是一个实体机构，通常由金融机构设立，其特殊目的是购买资产池中的资产，并因为法务和财务的需要而对资产负债表表外业务进行处理。

第二步，特殊目的载体发行可交易债务证券，出售给资本市场上的投资者，由此筹集的资金让特殊目的载体可以购买发起银行的贷款资产池。最终债务人（这些贷款的借款人）通常并不知道上述出售过程，因为大多数情况下发起银行负责处理偿贷事宜，负责与借款人打交道。借款人继续偿还贷款，但是这些偿还的款项现在流入了特殊目的载体（减去服务费后），并最终转到新投资者手中。

由于贷款资产已经被出售给别人，贷款得不到偿还的风险（“信贷风险”）如今已从发起银行转移到投资者身上。因此，证券化能够帮助发起银行转移风险。这样既降低了风险，同时又降低了最低资本适足要求的规定额度，从而让银行能够发放更多新贷款。

理论上，任何贷款都可以证券化，但是实践证明，RMBS（住房抵押贷款支持证券）是最受欢迎的可证券化资产类型。因为住房抵押贷款被认为是相对安全的，背后有土地这一安全抵押物的支持。

2000—2007 年，通过英国未偿 RMBS 和资产担保债券进行的住房抵押融资额从 130 亿英镑增加到 2 570 亿英镑，该类融资在抵押融资总额中所占份额从 2.5% 增加到 21.5%（CML，2010，p.6）。1999 年，RMBS 占 GDP 比例是 2%，到了 2007 年金融危机开始时，这一比例已经上升到 27%（Milne & Wood，2014，p.26）。这主要说明同一时期内，住房抵押贷款也有类似幅度的增长。在金融危机发生前的 7 年里，欧洲发行的 RMBS 总额中的过半数是由英国贷款机构发行的（Ball，2009，p.127）。

证券化让发放抵押贷款的机构能够提供更广泛的抵押贷款产品，能够以低很多的利率提供抵押贷款，同时提供更高的贷款价值比（LTV）。这让更多人能够购买自有住房，只是房价收入比和抵押负债收入比都上升了。从 1997 年开始到 2007 年夏的繁荣顶峰为止，英国的房价收入比翻了一番（见图 5–2）。

如果银行仅仅依靠零售存款来融资，是不可能造就如此幅度的抵押信贷扩张的。实际上，银行利用了从金融市场获得的巨额短期“批发融资”（见框 5–3）。其中，北岩银行（框 5–4）就是最好的例子。在金融危机发生前，十大抵押贷款银行把来自零售存款的组合融资所占的比例，从 72% 压低到了 55%。与此同时，抵押贷款总额已增加了两倍，达到 3 460 亿英镑（Ball，2009，p.127）。在次贷危机中，RMBS 市场随之崩溃。这时，很多英国银行突然发现，它们的短期批发融资也中断了。到 2008 年秋季时，2007 年的十大抵押贷款银行中（占市场份额 78%）最倚重 RMBS 的几家银行（占市场份额 1/3）已全部破产、国有化或被接管（Ball，2009，p.128）。

下面这个案例尤其引人注目。2008年9月，苏格兰哈利法克斯银行（Halifax Bank of Scotland，简称HBOS）宣布出售给劳埃德TSB集团。哈利法克斯是英国规模最大的抵押贷款银行，在信贷紧缩前其份额占市场总容量的1/5。大约在同一时间，布拉德福德和宾利银行被拆分成两部分，分别被西班牙桑坦德银行（Banco Santander of Spain）和英国政府接管。桑坦德银行还接管了联合莱斯特银行（Alliance and Leicester）。与此同时，在此前的一年里，数个贷款专营机构已经停止发放新的住房抵押贷款（Ball，2009，p.121）。

抵押融资崩溃了。根据英国抵押贷款协会（Council of Mortgage Lenders，简称CML）的数据，2009年2月共发放了24 300笔购房贷款，与上一年同期相比下降了47%（Lambert，2009）。抵押贷款银行严控贷款条件，阻止了大多数首次购房者进入市场。2009年2月，典型的首付要求是25%。

泡沫破灭后，房价在短短16个月内就下降了20%，跌幅创历史新高。英国金融服务局的数据显示，在2009年一季度末，近40万个抵押贷款账户存在拖欠现象，记录在案的新的收回案例14 825个（HM Treasury Select Committee，2009，p.10）。英格兰银行迅速行动，试图提振RMBS行业，措施包括以RMBS为担保物提供回购协议融资，这意味着银行不再需要为自家特殊目的载体提供贷款（Milne & Wood，2014，p.28）。英国政府动用了多项干预措施，比如抵押贷款收回前协议（mortgage pre-action protocol），为偿贷困难的借款人提供更加慷慨的收入支持，以及银行延缓行使债权人的权利。再加上迅速下调利率，这些措施成功遏制了止赎和收回的的发生，使情况没有恶化到20世纪80年代债务危机的程度（Aron & Muellbauer，2016）。

因此，不良抵押贷款不是危机爆发期间银行系统面临的最主要问题。2009年，英国注销了9.84亿英镑房贷坏账。作为对比，英国注销的无抵押消费信贷坏账高达84亿英镑，注销的非金融公司债坏账也有59亿英镑（Aron & Muellbauer，2016）。其中很大一部分房贷坏账与商业不动产信贷有关联（本章下一节将会讨论这个问题）。

证券化改革

2007—2008年，美国次贷危机过后，欧洲当局采取了许多措施提高证券化交易的安全性和简易性，并确保相关方有适宜的动机管理风险。这包括提高资本适足要求，强制发起银行自留风险，以解决银行不在乎放贷给谁的问题。如果银行知道它会把贷款资产出售给投资者（所谓的“发起—分销”模式），它们就不在乎借款方是谁。自金融危机以来，欧洲证券化市场始终处于低迷中。2015年，欧洲证券化市场规模仅为危机发生前的1/3，这与美国市场形成鲜明对比。美国证券化市场2015年前后大体上已经复苏。[1]

针对这种情况，2015年欧盟委员会（European Commission）把发展简单、透明和标准化（simple，transparent and standardised，简称STS）的证券化市场作为其“资本市场联盟”（Capital Markets Union，简称CMU）的关键内容。资本市场联盟涵盖欧盟采取的一系列措施，旨在发展欧洲的非银行借贷［即所谓的“影子银行”（shadow banking）］和资本市场融资，尤其注重基础设施建设和中小企业融资。资本市场联盟是欧盟委员会的顶级要务之一，目的是确保金融系统能够促进就业，推动经济增长，帮助欧洲应对其面临的人口挑战。

按照新的提案，满足特定标准的证券化产品有资格进入STS类别。

---

1. 这至少在部分上是源于公共资助的作用。美国近80%的证券化工具受益于像房利美（Fannie Mae）和房地美（Freddy Mac）之类的政府资助企业（GSEs）的公共担保。私有品牌RMBS的恢复情况就没有这么乐观。

这类证券化产品的资本费用更低，享有更加宽松的审慎性监管。欧盟希望以此来鼓励金融机构重新青睐证券化。

支持复苏欧洲证券化市场的一个重要理由是，在上次的金融危机中，证券化造成的恶果主要集中于美国，而欧洲市场的弹性要大得多。这往往被归因于与美国相比，欧盟的相关行为更加审慎，风险更小。证券化的拥趸以此为主要论据，坚持认为证券化所遭受的耻辱以及在危机过后它们受到的严格监管实际上有些过分了。

在德国和丹麦等一些国家里，资产担保证券得到了良好的监管，在金融危机期间也是相对安全的。而且总的来说，欧洲的违约率相对较低。这一点毋庸置疑，但是，还有一点不能忘记，那就是美国和欧盟的住房抵押贷款相关法规存在很大差异。在欧洲，所有住房抵押贷款都是“全部追索权”（full recourse）贷款，即违约发生后，贷款方可以取消抵押资产的赎回权，同时享有对借款者的追索权。这意味着贷款方还可以通过借款者未抵押的个人资产和未来收入来索要债款。与此相比，在美国的许多州，住房抵押贷款是“无追索权”（non-recouse）贷款。这意味着违约发生后，贷款者可以取消赎回权并卖掉房产，但是对借款者的个人资产或未来收入不享有追索权。如果该房产在违约时间点是负资产，那么抵押贷款和房产价值之间的缺口就由贷款方来承担（Harris & Meir，2015）。对于处在偿贷困境中的贷款人来说，这一差异对其偿贷动机有着至关重要的影响。正如哈佛大学经济学家马丁·费尔德斯坦（Martin Feldstein）指出的那样：

> “无追索权”贷款几乎是美国特有的。这就是欧洲房价下跌不会引发违约的原因所在。因为债权人追索的范围除了房屋外还有你的其他资产，甚至是你工资收入的一部分。这具有足够的震慑力，能够防止违约。（Feldstein，2008）

欧洲证券化产品违约率之所以会低于美国，除了证券化实际运作方式不同外，可能同时还反映了两国抵押贷款相关法律间的差异。

抵押信贷自由化的宏观经济效应

前面所做的历史回顾已经表明，自 20 世纪 70 年代以来，随着金融系统监管放宽和金融创新导致房产信贷进入反复涨跌模式，土地已经金融化。本节中，我们将转而探讨抵押信贷自由化对整体经济的一些重要影响。

抵押信贷自由化彻底改变了英国地价、房价和整体经济间的关系。正如我们在前面讨论过的那样，这导致土地和房产价格相对于经济其余部分发生了大幅上涨，也导致银行资产负债表上房产资产相对于非房产资产（如企业贷款）的比例大幅提高。如今，房产是当之无愧的最重要的财务来源，占家庭总资产和净财富的近 50%。但另一方面，抵押贷款也毫无争议地构成了银行贷款和家庭负债中最大的一部分。

财富的形式有很多。在退休前，人们无法支取养老金财富来消费。[1] 投资股票能获得定期分红，但这取决于上市公司的赢利能力。但是，土地和住房财富不同。我们在上一节讨论了抵押信贷政策逐步放宽，拥有房产的家庭才能以住房为抵押品再次借出大笔资金用于消费。鉴于在大多数发达经济体中，消费占国民收入的 2/3 左右，住房权益变化有着重要的宏观经济影响。

图 5-6 表示了 1970—2010 年英国住房财富、信贷和消费三者之间的关系。这张曲线图显示了消费收入比水平、信贷状况指数（或叫信

---

1. 但是有必要指出，英国联合政府在 2014 年的改革意味着：现在，人们从 55 岁起在任何时候都可以提取养老金，即使他们还在工作也可以提取。必须购买一种年金才可以提取养老金的规定已经被废除。

贷可获得性）以及住房财富收入比与信贷状况指数的交互作用。信贷状况指数体现了信贷和房价变化对消费收入比的影响，它是通过 10 个住房抵押和其他消费信贷指标计算出来的，并控制了标准经济变量和人口统计变量，如收入、资产价格、利率、风险指标和年龄等。[1]

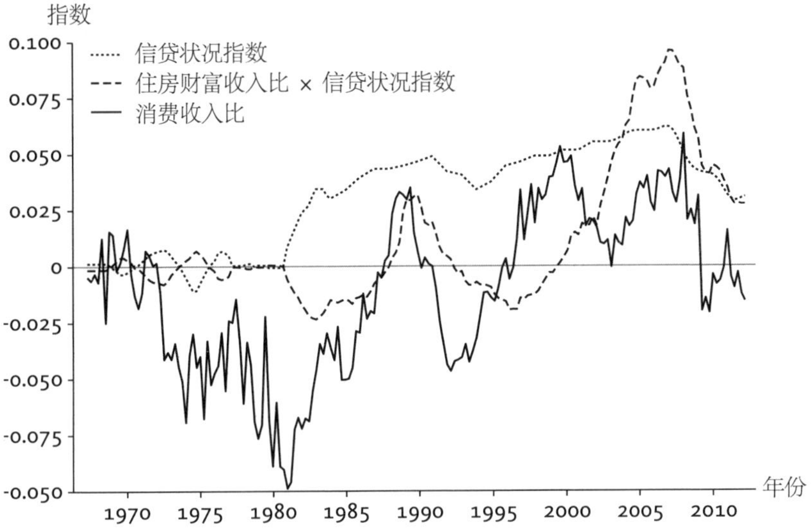

图 5–6 英国抵押信贷状况是如何影响消费的

资料来源：阿伦等人的论文（Aron et al.，2012），约翰·米尔鲍尔提供了补充数据。

我们可以看到，在 20 世纪 80 年代早期的信贷自由化之前，如果考虑收入因素，那么几乎没有证据显示消费和住房财富之间存在关

1. “收入”指所有非房产相关收入。消费是记录形式。1976—2001 年信贷状况指数的数据基础是英格兰银行的工作研究报告（Fernandez-Corugedo & Muellbauer，2006），详见报告第 39 页数据附录。1976 年之前的信贷状况指数，以约翰·米尔鲍尔提供的未发表数据为基础。针对首次购房者，我们使用的是贷款价值比数据。2001 年之后的指数估算基于那些有助于阐释消费状况的虚变量，其中考虑了所有其他因素。感谢约翰·米尔鲍尔教授让我们使用这些数据。

联——短线虚线在0附近轻微上下摆动。20世纪70年代，由于油价、汇率、股价和失业所遭受的数次经济冲击，消费曲线具有高度波动性，但是消费几乎未受住房财富的影响。

在20世纪80年代早期的信贷自由化之后（从图中点线上扬可以看出），消费与住房财富之间的相关性开始增强。房产抵押贷款越来越容易获得了，这一势头一直保持到金融危机发生前，仅在20世纪90年代早期房地产市场崩盘后出现过短暂的收紧。

这张图告诉我们的是，金融业的变化（银行和信贷市场监管放宽以及与此相关的信贷创新）造就了住房财富与消费之间的关联。这是英国经济结构上的根本性改变。经济学家们已指出了如下文所述的两大抵押–信贷通道（Goodhart & Hoffmann，2008；Aron et al.，2012）。

两大抵押–信贷通道

一是“抵押贷款首付”（mortgage down payment）通道。要申请住房抵押贷款，所有家庭必须首先存够一笔钱作为首付。如果银行提高了房贷的贷款价值比或贷款收入比，就意味着家庭需要支付的首付减少了。这可以让家庭减少储蓄，提高消费水平。1980—1988年，英国家庭的储蓄率从超过12%降低到约5%。与此同时，消费者支出收入比相应增加（见图5–6）（Muellbauer，2009，p.9）。自上次金融危机以来，类似现象又在上演：家庭储蓄率从2010年的近12%下降到今天的5%。这是因为超低的名义利率鼓励了首次购房者增加举债，承担更大额度的消费信贷，以此来把消费者支出保持在健康水平（Chu，2016）。

其次是“抵押通道”。它让家庭能够通过资产增值抵押贷款（home equity withdrawal，简称HEW）以较低利率增加贷款或对债务进行再融资（Aron et al.，2012，p.402）。常规消费信贷不会有这么低的利率。

资产增值抵押贷款主要有两种类型：一是现有房产再抵押贷款（借款不用于改善房产），二是资产释放。在整个经济体中，每当家庭增加抵押借款并且未将贷款花费在改善或扩大原有住房时，资产增值抵押贷款就产生了（Hellebrandt et al.，2009）。例如，如果我以自家住宅价值为抵押借出一笔贷款，然后用这笔钱买了汽车或买了一套公寓用于出租，那么我就是在减少自己持有的房产权益（和净财富）的份额。可以认为，对于房产的权益，银行拥有了更大份额。在有的国家中，资产增值抵押贷款的影响更加显著：比如英国，其抵押市场非常灵活，而且是浮动利率；再比如美国和丹麦，虽然这两个国家实行的是固定利率，但是抵押贷款再融资成本很低。

在英国，自从 20 世纪 70 年代信贷监管放宽以来，资产增值抵押贷款大大提升了消费者需求，但是仅限于房价上涨时期（见图 5–7）。在玛格丽特·撒切尔（1979—1992 年在任）和托尼·布莱尔（1997—2007 年在任）任职期间，英国消费高度繁荣，这在一定程度上是资产增值抵押贷款的功劳。两位首相在任时期，资产增值抵押贷款对 GDP 都做出了显著贡献。金融危机发生前的十年里，住房所有者利用上涨的房价增加借款用于消费，资产增值抵押贷款随之达到前所未有的规模。社会学家科林·克劳奇将其描述为某种形式的“私有化的凯恩斯主义”（Crouch，2009）。在工资中位数不断下滑的情况下，利用住宅权益向经济注入大笔抵押贷款可以支撑消费需求，而不是像 1950—1970 年那样通过政府财政扩张来支撑需求。

自 2007—2008 年金融危机以来，资产增值抵押贷款已经崩溃。尽管利率已创历史新低，某些地区的房价涨幅也处于历史低位，但是总的来说，家庭还是不愿意通过住房抵押贷款来增加消费。这对经济造成了负面冲击。但是近年来，这种负面冲击被消费贷款的快速增加抵消了一部分（Inman，2016）。消费贷款是无抵押短期贷款，通常利率

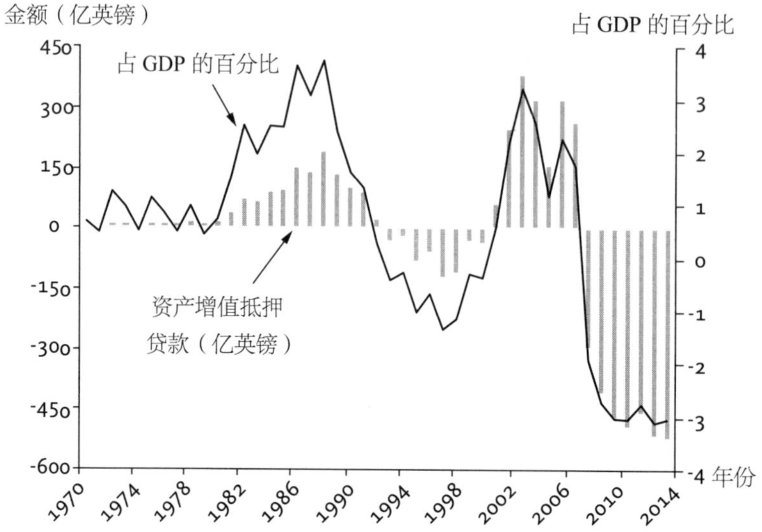

图 5-7 1970—2014 年英国资产增值抵押贷款

资料来源：英国国家统计局（ONS），英格兰银行（Bank of England）。

非常高。

在各个社会经济群体间，资产增值抵押贷款对消费的影响也是不对称的。这进一步挑战了前文中描述的生命周期假说。房价下跌会收紧信贷–抵押通道，抑制住房和土地所有者的相关消费。但是，房价下跌对非住房所有者的借款能力没有任何影响，由于他们没有可抵押物，对他们的贷款数量仍然实行信贷配给。

反过来同样适用。虽然房价上涨要求非住房所有者必须积累更多储蓄，或支付更多租金，但是，房价上涨对住房所有者消费的拉升幅度，很可能会超过对非住房所有者消费的抑制幅度。在住房自有率更高、信贷市场更加灵活的经济体中，这种不对称程度可能会更严重——英国恰恰符合这两个特征。

因此可以说，自 20 世纪 80 年代以来，在英国，房价上涨和住房自有率的增加提升了整体消费水平，而且支撑了更长时期的需求。英国放宽了对抵押市场的监管，这让人们从自家住宅权益中获得了额外购买力。随着房价上涨，消费也在增加。

相反同样适用。没有哪个政府想要看到房价下跌造成破坏性影响，特别是当近 2/3 的选民拥有房产时。房价下跌会让人们的财富缩水，对未来财富的预期也会降低。而若净住房资产价格下降，在发生意外收入损失时（比如被裁员），住房所有者为维持消费所能动用的资源也会减少。房价下跌会通过这种方式减少资产增值抵押贷款，上述效应会抑制消费。而房租或其他成本下降之类的与非房产所有者更相关的因素，不大可能会完全抵消上述抑制效应。

因此，历届政府都致力于增加或者至少维持房价和住房自有率水平也就不奇怪了。但是，随着房价的上涨，这两个目标间不可避免地出现了矛盾。事实是，住房自有率正在迅速下降，特别是在 35 岁以下年龄人群中。这意味着这种消费通道的寿命可能是有限的。实际上，近年来，伴随着经济的“复苏”，出现激增的是消费贷款，而不是住房贷款。消费贷款的利率往往高于资产增值抵押贷款。

土地、企业投资和商业地产抵押贷款

作为抵押物，土地和房产发挥了重要的经济作用，让有意愿的家庭可以借钱用于消费。同样地，作为抵押物，土地和房产还让企业可以借款用于投资，让开发商能借款用于建设新住宅，让家庭能投资自己的住房。

需要特别指出的是，中小企业申请贷款时往往需要提供抵押物，因为一般认为发放给它们的贷款比其他贷款类型风险更高（特别是在国际巴塞尔条例的影响下）。据英格兰银行估算，发放给英国中小企业的全部银行贷款中，目前 75% 有商业地产做抵押（Bank of England，2016b，p.9）。中小企业是必不可少的就业和创新来源，它们提供了英国全部就业中约 2/3 的岗位。但是，中小企业高度依赖银行融资，因为它们不能像大企业那样通过发行股票来利用资本市场。同时，许多小企业管理人员为企业筹集资金还抵押了自己的住房（Bahaj et al.，2016）。

地价和企业投资间存在正相关性。在上升期，随着地价上涨，企业可以用它们的商业地产做抵押，获得更多信贷或成本更低的信贷。在地价下跌期，企业可能无法对现有债务进行再融资，也无法借款投资于新的生产活动。来自英格兰银行的研究表明，英国商业地产价格每下降 10%，就可能导致整体经济投资下滑 1%（Bahaj et al.，2016）。

事实已经表明，在英国和其他发达经济体中，与家庭住宅用地相比，归属企业所有的商业地产的地价更加不稳定，更加具有顺周期性。第二次世界大战后，英国共发生了三次重大的房产相关银行危机，分别是 20 世纪 70 年代早期、80 年代晚期和 2007—2008 年的金融危机。在所有这三次危机中，与银行损失和违约关联更大的是商业地产借贷以及商业地产价格的大幅波动，而不是家庭住房抵押贷款（Benford & Burrows，2013；Milne & Wood，2014）。

从下面这个角度看，上述情况是可以理解的。健康的资本主义经济的一个特征是，它把冒险企业无力偿债以及因此而发生的商业地产抵押贷款违约，视为“创造性破坏”意料之中的一个组成部分，而创新和生产率提高需要“创造性破坏”（Schumpeter，1975，pp.82 ~ 85）。这一观点已经被铭刻在法律中，具体形式是企业主所享有的有限责任。有限责任意味着，如果一家公司倒闭，企业主的个人财产和个人资产不会被用来偿债。这跟家庭住房抵押贷款非常不同（美国例外，这一点在前文关于证券化的部分讲过）。

另一方面，英国商业地产危机的反复发生让人们不禁要问，监管机构能否做出更多努力，以防止商业地产抵押贷款出现严重的泡沫，此类泡沫已经多次危害英国经济。例如，在 2007—2008 年金融危机前，商业地产抵押贷款额在短短 8 年内从 500 亿英镑激增至 2 550 亿英镑，危机后又迅速回落到 1 650 亿英镑（DeMontfort University，2015）。2015 年，自金融危机发生后，商业地产抵押贷款首次再度回升（DeMontfort University，2015）。

金融危机过后，英国银行和建房互助会大大减少了对商业地产的资助。但是近几十年来，来自非银行（包括国际投资者、富有个人和机构投资者）的商业地产抵押贷款出现大幅增长。自 2009 年以来，在英国，外来投资者占商业地产交易总额的约 45%（Bank of England，2016b，p.7），而保险公司和非银行放贷者占商业地产交易总额的 22%（DeMontfort University，2015）。

商业地产的复苏，部分可能与政府在危机过后出台的货币政策有关。中央银行的量化宽松政策压低了投资者在政府债券等较为安全的投资种类上所能获得的收益，从而增加了商业地产的吸引力。近期的一项报告显示，2014 年，在全球范围内，由于资本快速增值，商业地产的平均回报率达到 10%，实现了连续 5 年的稳定增长（Allen & Nicolaou，2015）。

全球商业地产投资市场貌似正在发生变化，主要体现在以下两个方面。第一，它似乎正在放弃传统的“本土偏好”。投资者越来越注重寻求国际资产组合，而不是把目光集中于本土（Hobbes，2014）。第二，回报越来越多地来自资本利得，即土地增值，而不是租金收益。事实上，商业地产的收益率指的是租金收益占房地产价值的比例，目前已接近历史最低水平。在租金收益如此低的环境下，却有如此巨额的国际投资涌入商业地产，这说明全球泡沫已经出现。英国可能处于这个泡沫的中心，特别是伦敦。2014 年，英国商业地产的回报率是 17.9%，而作为对比，当时全球商业地产的平均回报率是 10%（Allen &

Nicolaou，2015）。

然而，在英国进行脱离欧盟的公投前，其商业地产的投资规模开始放缓。2016 年 3 月 23 日决定脱欧的公投结果公布后，英国商业地产市场急剧收缩。这是暂时下滑还是市场的持续调整，还有待观察。

房产与信贷的关联以及金融脆弱性

正如前面讲过的那样，在 20 世纪的最后几十年里，主流经济学理论在很大程度上忽视了信贷在经济中的因果关系。一般的假设是，私人部门信贷增长是好事。这种“金融深化”（financial deepening）加速了科技和生产率的提高，从而提升了经济体的效率（King & Levine，1993）。抵押信贷以及更广泛意义上的家庭负债，没有成为经验性研究的焦点。这一点如今已经受到质疑，因为有一点已经很明确：家庭负债和房价的快速增长对金融脆弱性和经济增长造成了危险的长期影响。

辨别不同类型信贷及各自的经济效应，是经济理论的一个重要发展。许多学术研究显示，与以住房抵押信贷为主的家庭信贷相比，发放给非金融公司的信贷与产出增长之间的关联更加紧密（Beck et al.，2008；Bezemer et al.，2016；Buyukkarabacak & Valev，2006）。例如，一项针对 1990—2011 年 46 个经济体的研究发现：虽然家庭不动产银行贷款与经济增长之间是负相关的关系，但是信贷流入非金融公司对经济有正增长效应（Bezemer et al.，2016）。针对单个国家的研究也发现了类似结果，包括日本（Werner，1997）、英国（Ryan-Collins et al.，2016）和美国（Bezemer et al.，2016）。针对 1960—2012 年 30 个国家的另一项研究发现，家庭负债与 GDP 间的比率连续增长超过 3 年之后，GDP 增速会放缓，同时失业率上升。关于这两点，国际货币基金组织和经合组织的预测专家都没有成功预测到（Mian et al.，2015）。

作为一种费用平摊的形式，抵押信贷把一项大宗耐用消费品的购置费用平摊到更长时期中去，这可能是有用的。然而，抵押信贷并不会促进经济增长，除非它可以促成住宅投资、房屋建设或消费。可是，在英国以及大多数发达经济体中，绝大多数抵押信贷都流向了现有住房在家庭间的转移（Bank of England，2016c）。既然新创造的信贷和货币都流入了现有住房和土地，这不可避免地会导致房价上涨和家庭负债收入比提高，也就是我们耳熟能详的房价泡沫或房地产泡沫。

当经济冲击袭来或利率上调时，经济体会面临这样一个局面：以家庭为首的所有经济部门（政府除外）都会寻求去杠杆化，减少负债——这被称为“重建资产负债表”（Koo，2011）。家庭会缩减开支，增加储蓄；企业则会因为利润下降而撤回投资，偿清贷款；而银行则会收紧银根，重建资本金基础。一系列研究显示，与不涉及信贷泡沫的危机（比如股市泡沫）相比，此类“资产负债表衰退”持续时间往往会更长，影响也更加深远。而在信贷泡沫引起的衰退中，土地相关信贷泡沫一贯影响更加深远，持续时间更长（Buyukkarabacak & Valev，2006；Schularick & Taylor，2009；Borio et al.，2011；Bezemer & Zhang，2014；Jordà et al.，2015）。

关于地价信贷泡沫对经济体所造成的长期破坏，最清晰的案例见于日本。在 1991 年日本房地产崩盘之前，用于购买地产的过度信贷创造驱动了自增强型股市繁荣，特别是在日本发展最快的城市里。其中一个重要原因是，日本央行放松了对地产的信贷控制（Kindleberger & Aliber，2005，p.151；Werner，2002，2003）。在日本，信贷控制被称为“窗口指导”（window guidance）。虽然实体经济的需求在减退，但日本央行坚持要求银行年度同比信贷增长指标要达到两位数。这最终使得投资者不得不再借款以覆盖未偿贷款的利息［这被称为“庞氏融资”（Ponzi financing）]，从而造成资产价格螺旋式上升（见框 5–6）。

框 5–6 海曼·明斯基：平稳是不稳定因素

海曼·明斯基（Hyman Minsky）是美国经济学家，他研究的重点是资本主义经济体中金融周期和金融危机的起源。[1]明斯基不赞同新古典经济学的假设——对经济的最佳理解是认为其处于长期均衡状态，间歇性地受到商业周期短期“冲击”的干扰，而金融、信贷和资产价格在其中的作用大体上是无足轻重的。

然而事实上，发达资本主义经济体的主要特征就是，金融及债务对企业投资和企业利润起到了支撑作用并造就了未来的不确定性。明斯基深化了凯恩斯和欧文·费雪（Irving Fisher）的论点，认为经济并非是在围绕着一种均衡状态波动，相反，企业有基于实现未来利润的预期而举债的需要，这意味着资本主义经济体会在稳定阶段和不稳定阶段间反复摇摆。当经济处于稳定阶段时，企业和银行的信心增强，从而导致投机型投资和相关借贷的增加。而这将造成债务不断积累，最终超出借款方收入的偿还能力，迫使他们增加举债以支付利息——明斯基称之为“庞氏融资”。

在这样的情境中，经济变得高度脆弱，甚至连轻微的经济冲击也能导致企业违约。然后，企业违约的负面影响就会逆向传导，企业投资减少，银行违约，不愿意发放贷款，继而出现债务紧缩。

明斯基的著作主要关注的是企业，以及企业与银行系统之间

1. “金融不稳定假说”的简版见明斯基 1992 年著作（Mingsky，1992），全面阐述见明斯基 1986 年著作（Minsky，1986）。

的交互作用，而不是家庭与抵押信贷。但是，他的理论非常适用于解释2007—2008年的金融危机。在这次危机中，长期的表面稳定（“大稳健时期”）和资产价格上涨，使得家庭及银行在以土地和房产为抵押的信贷活动中越来越冒险。事实上，这样的危急时刻被称作“明斯基时刻”（Minsky moment），这是因为他的著作似乎准确地描述了危机发生前和危机过后的动态（危机发生前，基本上没人注意明斯基的理论）。现在，经济学家们正越来越多地把他的理论应用于住房市场相关问题上。比如他们描述了一种“明斯基家庭”（Stockhammer & Wildauer，2016，p.2），即从房价上涨中获得了信心并利用其不动产资产再杠杆化来促进消费的家庭。这样的家庭将面临负债收入比的提高，并将导致金融的脆弱性加剧（Dymski，2010；Ryoo，2015）。

日本央行对房地产的过度增长十分忧虑，开始实施新的监管措施，指示日本各家银行要限制其不动产贷款的增速，使之不超过各行放贷总额的增速（Kindleberger & Aliber，2005）。这样投资者无法再通过增加举债来偿还现有债务，于是开始快速抛售负债累累的房产，导致了不动产价格迅速下跌，股价继而随之崩溃。银行、企业和家庭去杠杆化，需求低迷（Koo，2011）。这次的房地产崩盘似乎永久性地放缓了日本的人均GDP实际增速。在1991年以前的20年中，日本人均GDP增速为3.7%，但是之后始终保持在1%以下。在房地产崩盘后的大多数年份里，通货膨胀率都是负数。

20世纪90年代早期，其他亚洲经济体也经历了类似的不动产泡沫。其显著特征是不动产价格上涨推动了股价，股价上涨进一步增强了投资者的信心，从而反过来进一步推动了地价的上涨（Kindleberger & Aliber，

2005，pp.29 ~ 30）。

今天，很多经济学家声称，全球范围内的高负债水平抑制了需求，阻止了经济增长恢复到危机前的水平（Jordà et al.，2015；Mian et al.，2015；Turner，2015a）。高负债水平源于金融危机酝酿时期银行过度发放的不动产贷款。金融危机发生以来一直困扰着全球经济的“长期停滞”（secular stagnation），主要成因貌似就是与土地相关的过度负债。

规范房地产相关信贷

尽管危机爆发前就有证据显示房价、信贷增长和危机之间存在密切关联，但是中央银行并没有利用货币政策阻止资产价格暴涨。对此的共识是，最好等待暴跌发生，然后“事后收拾残局”，而不是试图遏制或阻止暴涨的发生。首先，一般认为很难判定什么时候资产价格已经上涨到“超出正常水平”的程度。其次，货币政策举措已经局限于调整短期利率，而不是调整信贷额度。这种举措被认为过于生硬，很难直接指向市场中具体的某一部分，比如房产价格（Bernanke & Gertler，2000；Dell’Ariccia et al.，2012）。

此外，正如上一节中讲到的那样，抵押信贷和资产增值抵押贷款能够支撑长期消费和需求。即使生产力或工资已处于停滞状态，这也有助于营造一种经济健康的假象。从 20 世纪 90 年代一直到最近的金融危机发生前，很多发达经济体经历了前所未有的稳定高增长时期，且高增长与低通胀并行——被称为“大缓和时期”——这消除了中央银行的疑虑，政策确实发挥了作用（Bezemer & Grydaki，2014）。梅尔文·金（Melvin King）把 20 世纪 90 年代描述为“NICE”好年代，即无膨胀与持续增长并行（non-inflationary，consistent expansion，NICE 为其首字母合成词）（King，2003，p.3）。

在21世纪最初十年里，包括RMBS在内的金融创新被认为是在分散风险而不是放大风险。抵押贷款不断积累，平稳了商业周期，但是鼓励了银行和家庭过度杠杆化。而这导致了金融的脆弱性，并最终引发了金融崩溃（Barwell & Burrows，2011）。虽然抵押贷款平稳了商业周期，但是在平稳的表象下酝酿着规模更大、持续更久、破坏性更强的“信贷周期”或“金融周期”。在第二次世界大战后的大部分时间里，宏观经济学都忽视了后者（Borio，2014）。这些发展趋势与已故美国经济学家海曼·明斯基的理论完全吻合（Minsky，1986）。明斯基认为，在金融驱动的资本主义市场中，“稳定是不稳定因素”。包含了资产价格、债务总量、信贷流量、家庭收支平衡表及银行资产负债表的经济模型，成功预测到了金融危机（Keen，1995，2003；Bezemer，2009）；而标准的新古典模型忽略了这些参数，也就未能预测到危机的发生。

然而，2008年金融危机过后，许多中央银行已经开始把信贷增长或信贷控制直接指向经济体中的特定经济用途。从前，这样的政策是无法想象的，因为此类政府干预没有得到传统宏观经济均衡理论的支持。本书第三章对此已有阐述。生命周期假说以及对有效市场配置的信心，也不支持此类干预。

最值得关注的是，一些中央银行提出宏观审慎政策（macro-prudential policy），此举旨在抑制信贷周期并将重点放在抵押信贷上。在英国，新成立的金融政策委员会（Financial Policy Committee，简称FPC）有权确定英国抵押贷款的贷款价值比或贷款收入比。自玛格丽特·撒切尔于1980年取消了对信贷的“紧身衣”管控措施后，这还是首次有公共机构被授予此类权力。但是，英国央行不愿意充分利用这些工具，因为它设定的限制措施只在房价暴涨时才会发挥作用。[1]

体制因素

虽然在很多发达经济体中，抵押贷款债务增加和房价上涨的总体模式是相同的，但是也有很多重要的例外。许多经验性研究发现，不同国家间和同一国家不同时期的体制差异，解释了信贷、房价和经济活动之间联动机制的重要差异（Aron et al.，2012；Calza，Monacelli & Stracca，2013；Duca et al.，2010；Muellbauer & Murphy，2008）。其中抵押市场结构似乎尤其重要，包括利率是浮动型还是固定型，资产增值抵押贷款相关规范，平均贷款价值比，贷款是否证券化以及住房自有率的高低。在这方面，不同国家间存在很大差异（见表 5-1）。

表 5-1　部分经合组织成员国抵押市场结构对比（2013 年数据）

国　家	利率调整模式	资产增值抵押贷款	新生贷款平均 LTV（%）	抵押贷款占 GDP 比率（%）	抵押贷款支持证券化	住房自有率（%）
澳大利亚	浮动	允许	80	74	允许	70
比利时	固定	不允许	83	28	不允许	72
加拿大	固定	允许	75	43	允许	66
法　国	固定	不允许	75	26	有限制	56
德　国	固定	不允许	70	43	有限制	42

1. 2014 年，金融政策委员会规定，一家银行发放的贷款收入比在 4.5 以上的抵押贷款，不能超过该银行新生购房贷款的 15%。目前，没有哪家银行超出这一限制。贷款收入比超过 4.5 的贷款，平均仅占 10%。因此，这一规定对任何贷款都没有约束力。此外，只有房价涨幅超过 20% 时，这个政策才会发挥作用。20% 是央行对 2014—2017 年房价增长的主流预测数据，这比收入增长预测高出很多（见 http://www.ft.com/cms/s/o/efo6b7fc-fd13-11e3-8ca9-00144feab7de.html#axzz41Bw8VDVi-paywall）。

（续表）

国 家	利率调整模式	资产增值抵押贷款	新生贷款平均 LTV（%）	抵押贷款占 GDP 比率（%）	抵押贷款支持证券化	住房自有率（%）
意大利	浮动	不允许	50	15	不允许	82
日 本	固定	不允许	70~80	36	不允许	61
西班牙	浮动	有限制	70	40	允许	85
瑞 士	浮动	不允许	66	116	有限制	36
英 国	浮动	允许	80~90	74	允许	70
美 国	固定	允许	80	69	允许	69

资料来源：引自 Assenmacher-Wesche & Gerlach（2008，p.27）和 Calza 等（2013，p.104）的两篇论文。

虽然不同国家有不同的供给约束，而且它们也会影响房价，但是证据显示，抵押贷款市场更加灵活、浮动利率以及权益贷款水平高的国家，在房价、信贷和消费方面的波动性往往更强，更加具有顺周期性。[1] 换句话说，金融系统越是自由化，房价、消费与整体经济之间的关系就越是紧密。

保有权模式也扮演着重要的角色，影响着监管放宽和创新对金融体系冲击的大小。在一个经济体中，住房自有率越高，上述变化的经济冲击就越大。这是因为，租户无法利用他所租住的房屋进行杠杆化。在许多发达经济体中，住房自有率的一般变化趋势是从 20 世纪 40 年代的 40% 左右上升到 21 世纪最初十年里的近 60%（Jordà et al.，

1. 举例说明，阿伦等人（Aron et al.，2012）发现，英国和美国家庭的信贷可获得性自 20 世纪 80 年代以来发生了重大转变，但是日本则没有太大变化。这导致了英国和美国的平均消费收入比有所上升。其原因在于，抵押贷款的首付限制放宽了，同时资产增值抵押贷款等金融创新增强了住房财富作为抵押物的作用（又见于 Muellbauer & Murphy，2008；Crowe et al.，2013；Calza et al.，2013；Barrell et al.，2015）。

2016，p.121）。但是，也有很多有趣的例外。不是所有国家都实行了提高私人住房自有率和住房抵押贷款的政策，德国和瑞士的住房自有率都在 50% 以下，这为我们提供了很好的反例。

在德国，储蓄银行和抵押银行（住房贷款的主要提供者）的贷款价值比往往都以 60% 为上限。与此同时，第二次世界大战后实施的护租政策力度相对较大，并且在随后的几十年里始终得以维持。此外，德国税法对贷款的激励有限，而低膨胀意味着在消费价格上涨时，房产作为对冲资产的吸引力没有那么大。在瑞士，政府向住房所有者征收估算房租税。结果是，2013 年德国住房自有率仅为 43%，与 1950 年的 39% 相比仅有小幅增长。类似地，在过去 50 年里，瑞士的住房自有率也始终停留在 35% 左右。同样跟德国一样，瑞士的财政、规划和银行制度也下放给了各州，各州在这些问题上具有相当高的自主权。

证据显示，房价收入比膨胀，并不是发达资本主义体制不可避免的内在特征。个别国家制定了适宜的政策，能够防止家庭住房抵押贷款过度积累，并且在所有权之外还提供了其他有吸引力的保有权模式。这些政策看起来也并没有削弱经济增长或创新能力。德国和瑞士都以创新型和创业型产业著称于世。

本章小结

在本章中，我们探讨了土地、房产和金融系统之间的重要关联，着重讨论了银行在创造和配置新货币及新信贷方面起到了怎样的作用。

在 20 世纪的大多数时间里，英国发放抵押贷款的机构仅限于建房互助会。这些互助式共同体机构为其成员的利益服务，而不是为股东的利益服务。其运营模式十分保守，仅为有相当的储蓄经历的群体发放长期购房贷款，而且其抵押贷款的资金来源是相对安全的零售存款。这样的运营模式既保持了房产相关信贷与整体经济间的关联，又限制了抵押信贷和房价的快速增长与波动。而同一时期银行的主要贷款业务是企业贷款。

到了 20 世纪 80 年代，政府对抵押信贷部门的监管放宽，实行了自由化政策。这一方面是因为公众强烈要求增加住房自有率，另一方面是因为面对国际竞争，保守党政府想要寻求英国银行业的自由化。这导致抵押信贷大面积扩张，房价出现大幅上涨，并使住房财富和消费之间建立了重要的关联。拥有房产和土地不仅是提供居所、供养一家人、方便上班的手段，而且是现有财富增值以及从银行获得新购买力的关键手段。银行越来越珍视土地这种优质抵押物。事实证明，在过去的 30 年里，在收入中位数停滞不前的情况下，房产和土地的这两个功能都展现了非常重要的作用。“爬上住房阶梯”听上去似乎毫不起眼，但是在英国这样的国家里，这意味着获得了最受青睐的资产。从历史上看，这种资产能大幅增加我们的账面财富，比换工作或投资股市或国债要好许多倍。

房价上涨到远远超过平均收入的水平，抵押债务与收入的比率也在随之增加。为了获得土地所有权，许多家庭不得不提高其从银行系统借款的贷款收入比。其结果就是通过收取抵押贷款利息，金融行业以利润形式获得了越来越大比例的土地经济租金（Hudson，2010）。过去十年里，英国住房自有率有所下降，租金随之更加集中到房产所有者手里，并由此间接地流入银行业，这将会加剧不平等状况。下一章我们将讨论不平等加剧问题。

政策制定者及主流经济学家都忽略了上述发展变化。生命周期模式把抵押贷款看作在增进人民福利，因为它让住房这种耐用消费品的消费时间提前了，并把费用平摊到了它的整个生命周期中去。抵押债务与收入间比率的增长，没有被视作棘手的问题，因为家庭财富也在增长，两者相互抵销了。如果银行选择以资产为抵押放贷，而不是以企业的未来收入流为抵押放贷，那就随它们去吧——私人部门最善于配置资本。

极少有人发现银行信贷创造和家庭负债收入比提高两者之间存在因果关系，也极少有人关注这如何导致了房价与抵押信贷之间自增强循环的形成。在这个自增强循环里，房价不断攀升，于是对抵押信贷的需求日益增加。银行被视作中介机构，而不是货币创造者。中央银行的注意力集中在消费物价膨胀上，而不是房价膨胀上。

尽管在过去40年里房产价格波动越来越大，但是直到2008年金融危机前，多数经济学家和政策制定者都不曾质疑他们使用的模型。在他们的模型里，房价、金融行业和整体经济三者之间是良性互动的关系。银行商业模式的转变是这次危机的风暴中心。在美国，银行的获利途径从收取贷款利息，转变为通过住房抵押贷款支持证券化来发起和分销抵押贷款。英国也存在证券化，但主要是与银行的融资方式有关，即银行为支持抵押贷款的巨幅扩张，更多地仰赖高风险的短期举债，而不再依赖于更加稳定的消费者存款。住房抵押贷款以土地为抵押物，而土地是最可靠的资产，这一事实让住房抵押贷款成为创造金融工具的完美载体，因为这些金融工具貌似能够分散风险，还能扩大自有住房的范围。

金融危机过后，中央银行已经认识到恢复抵押信贷控制的必要性，银行不得不面临更多证券化的风险并普遍性地持有更多的资本。但是，在各种贷款类型中，银行业自身仍倾向于发放有房产支持的贷款。

在真实的世界里，未来具有不确定性。而房产和土地在法律上容易识别，因此对于寻求化解其贷款风险的银行来说，房产和土地是最佳的抵押物形式。结果是，整体经济仍然与土地和房产价格密切关联在一起。两者的关联之所以紧密，一是因为商业地产为中小企业提供了流动资金，二是因为土地和房产的抵押物通道和财富通道在支撑消费方面起到了关键作用。

英国的土地和房产仍然是“金融化”的，过去十年里有大量外来货币涌入英国东南部地区就是很好的证明。即使政府和中央银行限制了二套房和购房出租的减免税额度，通过采取此类措施来限制投资者从土地所有权中获取经济租金，但是外国资本仍在不断涌入。就连英国脱欧决定带来的不确定因素，似乎都没有让这些投资者望而却步（Sheffield，2016）。

要打破土地与金融间的正反馈循环，需要采取措施鼓励银行进行信贷创造，鼓励投资者将储蓄重新投入到生产性活动中，让他们远离房产。否则，家庭负债水平将会上升到难以为继的程度，市场将会反复暴涨暴跌，不平等将加剧到造成严重危害的程度。下一章将会阐述不平等加剧问题。

第六章

土地、财富和不平等

不平等的加剧和财富收入比的上升，在很大程度上与租金和地价上涨有关。

——约瑟夫·斯蒂格利茨（Stiglitz，2015B，p.439）

公民政府，只要它成立的目的是保护财产安全，那么其实际目的就是保卫富人免受穷人的侵犯，或者说保卫有产者免受一穷二白的无产者的侵犯。

——亚当·斯密（Smith，1776，p.167）

引 言

在前两章中，我们看到了住房政策失当、福利和税收的变化以及金融监管放宽这三个因素如何结合在一起，最终导致英国的土地和住房金融化。本章将会探讨这一结果与另两个重要经济发展趋势是如何交互作用的：一是住房作为财富来源的功能日益增强，二是在大多数发达经济体中经济不平等日益加剧。

近几十年来，住房财富增长速度比其他类型财富都要快，且远远高于国民收入增速。与此同时，公众越来越关注贫富差距不断拉大的原因和后果，以及这对我们的经济会有怎样的冲击。奇怪的是，主流经济学家中极少有人尝试探讨这两个趋势之间存在怎样的关联。正如第三章所讨论的那样，在20世纪中叶，经济学家使用的模型中基本上没有土地的身影。因此，人们忽视了土地对宏观经济结果的影响，比如对不平等的影响。此外，正如上一章所讨论的，主流经济学理论没能正确认识银行系统在经济和货币创造过程中的作用，这让这些经济学家更加忽视土地的作用。

本章将尝试填补这一空白，为你揭示近年来，土地金融化在加剧财富、收入和生活水平不平等方面如何发挥决定性作用。我们将会向你说明，近几十年来财富收入比在不断上升并加剧不平等，但驱动财富收入比攀升的，不是生产活动，而是住宅类用地价格的上涨。除了加剧财富不平等状况，我们还将揭示，在杠杆化和财产继承的过程中被不断放大的（土地金融化）这一动力因素，进一步拉大了生活水平差距并加剧地区间的不平衡。这最终可以引出这样一种观点：在许多发达经济体中，社会阶层的关键界限不再是收入，而是是否拥有房产所有权。

不过，首先让我们来综述近年来的经验性趋势，并探讨与我们持不同意见的传统观点是如何解释这种不断加剧的不平等现象的。

经济不平等趋势

收入不平等

收入不平等指的是收入在人口中分配不均的程度。在过去30年里，大多数发达国家的收入不平等状况都有所加剧，并且一些国家达到了历史最高水平。

描述收入分配的方法之一是对比前 10% 最富裕群体的平均收入与后 10% 最贫穷群体的平均收入，得出其比率。今天，在经合组织成员国中，最富裕的 10% 群体的收入是最贫穷的 10% 群体收入的 9.6 倍。这一比率从 20 世纪 80 年代的 7∶1，扩大到 90 年代的 8∶1，然后又扩大到 21 世纪最初 10 年的 9∶1（OECD，2015）。造成上述趋势的原因是在高收入群体收入激增的同时，其余群体的收入增长却温和得多。

衡量收入不平等的另一个常用方式是基尼系数。基尼系数是统计离差的指标，用来表示一个国家的居民收入分配情况。基尼系数用 0 到 1 之间的一个数值来表示，其中 0 表示完全平等（每个人的收入都完全相同），1 表示完全不平等（收入归其中一人所有，其他人都是零收入）。用基尼系数这个指标来衡量，英国目前是经合组织第五大收入分配不平等国家（OECD，2016）。

但是，由于基尼系数表示的是收入分配的分布情况或离均差，所以它对处于收入分配中段的中等收入变化特别灵敏，而对高收入和低收入阶层的收入比重变化则相对迟钝。结果是，近年来，很多有关不平等的研究都唤起了人们对富人越富这一现象的关注，即过大比例收入增长流向了最高收入群体，特别是前 1% 的高收入群体。

在过去 30 年里，在大多数经合组织成员国中，前 1% 最高收入人群收入占总税前收入的份额均有所增加，即使在不同国家里最高收入的标准差异巨大。上述现象在英国尤其严重。英国前 1% 最高收入人群所占份额，从 1985 年的 7% 提高到 2012 年的 14%，这意味着英国前 1% 最高收入人群的收入份额仅次于美国。

在前 1% 最高收入人群中，收入分配同样存在悬殊差异。1993—2011 年，前 1% 最高收入人群的平均收入从 154 243 英镑增加到 248 480 英镑，上涨幅度是 61%。但是，在同一时期，前 0.1% 最高收入人群的平均收入从 460 050 英镑增加到 922 433 英镑，翻了一番还多。同时，整个后 90% 人群的平均收入仅从 10 200 英镑增加到了 12 993 英镑（New Economics Foundation，2014）。

财富不平等

收入是通过劳动、转让或租金所获得的货币流，而财富是在资产中长时间积累的货币存量，比如房产、股票和银行存款。财富如何分配，不仅对资产净值和代际流动性非常重要，而且对经济系统的稳定性以及抵抗冲击的弹性也非常重要。家庭财富受多种因素影响，包括资产价格和家庭储蓄率。财富不平等可能对收入不平等有重大反馈效应，因为人们可以把积累的财富投资出去，让其以利息和分红的形式产生资本收入。

关于财富，可参照的历史数据比有关收入的数据要少，这部分解释了为什么财富不平等问题过去在很大程度上都被忽略，直到近年来才引起足够的重视。但是，数据表明，在发达经济体中，财富分配远远比收入分配更加集中。在经合组织成员国中，平均而言，前 10% 最富有家庭的财富占家庭财富总值的 50%，前 1% 最富有家庭的财富占家庭财富总值的比例更是高达 18%（OECD，2015）。

根据估算，英国全部家庭的净财富总值是 11.1 万亿英镑。图 6–1 展示了英国这些净财富在全部家庭间的分配情况，以百分位数描述。前 10% 最富有家庭持有的财富，大约是后 50% 家庭财富总和的 5 倍左右，是最后 10% 家庭财富总和的 875 倍还多。英国家庭财富中位数是 225 100 英镑，要跻身英国前 1% 最富有家庭，个人财富至少需要达到 280 万英镑（ONS，2015b）。

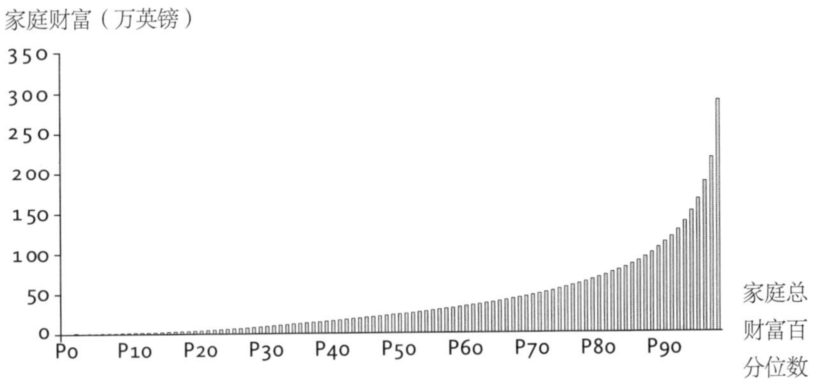

注：家庭总财富包括净房产财富、净金融财富、有形财富和私人养老金财富。

图 6–1　2012 年 7 月至 2014 年 6 月英国家庭总财富分配状况

资料来源：英国国家统计局《财富和资产调查》（ONS，2015c）。

地区不平等

到目前为止，我们对不平等的分析还集中于全国层面，但是这个层面的分析隐藏了重要的地区间和地区内的动态因素。一个国家整体的平均家庭收入，可能会掩盖这个国家不同区域间的巨大收入差异。

今天，英国最富裕与最贫困地区间的差距，比任何其他欧盟国家的地区间贫富差距都要大。内伦敦是欧盟最富有的地方，但是威尔士山区是欧洲最贫困的地区之一（Eurostat，2016）。伦敦本身就是经合组织成员国中贫富差距最大的城市。

英国各个地区间存在鲜明的贫富差距。东南部是最富有的地区，其家庭财富中位数是 342 400 英镑；紧跟其后的是西南部和东部地区，家庭总财富中位数分别是 308 100 英镑和 267 200 英镑；东北部的家庭总财富中位数最低，是 150 000 英镑（ONS，2015b）。

对不平等加剧的传统解释

不平等加剧广泛存在。与此同时，经济学家们对此的争论也日益激烈。贫富差距不断拉大的原因是什么，会有怎样的后果？这对我们的社会会造成怎样的影响？以下是对不平等加剧现象的传统解释。

边际生产力理论

正如第三章解释的那样，新古典经济学理论认为，收入是由对生产的贡献决定的（边际生产力理论）。在这种理论下，工资反映的是增加一名雇员将会增加的产量，即劳动的“边际产品”。这一理论背后的原理是，如果工资低于生产力，企业就会认为雇用更多劳动者将会增加利润，这会造成工资上涨压力。相反，如果工资高于生产力，企业就会觉得减员更加有利可图，这会造成工资下降压力。于是，在竞争性市场中，当工资等于每名工人创造的价值时，就实现了均衡，达成帕累托效率状态。[1]

1. 在经济学中，帕累托效率（Pareto efficiency）也叫帕累托最优（Pareto optimality），是资源配置的一种状态。在这种状态下，如果不使至少某一人的境况变糟，就不能使任何另一人的境况变好。帕累托效率是效率最高的资源配置状态。

在这一理论框架下，个人收入差异被认为与生产力、技能和努力程度三者的差异相关。高薪劳动者理应获得比低薪劳动者更高的薪酬，因为他们的生产力比后者更高。收入分配的变化，被归因于技术变革以及人力和有形资本投资的变化，因为这些变化提高了某些个人的技能和生产力。一理论这样解释不平等的原因：在信息技术和金融行业中有高需求技能的人收入增加，反映的是他们拥有更高的生产力，而低技能劳动者的收入则因为生产力低而减少了。

在边际生产力理论下，要解决不平等问题，需要增加劳动者的教育和职业培训机会，以提高所有劳动者的技能和生产力。尽管边际生产力理论存在许多理论性和经验性的缺陷，但近几十年来，这种供应学派的解释方式仍然在经济政策制定中占据了主导地位。与新古典经济学的其他方面一样，它的假设前提是市场是完全竞争的，信息是完整全面的。这个假设脱离了真实世界里的一些重要现象，比如非理性人类行为、议价能力的不对称和客观外部条件。[1] 它还假设，规模收益递增不是生产过程的特征，或者换句话说，它假设每种生产技术中都存在规模收益递减。

按照边际生产力理论，平均工资会随着劳动生产率的提高而同步增长。但是，如图 6–2 所示，近几十年来，在许多发达国家里工资和生产力脱钩了，工资增长速度并没有跟上生产力的增长速度（International Labor Organization，2015）。

出于上述原因，许多经济学家不再满足于边际生产力理论的教科书式描述，而是更多地寻求其他方法来解释近几十年来收入和财富不平等迅速加剧的现象。

---

1. 有关边际生产力理论的漏洞，详见基恩（Keen，2011）和斯蒂格利茨（Stiglitz，2012）的著作。

注：工资增长取的是 36 个经济体中平均实际月薪的年同比增长率的加权平均数。由于可得数据有限，指数以 1999 年为基准年。

图 6-2　1999—2013 年发达经济体中平均工资和劳动生产力增长趋势

资料来源：国际劳工组织（ILO，2015）。

全球化与“超级巨星”效应

一些经济学家指出，全球化对劳动力市场造成了两极分化效应。在这一理论下，贸易和金融逐步全球化，整合了世界经济，而全球经济整合扩大了个人或单个企业所能服务的市场规模，由此创造了“赢者通吃”的环境（Frank & Cook，2010）。这通常意味着，业绩上的小差别就能导致报酬上的巨大差异，从而导致所谓的“超级巨星效应”（superstar effect）（Rosen，1981）。长久以来，这种现象一直存在于体育和娱乐界中，但是这一理论的支持者认为“超级巨星效应”在其他领域也正在变得越来越普遍，比如法律、金融、时尚和出版领域。

最近，关于技术进步和数字化是否放大了“超级巨星效应”的争论越来越激烈。布吕诺尔夫松和迈克菲（Brynjolfsson & McAfee，2014）认为，计算机处理能力、人工智能和网络通信的进步，扩大了网络的外部性和品牌效应，随着时间的推进，这将会让“赢家通吃”现象变得更加显著。

去工业化和服务业的兴起

在许多发达经济体中，去工业化进程和服务业的兴起已经使劳动力市场的整体状况发生了重大改变。1979—2009 年，英国从事制造业的劳动人口下降了 60%。与之对应的是，从事服务业和高端技术职业的人口迅速增加（Shaheen et al.，2011）。新技术职业需要高技能劳动力，而许多新的服务型角色始终都是低技能，往往偏向于兼职、临时或低工资岗位（Westwood，2006）。此外，资历较浅的个人在工业企业里实现职业晋升的传统跳板也越来越稀缺。

结果是，在英国，特别是伦敦，就业机会正在空心化，中等技能岗位越来越少，这进一步加大了高收入和低收入人群间的收入差异。

税收变化

税收政策变化可能也加剧了不平等。近几十年来，包括欧洲国家在内的大多数经合组织成员国的最高边际税率已经大幅下降。平均最高法定个人所得税率从 1981 年的 66% 下降到了 2013 年的 43%（OECD，2014）。类似地，法定公司所得税率从 1981 年的 47% 下降到了 2012 年的 25%，而境内股息红利所得税率从 75% 下降到 42%。研究发现，降低最高税率不仅增加了最高收入者的税后份额，而且实际上还增加了最高收入者的税前份额。一些国家还取消或降低了净财富税和遗产税（Förster et al.，2014）。

工资所占份额减少和工会的衰落

与不平等加剧相关联的另一个主要趋势是，工资在以 GDP 为测算指标的总收入中所占份额有所减少，而私营企业主、股东和金融投资者获得的利润份额有所增长（New Economics Foundation，2014）。过去40年中，在大多数国家里，工资在国民收入中所占的份额都有所下降。而按照国际标准，英国工资份额下降幅度尤其剧烈。英国国家统计局的数据显示，1977—2008年，英国的工资占国民收入份额从59%下降到53%，而利润在国民收入中所占份额从25%上升到29%。

根据一项研究的估算，在过去50年里，英国收入不平等70%的原因在于工资份额的变化（Reed & Himmelweit，2012）。有关工资份额减少背后的原因，还有待进一步讨论，但是既有文献中提及的主要因素是技术变革、全球化和金融化的效应。虽然上述所有因素可能都起到了一定作用，但是还有证据显示，劳动力市场组织和制度（比如工会和劳资集体谈判）的衰落也是一个重要因素，具体到英国，则包括20世纪八九十年代的工会会员制度没落和“公平工资规定”（Fair Wage Resolution）被废除（New Economics Foundation，2014）。

土地和经济租金是如何加剧不平等现象的

所有上述因素都在不同程度上促成了各个发达经济体日益加剧的经济不平等发展模式，但是这些还不能完全透彻地解释为什么在现代资本主义经济体中贫富差距越来越大。正如第三章中讨论的那样，在20世纪中叶，主流经济学家们使用的模型基本上剔除了土地因素，这表明他们忽略了土地在收入分配不平等之类的宏观经济结果产生过程中的作用。在本节中，我们将为你揭示，最近几十年里土地在财富不平等、收入不平等和生活水平不平等加剧过程中发挥了怎样的作用。

住房成为越来越重要的财富组成部分

在英国，住房是无可争议的最重要的单一财富来源。2014年，英国家庭住房和非营利机构办公楼的总价值已达到4.43万亿英镑，占净财富总值的58%（Armstrong，2016，p.2）。住房财富增速大于金融财富（比如养老金、股票和储蓄）和非金融财富（如有形资产所有权）的增速，也比英国国民收入增速要快得多，特别是自 20 世纪 90 年代以来（第五章对此已有描述）。实际上，总的来说，在发达经济体中，住房财富的增长在驱动法国经济学家托马斯·皮凯蒂在其近作中描述的那些趋势（Piketty，2014）。

皮凯蒂的著作《21 世纪资本论》包含了自 1700 年以来他所谓的英国资本收入比数据。皮凯蒂在书中使用的“资本”和“财富”可以互换，仿佛这两个词含义完全相同。他也没有尝试把资本与土地和自然资源分离开来，这种做法严重忽视了财富、资本和土地三者内在特征上的重要差异。

财富是所有资产的存量，不管其是否已经被投入生产过程。财富包括机械设备、土地、不动产、知识产权，也包括艺术品和珠宝。正如第三章中解释的那样，资本是财富的一个子类别，是财富中由人创造的并被投入生产过程中以产生更多财富的那部分。因此可以说，所有资本都是财富，但并非所有财富都是资本。除了土地外，生产过程中使用的所有类型的财富都可以叫作资本。

这引起了一定的混淆，因为同一笔资产在有些情况下会被界定为资本，但是在其他情况下又不是资本。一笔资产是不是资本，要看它是否被用作生产投入。如果被用于休闲用途，那么小汽车就不会被定义为资本；但是如果它在企业运营中被用于后勤服务，那它就是资本。另一方面，土地包括所有非人类生产的、自然形成的资源。虽然资本供应可以增加，但是人们无法生产出更多土地。

皮凯蒂眼中的资本，包括所有资产存量而不管其特征或用途如何，所以我们把皮凯蒂使用的指标改为财富收入比。皮凯蒂所列数据显示，在 20 世纪前半段，财富收入比出现显著下滑，然后从 20 世纪 50 年代起开始回升，并且从 1970 年后出现大幅上扬。1970 年，英国财富总值相当于国民收入的 3 倍左右，到了 2010 年，这一比率已经提高到 5 到 6 之间（见图 6–3）。

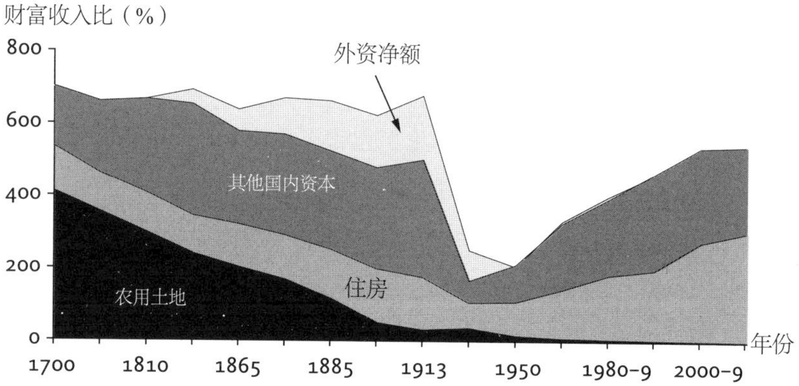

图 6–3　1700—2010 **年英国国民财富与国民收入比（北爱尔兰除外）**

资料来源：皮凯蒂和朱克曼（Piketty & Zucman，2013）。

皮凯蒂的中心论点是，20 世纪期间，在几乎所有发达经济体中，财富（或资本）回报率在经过了 20 世纪早期的短暂下滑后又恢复到“正常”水平。按照皮凯蒂的说法，近几十年来不平等加剧的原因在于财富回报率增速超过经济增长速度（他把这一关系简记为 r > g），这让富人的财富越积越多。皮凯蒂说，当财富回报率显著高于经济增长率时（19 世纪前的绝大多数历史时期都是这种情况），继承财富的增长比产出和收入的增速更快。

然而，皮凯蒂把资本和财富混为一谈，而且遗漏了土地要素，这意味着他的分析忽略了财富收入比上升背后的一些重要动力因素。如图 6–3 所示，自 20 世纪 50 年代以来，英国财富收入比的上升很大一部分来自住房。自 1970 年以来，住房已经占财富收入比增长的 87%，其中的住房指标已经包含了建筑物下面的土地。正如第三章所解释的那样，由于土地在供给量上是固定的，不会折损，而且相对价格往往会随着产出和需求的增加而上涨。作为对比，资本会随着时间的流逝而折损，这意味着，要维持或增加资本存量，需要为未来的生产投资做储蓄。

事实上，据皮凯蒂的数据集显示，自1970年以来，财富收入比的上升与储蓄关联极小，而更多的是资产价格上涨（资本利得）的结果——资产价格上涨主要跟住宅用地价格上涨有关（Rognlie，2014）。在剔除了资本利得的影响后，英国自1970年以来的财富收入比实际上大幅下降了（见图6–4）。这表明，在过去40年里，相对于国民收入，英国的生产性资本存量减少了。

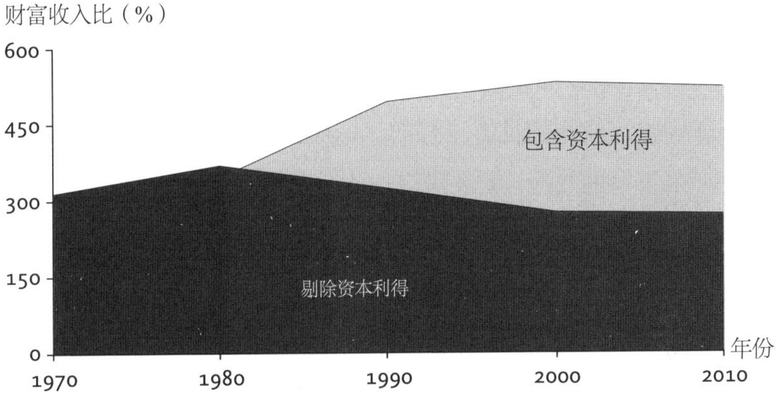

图6–4　1970—2010年英国国民财富与国民收入比（北爱尔兰除外）

资料来源：皮凯蒂和朱克曼（Piketty & Zucman，2013）。

这一分析所暗含的意义，对于理解近几十年来不平等加剧背后的动力因素有着至关重要的作用。首先，皮凯蒂所列数据表明不平等加剧源自财富收入比的增加，而驱动财富收入比上升的不是生产性活动，而是住宅用地价格的上涨，住宅用地价格上涨的体现形式则是房价上涨。换个表述方法，财富增长来自天降暴利，而这一暴利源于排他性地控制了一种稀缺自然资源。在经济发展、人口增长和金融监管放宽的背景下，需求的增加让这种自然资源为其所有者带来暴利。正如第三章所讨论的那样，古典经济学家会把这种现象视作非劳动所得的经济租金积累，是一个把财富从社会其他部门转移到土地和房产所有者手里的过程［George，（1879）1979］。

其次，财富与经济的生产能力脱钩，说明在现代国民经济核算的框架里，衡量财富的方式存在不对称性。当住房下面的土地价格上涨时，经济的总生产能力没有改变，甚至可能降低，因为这没有生产任何新东西，只构成了资产价值的增加。虽然这增加了土地所有者的财富，但是也产生了相应的成本，因为住房具有双重功能，既可以作为投资品，也可以作为消费品。不管未来是谁租赁或购买这块土地，都不得不支付更高的价格。结果是，这个人不得不增加储蓄，减少消费——如果是企业，那么它就需要减少投资。正如我们在第五章中解释过的那样，这些效应是不对称的，即对土地所有者和非土地所有者往往会产生不同的效应。总的来说，从长远来看，房价上涨是否会让家庭部门整体更加富有，这一点并不明确（Barker，2004）。

然而，在现有国民经济核算框架下，财富指标只记录了土地所有者财富的增加，没有记录其余经济部门减少的资源流的折现值（Stiglitz，2015c）。也就是说，虽然房价上涨（相对于投资房屋或建设新住房）会导致国民经济核算账户中的财富有所增加，但是其余经济部门所要承担的相应成本却未能得到体现，这使得财富指标和经济生产能力指标两者的差距越来越大。

住房与财富不平等

住房对财富不平等的影响取决于许多因素，包括住房财富的初次分配、房主自住率变化以及房价膨胀的地区性差异。例如，如果大批之前的公共住房被转归私人所有，而这些新的私人资产大多由中等富裕及以下的家庭持有，那么即使房价没有改变，这也可能会起到缩小财富分配差距的作用。另一方面，如果公共住房存量越来越集中于少数人手中，更大比例的人口成为私房租户，那么即使房价没有改变，这也会加剧财富不平等。类似地，如果某个地区拥有初始住房资产的富裕家庭或老龄化家庭偏多，而且当地的房价涨幅高于全国平均水平，那么财富分配的差距可能会进一步拉大（Henley, 1998）。

在英国，住房是家庭财富总值中的一个重要组成部分。2014 年，英国家庭房产财富总值为 49 840 亿英镑，其中 10 570 亿英镑是抵押贷款，其余 39 270 亿英镑是房产净财富。目前，房产财富的人口分布非常不均。图 6–5 显示了英国房产净财富总值在各家庭中的分配情况，以十分位数描述。处于第 1 十分位数的家庭，财富为负值，反映的是净负债或叫资产负值。而最富有的 10% 家庭的房产财富，比最贫困的 50% 家庭财富的总和还高出近 5 倍（ONS，2015d）。

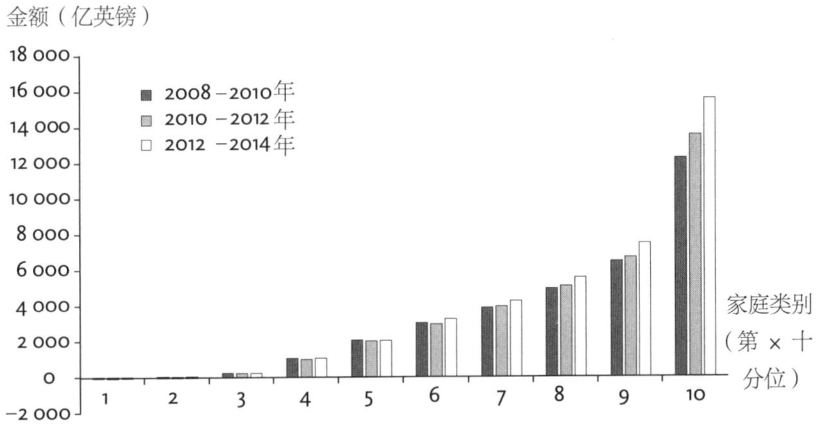

图 6–5　2008—2014 年英国房产净财富分配图（北爱尔兰除外）

资料来源：《财富和资产调查》（Wealth and Assets Survey，2015c）。

有关房产财富分配中前 10% 富有人群的数据十分有限。现有的初步数据显示，大部分财富集中在前 1% 最富有人群手中。图 6–5 显示的是英国各十分位家庭的房产净财富总值，而图 6–6 表示的是各百分位家庭的平均房产财富。该图显示，前 1% 最富有家庭的平均房产净财富值是 1 500 万英镑。

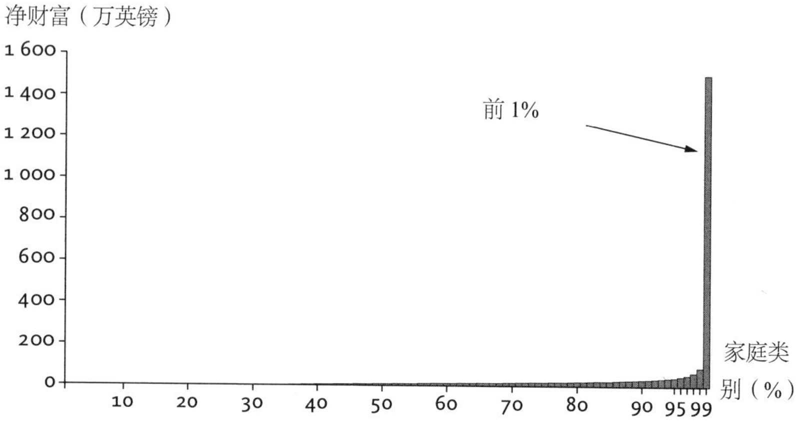

注：上限估算。

图 6–6　英国平均房产净财富（百分位数）

资料来源：英国国家统计局（ONS）。

对住房财富分配状况在较长时期内的变化情况的研究十分有限。一项研究考察了 1985—1991 年英国（北爱尔兰除外）住房净财富的分配状况变化（见表 6–1）。结果发现，按照绝对价值计算，涨幅最大的是最富有家庭（P90），但是如果以百分比计算，那么涨幅最大的是中等富裕家庭（P50）。这反映了自有房产者收获了可观的资本利得，特别是那些在这一时期的开端就已经是自有房产者的群体。这还反映了住房自有率的上升，以及中等富裕家庭持有的住房资产所占比例的增加。但同一时期内，处于财富分配底端最贫穷的 10% 家庭（P10）住房净财富没有增加（Henley，1998）。

表 6-1 1985—1991 年选定百分位数英国家庭房产净财富变化（北爱尔兰除外）

百分位数	1985 年（英镑）	1991 年（英镑）	变化（英镑）	变化（%）
P10	0	0	0	0
P50	8 594	21 318	12 724	148
P90	70 220	98 104	27 884	40

注：财富值以 1991 年价格为基准。

资料来源：亨利（Henley，1998）。

巴斯特格里和希尔斯在一项研究中发现了类似模式（Bastagli & Hills，2012）。他们的研究考察了 1995—2005 年住房净财富的变化情况（见表 6-2），而这一时期是英国历史上房价上涨最快的时期。和上面的发现一样，该研究表明按照绝对价值计算，利得的最大部分流入了最富有人群（P90）的腰包。但是按照百分比计算，中等富裕家庭（P50）的财富增长幅度最为巨大。同样地，在这一时期内，处于最底层的 10% 家庭（P10）住房净财富没有增长。卡拉金纳基也考察了同一时期的住房净财富变化趋势，发现的结果同前面类似（Karagiannaki，2011b）。

表 6-2 1995—2005 年选定百分位数英国家庭房产净财富（北爱尔兰除外）

百分位数	1995 年（英镑）	2000 年（英镑）	2005 年（英镑）	变化（英镑）	变化（%）
P10	0	0	0	0	0
P50	27 000	44 000	102 000	75 000	178%
P90	121 000	197 000	306 000	185 000	53%

注：财富值以 2005 年价格为基准。

资料来源：巴斯特格里和希尔斯（Bastagli & Hills，2012）。

在所有这些研究中，如果使用基尼系数来衡量住房财富不平等状况，那么在相应时期内的不平等程度就有所缓解。这一现象背后的主要驱动因素是中等富裕家庭持有的住房财产比例增加了。[1]但是，用传统的分配差异指标来衡量这些趋势对不平等状况的影响是有问题的。正如前文提到的那样，基尼系数表示的是财富分配的差异程度，或者说是与中位数的偏离状况，因此，它对处在分配中段的变化非常灵敏，对分配最顶端和最底端的变化则相对迟钝。因此，像基尼系数这样衡量不平等的指标，并不适用于描述住房财富的分配状况，因为很大比例的家庭财富是零或负数（Durand & Murtin，2015）。

要表示这些趋势对不平等状况造成的影响，一个可选方法是通过说明住房财富集中于财富分配的较高百位数的方式来指出这些不平等趋势的后果。但是，这种方法也有误导，因为它没有揭示出处于分配中段和底端人群之间的差异，同样地，它也掩盖了很大比例人群的家庭财富是零或负数这一事实。

结果是，衡量不平等程度的传统指标没有充分体现造成住房财富不平等的动力因素。在近几十年来住房财富分配变化的背后，主要趋势是拥有房产者和不拥有房产者这两个群体之间的差距越拉越大。对于拥有房产的群体来说，房价上涨代表着获得了免税资本利得，这会增加他们的净财富，并产生刺激消费的继发效应。而对于不拥有房产的群体来说，房价上涨表示租赁市场的房租会上涨，他们必须存更多钱才能支付抵押贷款购房的首付。

因此，近年来的房价上涨助长了两个阶层间不平等加剧的趋势。这两个阶层不是依照对生产的贡献来划分，而是依照是否拥有房产，是否排他性地控制着一种稀缺的自然资源（土地）来划分。随着房价继续上涨，有房者和无房者之间的鸿沟也将继续加深，因为处于底端的人

---

1. 这些研究没有考虑资产增值抵押贷款，因此可能低估了净财富的增长，特别是处于分配顶端最富裕人群的净财富增长。

群拥有的财富将继续为零或负数（Appleyard & Rowlingson，2010）。

过去10年里，这个动力因素变得愈加显著了。正如第四章所讲述的那样，在经历了20世纪后半段的一波住房自有率激增后，现在住房自有人数正在下降。自1999年以来，有抵押贷款的住房自有率正在下滑。自2003年以来，总体住房自有率也在下滑（DCLG，2015）。在25～44岁人群中，这一现象尤其显著。随着房价继续上涨，房价与收入之间的差距越来越大，住房自有的成本越发令人望而却步。虽然在一段时期内，抵押信贷放宽和公屋购买权暂时弥补了这一日益拉大的差距，但是负面效应最终还是开始显露出来。随着房价的上涨，自有住房越来越超出了一部分人口的负担能力。正如斯蒂芬斯指出的那样（Stephens，2007）：

> 在某种意义上，抵押融资自由化具有进步的社会意义，它帮助扩大了住房融资的渠道……（但是）它对房价的影响削弱了自身的效应，使人们获得房屋所有权的渠道又被缩小。与此同时，住房市场不稳定让未来的价格走向具有不确定性，从而增加了自有住房的相关风险。

结果是，近年来净房产财富的不平等程度加剧了。即使使用有缺陷的基尼系数指标来衡量，我们也可以看出不平等程度在加剧。[1] 如图6–5所示，2008—2014年，处于高十分位数的人群财富增长幅度更大；而处于较低十分位数的人群，财富相对稳定或有所减少。随着越来越多的人不得不从作为房产所有者的少数富人手里租房居住，如果不加以干预，那么这些趋势在未来几十年里多半会愈演愈烈。

1. 根据英国国家统计局的《财富和资产调查》，房产净财富的基尼系数从2006—2008年的0.62上升到2012—2014年的0.66。

住房和收入不平等

除了影响财富分配状况，房价上涨对收入和生活水平也有多种影响方式。首先，近几十年来，不同保有形式的住房成本已经出现重大差异（见图 6-7）。在 20 世纪 80 年代之前，如果按照住房成本占收入的百分比来衡量，那么不同保有形式的住房成本大体类似。但是，在 20 世纪 80 年代末，相比收入，租房成本突然剧增，而抵押贷款自有住房的成本大体上保持稳定（Belfield et al.，2014）。结果是，对于租房群体来说，相对于其收入而言，住房成本的增幅要大得多，而租房群体往往是较低收入家庭。[1]

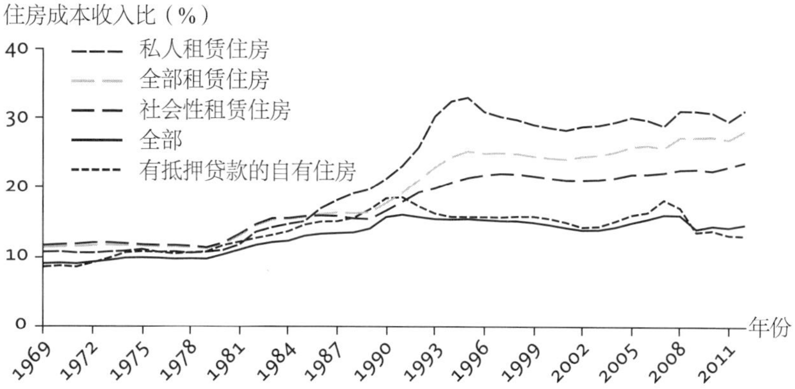

注：以 2012—2013 年价格为基准。收入是减去住房成本前的收入，收入和住房成本都没有进行等值化处理。住房成本是包括住房福利在内的总成本。

图 6-7 英国不同保有形式住房的成本收入比（北爱尔兰除外）

资料来源：贝尔菲尔德等（Belfield et al.，2014）。

---

1. 英国国家平等小组（National Equality Panel）发现，与租房群体（包括私房租赁，也包括社会性住房租赁）相比，自有房产群体（包括全款购房、贷款购房和抵押贷款购房）的工资中位数明显偏高。比如，社会性住房的女性租户时薪中位数是 6.58 英镑，而有抵押贷款的男性时薪中位数是 12.64 英镑（Hills，2010）。

这最终导致消费能力和生活水平的不平等加剧。图 6–8 显示了扣除住房成本前后的收入不平等基尼系数。该图显示，在 20 世纪六七十年代，收入不平等程度大体上未受住房成本的影响，但是自 1979 年以来，这两种衡量方法之间的差异越来越明显。这说明，在过去30年里，住房成本已经成为拉大最终消费能力差距以及由此而导致的生活水平差距的重要作用因素。

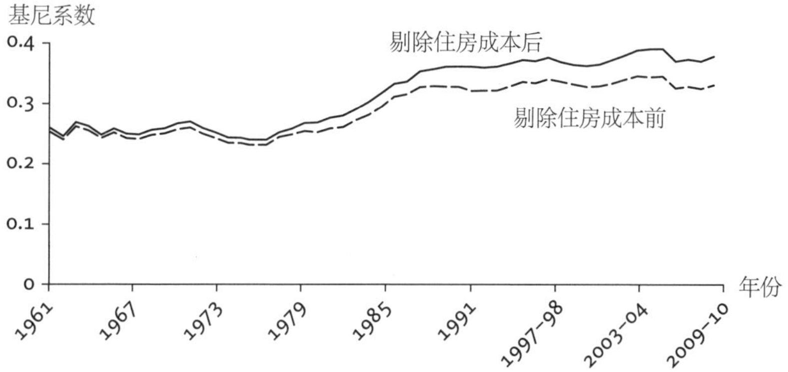

图 6–8　英国 1961—2010 年度剔除住房成本前后的收入不平等程度（基尼系数，北爱尔兰除外）

资料来源：英国财政研究所（Institute of Fiscal Studies，2015）。

英国决议基金会（Resolution Foundation）的相关研究显示，2002—2015 年，在英国劳动年龄家庭中，对于后 56% 的低收入家庭来说，住房成本的上升远远超过了温和的收入增长（Clarke et al.，2016）。中低收入家庭的收入增长可能带来的生活水平改善就这样被住房成本抹杀了。

此外，把住房资产转化为收入的能力（资产增值抵押贷款）已经模糊了财富和收入之间的关系。如第五章所解释的那样，资产增值抵押贷款是一种无须房主搬出即可通过住房价值获得资金的方式。在金融危机发生前的10年里，住房所有者大量利用房价上涨来增加贷款额，以供消费使用，使得资产增值抵押贷款的贷款水平达到前所未有的高度。通过把一定的财富存量转化为收入流，资产增值抵押贷款在房价与个人消费能力及生活水平之间建立了直接关联。

代际动力因素

住房也极大地影响着财富的代际分配。表6-3展示了按个人年龄分组的英国（北爱尔兰除外）住房财富分配情况。

表6-3 2012—2014年英国各年龄组个人家庭房产净财富（北爱尔兰除外）

年龄组	不拥有房产	<5万英镑	5万～12.5万英镑	12.5万～25万英镑	25万～37.5万英镑	37.5万～50万英镑	≥50万英镑	全部家庭
	人数百分比（%）							
16～24	41	8	15	19	8	4	6	100
25～34	39	24	17	11	4	2	2	100
35～44	29	17	25	17	6	2	4	100
45～54	24	8	20	25	11	5	7	100
55～64	19	4	14	30	15	7	11	100
65+	22	1	13	31	18	6	9	100
全部年龄组	30	11	18	21	10	4	6	100

注：覆盖所有家庭，包括租赁主居所的家庭。16～24岁年龄组数字可能有偏差，因为该年龄组中有很大比例的人口仍住在父母家中。

资料来源：英国国家统计局《财富和资产调查》（Wealth and Assets Survey）。

一方面，由于年长的住房所有者赚钱和偿贷的时间更长，一般来说他们持有的住房财富比年轻住房所有者更多，结果导致他们拥有的住房净资产也更多（Hamnett & Seavers，1996）。这让许多年长的住房所有者能够购买额外房产，将其作为自己的第二居所、给子女居住或出租。另一方面，与年长者相比，年轻人收入往往更低，为购房存够首付进而进入房地产市场的时间也更短。即使是首次成功迈入房地产市场大门的年轻人，负债水平往往也比较高，净资产其实很少。

但是随着时间的推移，状况已经发生重大转变。今天，年轻人的平均财富水平大大低于上几代人在同等年龄时的财富水平。根据英国财务研究所的数据，出生于 20 世纪 80 年代如今 30 多岁的成年人，平均家庭财富是 27 000 英镑，而出生于 20 世纪 70 年代的人在年龄相仿的时候，平均家庭财富几乎是他们的两倍，达到 53 000 英镑。两个年龄组间之所以会存在这样的财富差异，是因为今天的年轻人房产净财富较少，如同在 20 世纪 80 年代早期出生的人住房自有率，远远低于在第二次世界大战后出生的各代人在同等年龄时的住房自有率。

遗产继承进一步加强了上述动力因素。一项研究考察了 1984—2005 年英国财产继承的年度流量变化。卡拉金纳基发现，财产继承流量的增长（以不变价格计算，从 1984 年的 220 亿英镑增加到 2005 年的 560 亿英镑），大部分是由房价上涨驱动的（Karagiannaki，2011a）。此外，1984—1985 年，包含住房资产的财产继承占比为 58%；而在 2005—2006 年，这一比例已经上升到 65%。这一变化反映了 20 世纪后半段住房自有率的上升。

学术文献中有一种强烈的共识，即遗产继承是财富不平等的一个重要贡献因子。鉴于住房财富分配不均，以及很大比例的人口住房财富为零或负数，房产继承大大推动了财富不平等的加剧（Appleyard & Rowlingson，2010），进一步拉大了有房产者和无房产者之间的贫富差距。我们有理由预期，将来这一差距还将更加明显，这是因为，目前住房自有率最高的人群是四五十岁和 60 岁出头的人，而在 20 世纪 80 年代首次拥有住房的庞大人群年龄还相对较轻，没有把财富传承给后代，但是未来某个时候，他们会这样做的。

地区性动力因素

在这一趋势里存在着一些反馈循环，其中之一是社会经济分化日益激烈，形成区域分化，而不同区域间的房价也日益两极分化（New Economics Foundation，2014）。人们日益把位于优质街区的住房视作奢侈品，并愿意为它们支付超高价格。这些区域越来越富裕，区域内住房所有者的土地也日益升值，转而加剧了不平等。

在资本利得的吸引下，新的购房者（特别是外来投资者）进入这些区域。他们通常可以付全款并通过投机获利。根据不动产中介机构莱坊公司的估算，2012 年外来购房者共花费了 22 亿英镑购买伦敦中心区的新建住房，占交易总额的 73%（Knight Frank，2013）。

就房价收入比而言，英国南部与英国其他地区之间存在巨大差异。近年来，伦敦已被视作异类，其平均房价收入比与英国其他地区相比高出很多，在过去几年中更是屡创历史新高。这部分是国内外的投机型购房客涌入造成的（见图 6–9）。

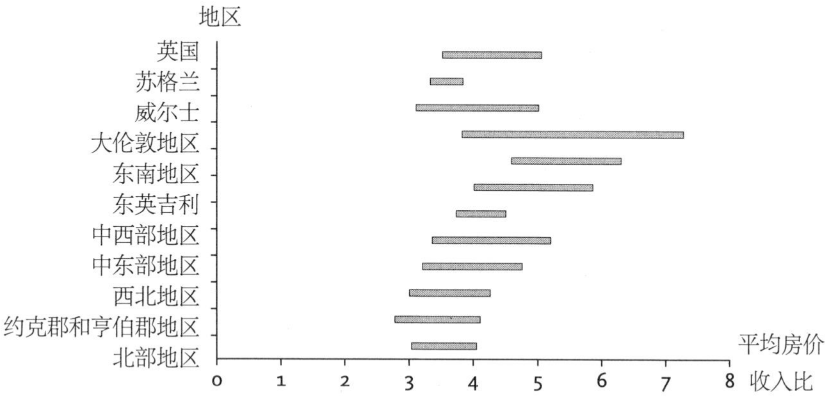

注：每个横条的左端代表 1983 年平均房价收入比，右端代表 2014 年平均房价收入比。

图 6–9　1983—2014 年英国各地区平均房价收入比变化

资料来源：哈利法克斯银行（Halifax，2015）。

杠杆作用

收入和财富不平等加剧背后的另一个重要因素是杠杆作用。杠杆是把资产当作抵押物进行借款然后再投资的过程。杠杆利用借款来购买资产，这意味着利得（或者损失）会被放大。只要来自资产或资产增值的收入高于借款成本，杠杆就可以成为信用良好的人群进一步积累财富的工具。

杠杆让拥有资产财富的人们能利用它来进一步增加财富。今天的俄罗斯寡头就是其中的极端案例。他们中的很多人在 20 世纪 90 年代还只是比较富有，但他们利用自己所拥有的财富进行抵押贷款，廉价购买自然资源，这让他们获取了大笔经济租金，由此积累了巨额财富（Turner，2015a）。杠杆拉大贫富差距的近期案例见于英国的购房出租市场。成千上万的已有房产者购买额外房产用于出租并产生租金收入。2014 年，抵押贷款总额中约 15% 被用于购房出租。

如第五章所述，杠杆作用日益显著的结果之一是，越来越大份额的经济租金以利息形式流入了金融行业。商业银行不需要持有现存资产也可以进行杠杆操作，因为它们可以通过扩大信贷（以银行存款的形式）来创造货币，而一轮又一轮的金融监管政策放宽不断增强银行通过上述过程进行货币创造的能力。这一能力在促进经济的杠杆化方面起到了关键作用。

这可能部分解释了为什么近几十年来金融行业的赢利能力能获得如此迅猛的提升。20 世纪五六十年代，金融公司所吸取的利润份额非常低，只占整体经济利润总额的 1% 左右。但是，从 20 世纪 80 年代早期至今，这一份额已有巨幅增长，金融危机后已达到 15%（Reed & Himmelweit，2012）。

为什么说不平等是重要问题

健康及社会问题

近年来，越来越多的研究试图探讨经济不平等与健康及社会问题之间的关联。威尔金森和皮凯蒂（Wilkinson & Pickett，2010）发现，在 23 个发达国家中以及美国各州之间，收入不平等与多种健康问题和社会疾病因素显著相关。[1] 他们得出的结论是，不平等及社会阶层化会导致高强度的心理社会应激和地位焦虑，进而导致抑郁、过度依赖、社会生活减少、育儿问题以及与压力相关的疾病。他们的研究显示，这些负面影响不仅作用于低收入人群，而且会波及每个人。

虽然威尔金森和皮凯蒂的经验性研究遭到了部分学者和舆论的批评（见 Snowdon，2010；Saunders，2011），但是大范围内的学术文献存在强烈共识，一致支持收入不平等与健康及社会问题之间存在相关性。研究显示，当不平等达到一个临界点后，危害尤其严重。20 世纪六七十年代和 80 年代早期，英国仍处于临界点之下，但是在 1986—1987 年间突破了临界点。自 1998—1999 年以来，英国始终处于临界点之上（Rowlingson，2011）。

用詹克斯的话说："经济不平等的社会后果有时是负面的，有时是中性的，但是据我观察，很少会是正面的。"（Jencks，2002）

需求疲软与金融不稳定

有证据显示，不平等加剧还会导致需求不足和金融不稳定问题。在不平等较为严重的社会里，更多资金流向了富人，而富人的储蓄率

1. 健康及社会问题指标包括预期寿命、婴儿死亡率、精神疾病（包括毒瘾和酒瘾）、儿童教育成绩、监禁率、肥胖、社会阶层流动、信任度、自杀、青少年生育率及儿童福祉。

更高（边际消费倾向较低）。相比而言，更少资金会流向低收入家庭，而低收入家庭往往会把大部分收入花费在必需品和基本服务上（边际消费倾向较高）。

如果不平等程度达到某个点，那么中低收入人群可能会被迫依赖信贷来维持绝对或相对的消费。一旦这种不可持续的信贷增长发展成为维持需求不可或缺的动力，就会对金融稳定带来风险。资产市场的信贷创造不断增加，本身就可能驱动财富不平等。考虑到许多发达经济体中热门区位的土地供给数量是固定的，如果信贷创造拉高了房产价格，那么财富不平等状况就会尤其严重。

上述情况带来的结果就是大幅提高了拥有小笔初始财富的人群的财富收入比，同时增加没有初始财富人群的负债收入比（Stiglitz，2015a；Turner，2015a）。发达经济体中普遍存在的不平等加剧和工资中位数停滞不前现象，也许是抵押贷款和消费信贷增长的重要需求侧原因，因为家庭要努力维持消费水平，就需要增加抵押贷款和消费信贷。相反，家庭负债占 GDP 的比率上升，可能会抑制消费需求，并导致企业借款进行资本投资的需求减少（Kumhof et al.，2015；Perugini et al.，2015；Stockhammer，2004）。

经验性研究发现，上述现象是引起大萧条和 2008 年金融危机的关键作用因素（Kumhof et al.，2015）。1920—1929 年，高收入家庭的收入份额大幅增长，同时中低收入家庭的负债额大幅上升。1934—1948 年在任的美联储主席马里纳·埃克尔斯（Marriner Eccles）曾做过如下描述：

> 1929—1930 年，一个巨大的吸气泵把越来越大份额的新生财富吸纳入少数人的囊中，这些财富成为他们的资本积累。但是，少数人的积累夺走了大众消费者的购买力，进而夺走了他们对产品的

有效需求。但只有当有效需求存在时，资本积累才会被再投资到新工厂中去。结果就像扑克牌游戏一样，筹码越来越集中，拥有筹码的人越来越少，其他玩家需要借筹码才能继续参与游戏，当他们的信用耗尽时，游戏也就结束了。

正如第五章所讨论的那样，在2008年金融危机发生前的数年里也曾出现过类似现象。但是，解决消费资金来源的途径往往是进行抵押贷款融资，使消费免受日益上涨的住房和土地价格影响。在一段时期内，这一举措使得负债貌似还在可负担范围。资产增值抵押贷款和再贷款让家庭通过增加举债来维持消费支出，从而成功地掩盖了收入中位数的停滞不前。美国（Grydaki & Bezemer，2013）和英国（Engelen et al.，2011；Turner，2015a）都出现了这种现象。

本章小结

在本章中，我们揭示了在英国和其他发达经济体中，土地和房产价格怎样加剧了财富、收入以及生活水平的不平等。在许多发达经济体中，贫富之间的关键界线已经不再是收入，而是是否拥有房产。房产让现存财富价值快速增长，并通过杠杆作用让所有者获得额外购买力，这加剧了地区和代际间的财富不平等。

在资本主义体制中，已经拥有房产的人更容易获得信贷，而且大多数新生贷款的发放是以不动产而不是生产活动作为抵押。在这样的体制下，上述不平等状况在未来几十年里很可能会愈演愈烈。这样的体制不仅非常不公平，在经济上也非常低效，并且具有金融脆弱性。土地财富日益集中于比例渐小的人口手中，他们吸走了经济体中的购买力和需求。与此同时那些边际消费倾向最高的群体却发现自己需要借越来越多的债务以维持消费。如果没有了上述需求（指大众消费对产品的有效需求)，企业将缩减生产投资，银行则进一步缩减生产性贷款业务，并把其利润或贷款再循环到需求更旺盛的消费贷款或抵押贷款中去。在过去的几十年中，发达经济体持续笼罩在“长期经济停滞”和“生产力之谜”的阴霾中，上述动态因素也许可以解释这两大难题存在的主要原因。在下一章，也就是最后一章中，我们将会提出一些解决方案，它们也许有助于逆转土地对现代经济体的破坏作用。

第七章

让土地回归经济学和经济政策

土地垄断的确不是唯一一种现存的垄断形式，但它显然是到目前为止最强大的一种——它是永久性垄断，是所有其他垄断形式之母。

——温斯顿·丘吉尔（Churchill，1909b）

引　言

本书论述的前提是，现代经济体面临的许多关键挑战，都与我们对土地的理解和利用方式有关——在此我们将土地定义为区位空间。在前面各章中，我们试图揭示为什么经济理论和公共政策未能恰当地处理土地相关问题，以及这种失当导致了怎样的后果。我们发现后果包括住房负担能力危机、不断增加的家庭债务、金融的不稳定性以及日益加剧的不平等。在最后这一章中，我们将会总结上述挑战并提出一些可供选择的政策建议，这些建议都认可土地在我们的经济中发挥着重要作用。

土地所存在的问题之一是它变成法律认可的个人私有财产后所包含的内在矛盾。一方面，通过为所有者提供人身安全和经济安全（包括作为抵押物来利用信贷），地产让所有者获得了自主权，从而驱动了经济增长。但是另一方面，土地私有权自然会把其他人排除在外，既是绝对物理意义上的排他，也是绝对经济意义上的排他。私有权让土地所有者能够获取经济租金，从而垄断集体发展的收益。因此可以说，土地所有权既是“自由”，也是“盗窃”。经济理论以及遵循这一经济理论的干预政策，由于未能认识到土地的特性，特别是土地的自然稀缺性，因此忽略了这一矛盾。

土地的第二大重要问题是，它可以同时有多种用途，但是其经济功能不一定是互补的。通过本书，我们已向读者展示了土地的作用如何随着现代经济的发展而变化。土地的首要经济功能在不断演化：产业革命发生后，土地从生产食物的场所变成了资本主义工业生产的场所；到了20世纪，土地又成了几乎人人都有权购买的消费品，即建设家庭住宅的场所并日益成为投机型投资的对象。在所有上述时期里，土地同时还作为财富、权力和地位的源泉发挥作用，因此控制土地及那些管理土地所有、土地转让和土地利用的法律，始终都是政治斗争的焦点。

自土地成为个人私有财产以来，作为获得贷款及创造信贷和财富的抵押资产，土地就始终与金融的演化密切捆绑在一起。以土地为抵押就可能获得信贷，享受天降“资本”利得。在过去几十年里，土地作为这种金融资产的功能日益增强。在有些地区，土地的金融资产功能已经超越了它作为居住或生产场所的功能。土地既可以作为消费品（比如住房），也可以作为金融资产，而这两者之间存在矛盾。由于这一矛盾的存在，如果任何一个经济理论把个人和企业的土地相关决策标准简单地解释为效用最大化，那么这个理论就很难让土地这个因素恰如其分地融入其中。

今天，摆在经济学家和政策制定者面前最重要的挑战，也许是如何打破金融系统、土地价格和整体经济之间的正反馈循环。土地与信贷间的周期（通常所说的“金融周期”）对经济可持续性和金融稳定性造成了风险。此外，近几十年来，普通的经济不平等正在加剧，自有房产者和只能租房居住者这两大群体间的贫富差异继续拉大。有证据显示，持续上涨的地价是这一现象的最主要推动因素。

如今，在英国、美国和许多其他发达经济体中，经济增长——消费和投资——貌似越来越依赖地价款，而地价在很大程度上体现为房价。20 世纪 90 年代早期到 21 世纪最初 10 年的中期，经济呈现出低消费价格膨胀和稳定增长并行的特点，被称为“大缓和时期”。回过头来看，也许需要把这一时期更名为“资产价格大膨胀时期”。这一时期的消费增长，得益于资产增值抵押贷款的支撑。银行业极力扩展土地相关信贷，驱动了住房和土地价格的飞涨，从而使得资产增值抵押贷款成为可能。上述现象帮助掩盖了投资、生产力和工资增长的萎缩，然而这些现象无法持久，家庭负债收入比不可能永无止境地向上攀升。

在大多数西方民主体制中，大多数人都拥有房产，这一事实让监管机构和政治家更加难以捅破土地与信贷的泡沫。大比例的账面财富集中于普通家庭住宅这种资产中，而不是更加标准的金融资产里——这一事实及其带来的心理暗示，让解决这些经济失衡问题变得更加艰难。虽然政治上难以做出改变，但是这种“住房资本主义”模式在经济上是不可持续的。应对金融危机的政策举措可能没有让房产泡沫完全破裂，但是由于私人部门高负债抑制了消费的增长，如今很多西方国家正面临着类似日本“失去的十年”的困境。在这种机制下，即使可以通过永久性低利率防止经济崩溃，“长期经济停滞”（Summers，2015）继续存在的可能性依旧非常大。

总之，导致上述最终结果的是以下各项因素，尤其是在英国等盎格鲁–撒克逊经济体中。

- 可交易的私有房地产这一概念的出现，以及开始于 15 世纪、把此前的公共土地变为私有财产的圈地运动（第二章）。
- 土地和经济租金在经济理论中的边缘化。原因包括两个：一是随着 20 世纪初新古典经济学的兴起，经济学家试图构建决定着各个生产要素间收入分配的一般科学原则；二是土地从农业转向工业生产和服务业，在生产过程中的作用逐渐模糊（第三章）。

- 部分由于经济理论上的转变，政府越来越偏向于取消土地税和房产税，转而更多地针对收入和支出流征税。在欧洲社会民主模式中，这种税收机制被广泛采用（第三章和第四章）。
- “住房资本主义”模式的出现。20 世纪晚期出现的这一模式让更多人获得了抵押信贷和住房所有权。与此同时，政府减少了社会性住房供应，改为向个人提供补贴，帮助个人支付市场租金或购房费用。此外，在政治上，私人住房所有权的优先级别高于其他保有权形式（第四章和第五章）。
- 金融监管的进一步放宽和金融创新使得银行倾向于以地产为抵押发放房贷，而不是投资于生产活动（第五章）。
- 结果是，住房市场和更宽泛的土地经济如今已成为经济不平等的主要驱动因素（第六章）。

那么，我们该如何应对这些挑战呢？我们希望前面的论述已经足以说服读者，那种试图通过以自由市场为导向的方式来解决土地问题的想法是行不通的。作为私人财产的土地根本离不开它赖以存在的法律框架。关于土地问题，任何以政府干预最小化为前提的分析都不可能成功，因为地产市场永远不可能是完全自由的。复杂的驱动因素、时滞性和信息不对称等房产市场的内在特征表明土地所有权或地价不可能像新古典经济学理论想象的那样能够自我纠正并由此实现均衡状态。这一观点已得到了历史的支持，那是持续繁荣和萧条的历史，是金融周期循环的历史（Anderson，2009；Borio，2014；Kindleberger & Aliber，2005）。

出于同样的原因，我们不认为土地问题可以通过自发性的“大爆炸”解决。政府能够使用的大多数政策杠杆都有很长的时滞性，会彼此影响，并且会以不可预期的方式与它们试图影响的房产市场发生交互作用，同时存在目标方向不同的几项政策措施是常见现象。比如，英国政府在巨大的可负担性压力下，采取了增加住房自有率的举措，但同时又在寻求保护现有住房所有者的资产财富，可正是现有住房所有者的资产财富造成了亟待解决的可负担性压力（Lloyd，2009）。

因此，我们在本章提出的建议不是要形成一套全面、完整的政策解决方案——每个建议都非常复杂，足以独立成书，而是要确定出在当前境况下哪些领域最值得进一步探讨。还需要注意的一点是，以下的许多建议都曾在不同的时间点以某种形式被实验过，它们当时可能成功了，也可能没成功，但那是在不同的境况下，在不同的地方。如果它们当初没有成功，这不意味着它们就应该被无视。同样地，即使它们当初成功了，那么这也不意味着它们可以被拿来解决所有土地问题。考虑到每个地块在时间和空间上都是独一无二的，对照试验难以进行。土地作为私有财产的概念经过几百年的时间才扎下根基，对土地经济的新型干预措施可能也需要很长时间和很大力度才能取得实际进展。封建农奴制曾取得过重大成功，而且持续历史非常之久，但是现在不会有什么人主张重新实行农奴制吧？

历史表明，多种所有权模式可以同时并存，而且也应该同时并存。同样地，决策者可以（也应该）同时通过多种方式来尝试解决土地和经济租金问题。如果土地经济运行方式正在引发经济和社会问题，那么政策制定者应该问的是：目前哪种应对措施没有得到充分的关注？政府干预应该朝哪个方向倾斜？

所有制

土地公有制

简而言之，土地公有制能够把土地从市场中永久地抽离出来，并在此过程中将经济租金社会化。1900 年，工党的创立宣言包含了土地国有化，背后的原因就在于此。正如第二章所讨论的那样，土地公有制现在其实非常普遍且形式多样：从市政公园和公路，到社会性住房和文化遗产建筑都是土地公有制形式。以永久性公有制形式持有土地，能够保证特定区域合乎社会需求的上述土地用途得到保护。如果让市场力量做主，社会性需求就得让步，这些土地会被投入到更加有利可图的用途中去。

在新加坡，约 90% 的土地归国家所有。在私人部门开发的土地中，很多也是开发商从政府手中长期租赁的，并没有购买所有权，租约一到期土地就要归还给政府。新加坡的土地交易和开发涉及四个重要的政府机构：新加坡土地管理局（Singapore Land Authority）、负责工业地产开发的裕廊集团（JTC Corporation）[1]、建屋发展局（Housing and Development Board）以及新加坡市区重建局（Urban Redevelopment Authority）。这些机构相互合作，相互协调，共同优化着新加坡的土地资源，以促进经济和社会发展。具体地说，它们协调各种土地用途并负责出租工作，包括住房、商业、零售业、工业、教育及其他用途（Kaganova，2012）。这一体制为新加坡政府提供了大笔公共财政收入来源，仅 2012 年一年，政府通过土地出让获得的财政收入折算总值就高达 91 亿英镑（Purves，2015）。

作为一种选择，土地公有并由政府负责出租，也可以用于获取利润，基本就像商业土地所有者那样，然后再让土地产生的利润服务于其他公共利益。当公共实体愿意且有能力购买足够的土地用于建设全新社区时，这种方式的运行最为顺畅，在如此大的规模下，公共机构可以轻松获取新城开发所创造的全部土地价值。英国新城开发公司这样运作过，并取得了极大成功（DCLG，2006）。

1. 曾经被称为裕廊镇管理局（Jurong Town Corporation）。

类似方式可以用来获取由基础设施建设所创造的土地增值。正如第三章讨论的那样，此类基础设施投资往往会让周边土地大幅增值。比如，1999 年伦敦地铁银禧线延长线的开通，让每个地铁站方圆 1 000 码（合 914.4 米）内的住宅用地价格上涨，增值总额高达 130 亿英镑（Riley，2001）。结果是，类似的公共基础设施项目几乎总是会让大量纳税人的财富转移到少数土地所有者手中，这是经济租金的经典案例。

这一问题的解决方案是，公共实体可以以开发前价格购买土地，在新建基础设施到位后，按开发后价格出售或出租这块土地，从而由政府来获取经济租金。利用这一方式来获取土地的增值，最成功的案例也许要数香港的港铁公司（Hong Kong's Mass Transit Corporation，简称 MTRC）了（见框 7–1）。

框 7–1 港铁公司

港铁公司被公认为世界领先的地铁运营商之一。香港第一条地铁线路开通于 1979 年，由当时的港铁公司运营。这是一家归政府所有的法定公司，其创新型筹资模式十分有效，在世界范围内广受赞誉。

最初，香港政府为港铁公司提供了 8 亿港元贷款，并把地铁站的地皮开发权交给了港铁公司。港铁公司以开发前价格从政府手中购买了未开发的土地，然后寻求商业合作来开发其上的地铁站、办公楼、公寓或商店。地铁建成后，港铁公司把土地出租给商店、银行和餐馆以收取租金。因为现在已经有了地铁和周边开发，所以其价格已经提高了很多。这种模式被称作“地铁 + 物业”模式（R+D 模式），在其后的全部香港轨道线路建设中，港铁公司始终沿用着这一模式（Purves，2015）。

> 今天，香港地铁是世界上盈利状况最好的轨道系统，而且按照世界标准来衡量，票价非常低廉。香港地铁没有像许多轨道系统的惯常做法那样，要求政府补助，反而为特区政府的财政收入做出了重大贡献。2015年，港铁公司公布的利润是131.38亿港元，其中28.91亿港元源自房地产开发，36.68亿港元源自物业出租收入。作为掌握了多数股权的大股东，香港特区政府收回了其中的大部分利润。

在韩国，近半数住宅用地开发以及几乎全部工业用地开发，都由韩国土地公司（Korean Land Corporation，简称KLC）[1]来运营。自1975年成立以来，韩国土地公司有效地管理了土地，促进了经济的发展，在韩国经济转型过程中发挥了关键作用。韩国土地公司的职能包括开发和出售住宅用地，获取闲置土地以进行再销售，以及开发新城（Kaganova，2011）。这种模式有助于确保把韩国土地和住房价格控制在可负担范围之内。受此影响，韩国的房价收入比从1995年的基准率100下降到了2013年的62.3，作为对比，在同一时期内英国的房价收入比则从基准率100激增到了167.7（Muellbauer，2014b）。

英国则通过设立国家土地储备银行来取得类似成效。国家土地储备银行负责购买、开发和销售住宅及商业用地，获得闲置土地以进行再销售，并负责开发新城。英国国家土地储备银行可以利用公共资金来购买土地，这时无须申请建筑规划许可，然后再以开发后价格把土地出售或出租给私营开发商，但是这时开发商需要取得建筑规划许可。一方面，它可以作为住房和其他开发建设项目的土地释放来源；另一

1. 2009年，韩国土地公司与韩国国家住房公司合并成为韩国土地和住房公司。

方面，上涨的地价还能成为政府收入的重要来源，就像韩国和新加坡一样。

强制征购土地

许多公有模式依赖于政府能够以足够低的价格购买土地以供开发使用，从而实现土地大幅增值（Woetzel et al.，2014）。虽然政府可以而且也确实会在公开市场上购买土地，但是它们往往并不愿意那么做，其中既有政治原因，也有经济原因。一旦政府宣布自己是潜在买家，卖家就会期待有大笔基础建设投资涌入，这会让卖家继续持有土地，等待售价飞涨，以便能够获取经济租金。鉴于这些原因，要在多种保有形式混合的土地上提供基础设施，强制征购土地是关键手段。

正如英国新市镇计划的案例（见框 4–2）显示的那样，强制征地还能让政府获取土地增值，将其再投资到基础设施和配套服务中去。其实，即使不动用这个手段，只要政府握有过硬的强制征地权力，也有助于鼓励土地所有者转向更加有利于公共利益的长期投资模式。跟核威慑一样，过硬的强制征地权力的存在应该意味着极少有需要动用这一权力的时刻。因此，增强政府以接近当前价格购买土地的能力，以便获取更多土地增值，是削弱土地所有者获取经济租金能力的强有力工具。政府实际上不会动用它的这一权力去直接获取全部经济租金。

私人土地投资和土地合营

直接公开买地可能会非常昂贵，而且在政治上往往存在争议。要实现同样的目标，即把经济租金从私人利润转为公共利益，政府也可以采取其他途径。如果土地所有者肯把他们的土地用于长期投资，而不是在开发过程的第一个环节就寻求售价最大化（第四章），上述目标也能实现。

土地所有者往往没有什么选择：如果不把他们的土地卖给有筹资能力并且能让项目通过规划许可的开发商，那么它们就永远都不会得到开发，他们也无从获利。有选择权的土地所有者，是那些具备足够融资能力且可以自己主导开发的土地所有者，或者是那些更关心建设高质量建筑，而不是短期资产价格最大化的土地所有者。所谓的"传承土地所有者"（legacy landowner）包括慈善机构、公共机构、住房互助会、大学、教堂以及一些富有家庭（特别是与某些特殊地点有强烈关联的家庭）。它们的共同点是关注新开发项目的长期品质，或者是出于社会责任和公民自豪感，或者仅仅是为了最大化其投资的长期收入。

但是，在大多数大规模开发项目中，多个土地所有者会相互竞争，试图确保项目中利润更高的那部分（通常是住宅）坐落在自己的地块上，而让配套设施建设到竞争对手的地块上去。土地合营机制可以跨越这些壁垒，但是这要求审慎的协调工作，而且，如果其中一个土地所有者拒绝参与，合作就很容易告吹。

这种把各自的土地资产集中起来合伙经营的模式在荷兰很常见。鼓励土地所有者合营可以有效地统一他们的利益，让多个地块的总价值达到最大化（Needham，2014）。这会降低碰巧处于优势区位的单块土地所能获取的经济租金。而且，通过让土地所有者明白，将其资产进行长期投资的长远收益比卖给投机型开发商所获得的收益更大，鼓励土地所有者开展合营，还可以降低土地的预付成本。

社区共有及其他非市场模式

在许多发达民主体制里，土地公有制或政府强制征地的主张可能并不具有吸引力，甚至在政治上是不可行的。然而，实践已经证明，政府完全有能力以市场价格全价出售土地和房产，以追逐短期金融利益或政治利益。但是，土地租金可以由市政府、信托机构和其他非市场或非营利组织来获取。

社区土地信托（CLT）是以社区为基础的非营利组织，以实现社区长远利益为目标，它会以一个可永久负担的价格进行住房或其他资产开发。为达成此目的，社区土地信托的典型做法是把建筑物价值与其下的土地价值剥离开来，土地归社区土地信托所有，然后将其租赁给购买这块土地上的住房的家庭。由于家庭只需要购买建筑物，不需要买土地，社区土地信托住房的可负担性比传统住房的可负担性更高（Conaty & Large，2013）。

一般来说，社区土地信托实行民主管理，即由其成员通过民主程序实施控制，其资产的出售或开发一定要符合当地社区的利益。如果社区土地信托决定出售一套住房，那么由此取得的资金受“资产锁定”机制保护，会被再投资到信托成员认为有利于当地社区发展的其他项目中去，而不向成员支付红利。这可以确保经济租金被投回社区，因为是社区帮助创造了这些经济租金。

社区土地信托规模不一，城乡都有，提供多种形式的住房保有物以及其他社区公共设施，包括发电、社区食物与农业。实践证明，它们在以下方面都颇有成效：帮助满足当地住房需求，成功获得通过其他方式无法获得的土地，以及为相关社区提供整体社会效益和经济收益。社区土地信托面临的一个挑战是，难以在城市化水平较高的高地价区位找到合适的土地并把土地买下来。在英国这种情况普遍存在。社区机构一般缺少买地的资金或依赖于土地赠予，因此要扩大社区土地信托的影响范围，让它在解决本书描述的部分整体宏观经济问题上发挥一定的作用，还需要政府支持。相关支持包括赋予社区更大的购地法定权力（如同在苏格兰土地改革中率先试验的那样）（Bryden & Geisler，2007），以及为社区提供担保，让贷款资金流转起来（Community Land Trust Network，2015）。

税务改革

在第三章中，我们讲到地价税是经济租金问题的解决办法之一，受到许多古典自由主义政治经济学家（比如李嘉图、亚当·斯密、穆勒以及后来的亨利·乔治）的推崇。这些思想家热衷于维护财产私有制，他们把私有制视作促进经济发展的重要因素。以改良前土地的市场价格为基准征收纯地价税，看起来是经济上最有效的征税方式。这不仅不会扭曲投资和生产活动，相反会起到支持作用。征收地价税还有坚实的道德基础：获得由集体开发创造的天降暴利，并将其用到国家机构和广泛的社会之中。在英国，《莫里斯审查报告》（Mirrlees Review）是史上对英国税务系统最全面的审查，该报告认为：

> 征收土地税的经济根据十分充足，长久以来都有论据支持土地税。土地的供给量具有固定性，不会因为开始征收土地税而受到影响。同时，由于可得土地的数量不可能有变化，人们不会愿意支付比从前更高的地价，因此地价税将会真实有效地反映在地价下降上，这是税费资本化的经典案例。在宣布征收土地税的那一天，土地所有者的资产价值就会缩水，他们会遭遇天降的损失。但是这是地价税的唯一影响，购买、开发或使用土地的动机不会改变，此前有价值的经济活动如今仍然是有价值的（Mirrlees & Adam，2011，p.371）。

地价税让土地持有者增加了成本，会抑制投机型购地行为。投机型购地的目的是实现资本利得，而不是进行生产。由于地价税给土地强加了持有成本，地价一旦上涨，就会有一大部分增值进入国库。针对土地征税能够促进土地的有效利用，减少开发商囤地而不及时开发的动机；而针对房产征税包含了地上建筑物的价值，有效性相对较低，因为房产税实际上是对那笔房产中的投资征税。即便如此，房产税影响人们行为的可能性，还是比所得税和就业税要小。

此外，考虑到土地无法被隐藏起来或转移到避税天堂去，土地所有者很难逃避地价税。在一个全球化世界里，这跟许多其他税种形成鲜明对比，特别是公司税，经验性研究也支持这一理论。研究发现，不动产税种对经济增长的破坏性最小，而所得税和公司税对经济增长的破坏性最大（Arnold，2008；Arnold et al.，2011）。也有证据显示，土地税能降低房价的波动性（Blöchliger，2015，pp.15 ～ 16；Muellbauer，2005；Oxley & Haffner，2010，pp.15 ～ 16）。

然而，即使征收地价税的经济依据和伦理依据都十分令人信服，在英国以及大多数其他发达经济体中，地价税也很难获得广泛的政治支持。事实上，在发达经济体中，总的来说，针对房产的税种在税收总额中所占的份额呈下滑趋势。今天，在所有经合组织成员国中，针对不动产的税额占 GDP 的比例平均约为 1%，占总税额的比例约为 2.5%，且其份额仍在不断减少（Blöchliger，2015，p.6）。在经合组织成员国中，仅有 3 个国家征收纯土地税，分别是澳大利亚、丹麦和爱沙尼亚。在发达经济体中，英国的房产税水平其实是最高的，为 3.4%。但是，正如第四章所讨论的那样，住宅房产税主要是以市政税的形式征收的，具有很强的递减性，即对富人的影响比对穷人的影响小，而且获取经济租金的能力不足。

如第三章所述，拒绝征收土地税的历史原因多种多样，和许多因素有关，包括经济理论不重视土地的作用，从农业生产向工业生产的转型，社会主义者与单一税制进步运动未能就此问题团结一致，以及拥有土地的利益集团掌握了强大的政治权力。一般来说，房产税在政治上往往不受欢迎，因为这些税种十分引人注目或者说具有突显性。

房产税通常由当地政府或地区政府按年或按月征收。作为对比，消费税、所得税或国民保险税相对就没那么引人注目（Cabral & Hoxby，2012）。[1]因此，虽然征收地价税的经济依据基本上是无可争议的，但是在实际操作中以及政治上的挑战仍然存在。

围绕征收地价税的实际操作挑战和政治挑战

实际操作中的挑战之一，与地价税相关的认知挑战有关。征收地价税要求定期公平、精确地评估土地价值。关于地价，英国目前没有可靠的已发表数据，自 1991 年 4 月征收市政税以来，英国就没有再对住宅房产进行重新估价。[2]但是，这并不意味着建立这样一个体系是不可能的。类似的体系（为征收营业税而记录非住宅用地和非住宅房产价值的系统）已经存在。每个当地主管机构都有一个评估列表，将其作为评估标准来识别出该地区的每套非住宅房产，并根据其区位、硬件状况以及其他相关经济条件来评估它的年度出租价值。评估办公室机构雇用了 4 000 余名全职员工负责编纂并维护这些评估列表。评估列表持续更新，以反映相关房产的变化，并且每五年重新编纂新的列表（Mirrlees & Adam，2011）。把这一做法扩展开来，以覆盖英国所有土地并不困难，也不是异想天开。

要征收地价税，另一个认知上的挑战是确定地块价值，即剔除了所有改良价值后的土地原价。由于缺少改良前价值（除去建筑物部分）

1. 有证据显示，突显性是房产税不受欢迎的原因之一。跟大多数发达经济体相比，美国的房产税税率相对较高，其突显性也是美国人厌恶房产税的原因之一（Carbral & Hoxby, 2012）。
2. 这里只包括英格兰和苏格兰。在威尔士，2005 年 4 月 1 日，当地议会以 2003 年评估为基础，重新设定了市政税的税段。北爱尔兰与英国其他地区不同，不征收市政税，而是征收家庭财产税，但是设置了上限。房产价值超过一定限制后，边际税率为零。

的竞争性市场，确定土地的市场价格是很困难的。在像英国这样的地方，征收房产税（包括土地和建筑物）比征收地价税更加简单明了，便于操作，而且也能收获同样多的益处。不管怎样，至少重新评估市政税（Muellbauer，2015）及逐渐取消主要住所的资本利得税减免和可转让的主要住所遗产税减免，是大势所趋。

虽然存在上述困难，但是在市场规模较小的地区确定土地价格存在国际认可的评估方法。实行地价税的丹麦、爱沙尼亚、巴巴多斯和澳大利亚等国家，已经在使用此类系统（见框 7–2）。

框 7–2　地价税和房地产税示例

许多国家或市政府已经引入了地价税或地价税的变种，其中最著名的例子是丹麦。丹麦基于土地价格征收市政税，同时对于价值在 34 万英镑以下的房产征收 1% 的国税，高于这个价值的按 3% 征收。

澳大利亚早在 1901 年创建独立国家前，就已经在实行地价税了。税款由州政府征收。今天，澳大利亚有两个州实行统一的地价税，分别是昆士兰州和新南威尔士州。不管一块土地是否产生收入，政府都要征税，但是主要住所通常是免税的，这项免税政策把占地价总值约 60% 的土地都排除在税基之外（Henry et al., 2009）。即便如此，仅 2015 年一年，澳大利亚全国范围内征收的地价税总额仍然高达 76 亿澳元（Australian Bureau of Statistics, 2015）。

一项研究调查了地价税对墨尔本的影响，结果发现有证据显示，地价税与土地开发密度两者之间存在关联，征税能刺激出更快的开发速度（Lusht，1992）。

2008年，时任澳大利亚总理陆克文委托有关机构进行了澳大利亚未来税务制度审查，其审查成果被称为《亨利税制报告》（Henry Tax Review），目的是引导未来10～20年的税务制度改革。报告的结论是："如果政府增加来自土地的税收，减少来自其他税基的税收，那么经济增长速度会更快。"但同时报告也警告说："如果存在大幅土地税减免，鼓励人们改变土地利用方式，这一政策的有效性就会大打折扣。"（Henry et al.，2009）

地价税的一个变种是分别计税制，即对土地价值和实体房产价值分开征税，并且税率通常是不同的。分别计税制的原理是，这可以让土地税高于建筑物税，从而鼓励新的开发，抑制投机和囤积土地。我们可以把分别计税制看作纯地价税和普通房产税之间的折中，以针对土地价格征税为主，以针对建筑物征税为辅。这一方式使得从传统上仅针对不动产的房产税循序渐进地转型为纯地价税成为可能。

在美国宾夕法尼亚州，分别计税的征税制度已经运行了100多年。这一征税制度于1913年开始实施于匹兹堡和斯克兰顿市。到了2013年，宾夕法尼亚州已有18个城市和学区实行分别计税制。2011年，阿尔图纳市率先把房产税负担完全转移到土地上来，实际上已经让该市成为纯地价税地区。有证据显示，宾夕法尼亚州的分别计税制已经积极促进了住宅建筑和商业建筑的建设与翻新，结果是提高了土地利用的效率（Cohen & Coughlin，2005），并为抑制城市的无限制扩张做出了贡献（Banzhaf & Lavery，2010）。

最后一个障碍是，突然强制实行高额地价税可能会对家庭财富和金融稳定性产生负面连带影响。正如前面各章所讨论的那样，住房是一个重要的家庭总财富组成部分，也支撑着银行资产负债表的很大一部分。在银行资产负债表上，住房的表现形式是以房地产为抵押的贷款。房价的大幅下跌势必会导致有些家庭出现负资产，让有些银行面临破产风险，为信贷创造和金融稳定性带来风险。与此同时，土地价值的分配不大可能刚好与人们的收入和净财富分配相一致。每个政治家都担心的情况是，领取养老金的低收入者住进了高价值的房产里，他们无力支付定期重复的税款。

要避免出现这样的结果，有几个备选方案。引入地价税时可以将其作为其他税种的替代，比如用它来替代市政税，以此来减轻家庭负担。与此同时，循序渐进，逐步引入地价税，这样可以尽量避免出现一夜暴富和一夜赤贫的情况，同时也能给银行足够的时间来调整其资产组合，以适应不动产价格的下跌，从而降低风险。让重大税务变化逐渐落地，慢慢地被纳税人接受，不乏成功的先例，比如取消住房贷款贴息制度。拥有高价值土地的低收入人群可以推迟缴税，比如在所有者过世或房产出售时再缴税。或者，他们可以每年把一定百分比的住房权益转给国家或地方政府，转让价值相当于未付税款额度。如果资本增值了，那么整体人群都会从中获益（Mayhew & Smith，2016）。另一个备选方案是把通过大规模征收土地税所获得的税款返还给人们，作为人们的一种基本收入，就像亨利·乔治设想的那样［George，（1879）1979］，或者将它用来支持国民医疗服务体系之类的公共服务事业。

突显性问题，即由于房产税的透明度比较强而不受欢迎的问题，是个棘手的挑战。从决策者角度看，透明度明显是好事，因为这让纳税人认识到了当地公共服务的成本，从而提高纳税人的责任感。但是，透明度也让房产税在政治上很难推销出去，且比其他税种更难以提高税率或进行改革。明显可取的办法是，允许家庭以月付的形式分期支付税款（现在英国的市政税多采用此法）；或者像爱尔兰那样，允许纳税人选择从工资或养老金收入中扣除这项税款以降低房产税的突显性（Slack & Bird，2014，p.8）。

最后，对土地和房产征税面临的最大挑战可能在于，因引入这个税种而损失最大的人群恰恰是一些在社会中最有权势的人。尽管如此，但是工资停滞不前与人口结构老龄化并行已经成了近几十年来发达经济体的一大特征。这表明这一税务政策在政治上的吸引力可能比从前大了。近年来，包括经合组织（Blöchliger，2015）和国际货币基金组织（Norregaard，2013）在内的主要国际机构已经发出倡议，它们呼吁增加房产税，认为这是后危机时代最能促进经济增长的税务政策。随着收入减少，财富增加，金融财富越来越难以定位和征税，政治家们可能会发现，要维持税基，转而针对土地和房产征税可能会更有吸引力。

金融改革

我们在第五章中阐释了金融系统的核心作用，以及金融与土地之间的顺周期交互作用，这是现代经济体当前面临的主要挑战。在现代经济体中，特别是在英国，以房产为抵押的新生贷款已经成为货币创造的主要来源。与此同时，房价经由抵押通道与消费需求和经济增长紧密地联系在一起。把土地价格与住房价格剥离开来或征收纯地价税，会导致土地和房产价格下跌，而地价和房价下跌会导致金融不稳定和经济增速放缓。因此，要保证此类改革措施的成效，有必要先改革银行业乃至整个金融系统，让土地不再作为去风险化借贷的主要途径。

实现这个目标的途径有很多：改变金融监管政策，以鼓励银行发放非房产相关借贷；对银行业的所有权和行业功能做出结构性改变，以支持企业贷款，而不是以房产贷款优先；或者通过主权货币改革直接阻止商业银行从事信贷创造活动，同时鼓励以住房权益为抵押物的购房贷款。

金融监管和信贷指导

正如第五章讨论过的那样，在过去30年里，资本主义经济体的一个重要发展是银行系统转向了以现有房产资产为抵押的贷款，而不再优先选择作为传统业务的企业贷款。自1986年以来，英国本国银行用于支持生产投资的贷款占全部贷款总额的比例已经从约35%降到了不到10%，而房产贷款却获得了同样幅度的增长，从25%上升到近50%。贷款的爆炸式增长推动了房价上涨，而房价上涨反过来又鼓励了更多的住房贷款。

直到金融危机发生，中央银行几乎把全部注意力都集中到了消费价格指数上涨，忽视了住房和土地价格的大幅上涨，而住房和土地价格的上涨部分是银行信贷创造增长的结果。危机过后，虽然中央银行仍然把消费价格指数上涨作为首要目标，但同时也开始更加密切地监控资产价格，并实施了旨在在整个国民经济范围内限制某些信贷形式的政策，即所谓的“宏观审慎政策”(Galati & Moessner，2013)。[1]例如，2014年6月，英格兰银行赋予新成立的金融政策委员会新的权力以限制住房所有者获得相对于其收入的贷款额（Bank of England，2014）。新西兰和中国香港也实行了类似政策。

这些政策非常好，但是潜在力度不够大，因为银行有强烈动机发放土地抵押贷款。政策制定者能采取的更极端措施，是监管信贷创造总量及其利用质量（信贷在不同用途间的配置）。几乎所有中央银行在其历史上都曾动用过不同形式的直接信贷监管，比如英格兰银行

1. 此前的监管只是集中于金融机构的个体稳定性，即所谓的“微观审慎”政策。

在20世纪六七十年代实施的政策。这些政策叫法不一，包括信贷控制、信贷投向管理、信贷指导、信贷构建管理、窗口指导或道义劝告（Goodhart，1989，pp.156～158）。

1912年，德国国家银行首次实行信贷控制，然后美联储于20世纪20年代引入了这一政策。但是，信贷控制影响最大的案例，见于20世纪40年代早期第二次世界大战期间及之后几十年里日本和韩国中央银行实行的政策（World Bank，1993）。这些国家把这一政策称为"窗口指导"，即由央行制定名义GDP增长目标，计算出达到此目标需要创造的货币量，然后把这一货币创造任务配置到各类银行及工业部门中去。

在上述体制下，用于购买土地和房产的信贷创造受到了抑制，因为政策制定者认为这会产生过度的资产价格膨胀，从而引起银行危机。大多数银行信贷被配置给了生产用途，这意味着大量资金被投资于工厂和设备以生产更多商品，意味着它们被投资于服务业，也意味着更多的钱被投资于能够提高生产力的其他方面（比如采用新技术、新工艺和新技能）。实际上往往是所有这些投资的组合。[1]

经济发展史的证据表明，有些交易不能为GDP做贡献，限制用于这类交易的银行信贷，可以避免未来出现资产泡沫和银行危机。没错，这样的举措虽然不能阻止土地和房产投机行为，但是可以让投机者无法利用货币创造这一公共权利来进行他们的投机交易，这也许有助于避免房产市场出现暴涨暴跌的情况。

一般来讲，发达经济体的国内监管部门和国际监管机构（包括国际清算银行和国际货币基金组织）需要扭转那些基于资本适足要求和流动性要求而制定的对购房贷款高度利好的政策。监管政策应该支持

1. 有关东亚信贷指导管理体制的机构和政治经济详情，参见沃纳著作（Werner，2003）。

那些通过其他方式，尤其是下文将会详细讨论的与非金融公司建立长期关系，而不是依赖以土地为基础的抵押贷款去风险化的银行。更一般地来讲，高度杠杆化的银行多半不是从事住房抵押贷款的最佳机构类型。事实上，对于与土地相关的购买来说，最好的融资形式不是贷款合同。下面将展开讨论个问题。

银行业结构改革

一系列研究显示，银行放贷行为受到其所有权类型、规模和其他体制因素的强烈影响。正如第五章指出的那样，英国的金融监管放宽导致整个银行业被少数几家股东所有制的国家级或国际大银行主导了：四大银行如今控制着约 80% 的零售存款。这些银行的经营活动遵循的是一种“交易”银行模式（Collins，2012），其典型特征是偏好利用集中式自动信贷评分技术来做出贷款决定，需要每季度都有高权益回报率，并且对抵押物有强烈偏好。这一经营模式越来越倾向于发行和出售债务证券来产生利润，而最受欢迎的债务证券类型是 RMBS。增加短期股东价值的紧迫性刺激了过度冒险行为，而与此同时，相对小额的中小企业贷款交易成本高，这也意味着，对于大银行来说，贷款给中小企业不是明智的商业选择（Berger & Udell，2002）。

作为对比，德国、瑞士和奥地利等其他国家有着更加浓厚的“关系银行”文化。在德国，2/3 的银行存款控制在合作社银行或公共储蓄银行手中，这些银行大多归属当地的居民或企业所有。这些“利益相关者银行”更看中企业贷款，对抵押物的要求则没有那么严苛，并且可以把贷款决定权下放给支行。它们贷款去风险化的途径不是要求房产抵押物，而是与贷款企业建立稳固、持久的关系，并了解其状况（Boot，2000）。虽然发达经济体的总体模式在向抵押贷款转移，但是德国的非金融公司贷款份额高于抵押贷款，占 GDP 的 40%，抵押贷款有所上升，但是仍然仅占 GDP 的 30% 左右（Ryan-Collins，2016）。

经验性研究发现，包括公共储蓄银行和合作社银行在内的“利益相关者”银行在遭遇金融冲击（如利率变化）时会继续持有其贷款，而股东所有制银行的顺周期性则要强得多（Bertay et al.，2015；Ferri et al.，2014）。如果“利益相关者”银行的贷款模式是建立在与企业的关系上，而不是建立在抵押物价值上，上述现象就不足为奇。与某家企业保持长期稳固关系的银行，更可能有信心与它同舟共济，共渡难关。

对于英国来说，按照德国银行业的模式建立一个相互关联、相互支持的地区性利益相关者银行网络是完全可行的，而且通过这一举措可以构建偏向关系型的银行业务模式。也许一个选择是把需要政府援助的所有大银行都拆分开来，[1] 建立一个地区性市民银行网络。这些市民银行的业务将集中于实体经济和本地借贷业务（Prieg & Greenham，2015）。

国家住房投资银行

当然，改变银行业的结构可能是一个漫长的过程，需要几十年时间才能完成。而在英国这样的国家里，保障性住房的匮乏程度已经达到危机点。要为建设新住房筹集大笔资金，一个更加即时的解决方案是建立国家住房投资银行，这也是潜在的长期解决方案。

此类银行在欧洲很常见，而且发挥了关键作用，它们负责为保障性住房及其他住房开发项目所需的大型基础设施提供资金（Falk，2014）。2016 年，欧洲投资银行（European Investment Bank，简称 EIB）在英国（北爱尔兰除外）投资了 40 个保障性住房项目，投资额

1. 例如，在本书成书期间，英国政府占有 73% 股份的苏格兰皇家银行就是一个可拆分的对象。

达 56 亿英镑，创历史新高。但是，英国决定脱欧后，这些项目的前景更让人担忧。英国几乎是唯一一个没有大型国家投资银行或国家基础设施建设银行的发达国家（Skidelsky et al.，2011）。设立住房投资银行的目的是为建设保障性住房提供长期贷款，由政府做担保，贷款利率应该低于保障性住房提供机构目前所能获得的利率（Jefferys，Lloyd & Argyle，et al.，2014）。

住房投资银行的资金来源有几个。首先，政府可以通过发行国债来为该银行筹集资金。其次，住房投资银行还可以直接从资本市场举债，对于寻求长期可靠资产以便与其长期负债相对称的投资机构来说（比如养老基金），这应该是很有吸引力的卖点。再次，中央银行可以通过量化宽松政策购买它发行的债券，这样该银行也可获得所需资金（Ryan-Collins et al.，2013）。自 2008 年金融危机以来，英格兰银行购买了价值 4 450 亿英镑的资产，并定期对其中很大一部分进行了再投资。目前看来，英格兰银行偏向于购买公债，而不是其他形式的资产，但是在最近一轮量化宽松中，它还从公共事业单位和大企业购买了投资级公司债券。

最后一个选择是吸收家庭存款，方案可以参考法国的 A 类储蓄账户（Livrét A）（Chaloner & Pragnell，2014）。跟英国的个人储蓄账户（ISA）类似，法国家庭也可以开通 A 类储蓄账户，该账户背后有政府支持并提供可靠的免税利率。账户由地方商业银行持有，但是其中的存款会被法国发展银行这个国有公司集中到一起。于是，短期存款被转化成为长期贷款，以低于市场的利率发放给相关公有制企业或非营利企业，从而为保障性住房的建设提供资金。几乎所有贷款都有当地政府做担保，其他部分由互助式担保基金提供担保，担保基金收取一定百分比的担保费。在法国，2011 年这一计划为社会性住房提供了 70% 的融资，有 12 万套新建住房是依赖这部分融资得以建设的。

银行贷款融资的替代方案

相比其他融资形式，银行贷款具有其独特的优势：它能让贷款方获得固定回报，而且只要借款方有偿付能力，回报就不会改变。作为对比，股权类投资需要贷款方与借款方分担风险。20 世纪初，在英国的产业革命中，贷款类合同在增加资本流动性方面发挥了重要作用，它还支撑了德国和法国的工业化进程（Gerschenkron，1962；Turner，2015a，p.54）。

但是，自 20 世纪 80 年代以来，随着银行越来越多地转向了房地产相关借贷，银行贷款给经济带来的益处是否大于它的破坏作用已经不再像从前那样明确了。在银行信贷的驱动下，市场产生了房价泡沫，进而导致过去几十年里金融危机日益频繁地爆发，而危机过后经济衰退的破坏性影响也越来越深远（Jordà et al.，2015）。虽然有土地支持资产作抵押物给人以安全可靠的表象，但是土地支持资产对银行来说本质上是有风险的，因为此类资产通常流动性较差，贷款期限比银行负债期限更长。结果是，银行逐渐累积了严重的“期限错配”（maturity mismatch），容易受到日益严峻的流动性危机的冲击（Goodhart & Perotti，2015；Persaud，2016）。此外，正如我们已经看到的那样，土地的自然稀缺性以及供给量的固定性意味着，随着经济状况的变化，土地和房产的价格涨跌速度都比其他资产要快。与持有企业贷款相比，持有大量土地和房屋之类的资产会让银行资产负债表更加具有顺周期性。

2007—2008 年金融危机过后，已经有许多声音建议以其他方案替代贷款类购房融资。特别值得一提的是，有建议指出，抵押贷款应该进一步向权益型靠拢，让贷款方分担住房贬值的风险。这可能要借鉴伊斯兰金融抵押贷款模式，让居住家庭和银行成为房产的共有人，直到住户偿清贷款为止（Buiter & Rahbari，2015）。类似地，在“共同责任抵押贷款”中（Mian & Sufi，2015），随着房价下跌，抵押贷款的偿还额度也会下调，但是如果房屋出售了，贷款方也可以从房价上涨中获益。这有助于保护贫困家庭。但是，在局势急转直下时这是否足以防止低价抛售，或者在繁荣时期这是否足以阻止银行过度发放抵押贷款从而推动房价上涨，还有待观察。

要让土地与金融脱钩，更加永久性的解决方案是直接禁止与房产资产相关的期限转换，甚至是禁止所有资产的期限转换。要实现这一点，途径有两个：一是转型为狭义银行（Cochrane，2014；Kay，2009）；二是转型为“主权货币”系统，中央银行成为唯一的新货币创造者（Benes & Kumhof，2012；Dyson & Jackson，2013）。[1] 在这样的体制下，银行的贷款和存款功能将会被拆分开来，银行的角色被限制为存款者和借款者之间真正的中间人，就像今天 Zopa 这样的 P2P（个人对个人）借贷公司那样，银行不再能杠杆化其资产负债表。

在这样的体制下，抵押融资可以由拥有长期负债的投资机构来提供，比如养老基金和保险公司，以解决期限错配问题。此类投资机构视野更加长远，因此更有可能签订偏权益型的偿贷合同。银行仍然可以在其中发挥一定作用，途径是潜在地发行有抵押贷款支持的资产担保债券。此类计划在丹麦已经非常成功地实施了很多年，虽然其抵押市场占 GDP 的比重很大，但丹麦相对毫发无损地逃脱了上次的金融危机（Berg & Bentzen，2014）。

1. 在后危机时代，“主权货币”概念受到了广泛关注，但它并不是近期才出现的，包括欧文·费雪（Fisher，1936）、米尔顿·弗里德曼（Friedman，1948）、亨利·西蒙斯（Simons，1951）和詹姆士·托宾（Tobin，1986）在内的著名经济学家很早就支持这一概念了。

保有权改革

保有权指的是拥有、占有或使用土地的法律形式。正如本书一开头讨论的以及第四章所举的英国案例那样，在整个历史进程中，有关土地的规则、标准和政策变化非常巨大，而保有权制度是关键因素，它决定了土地在经济中发挥着怎样的作用。自 15 世纪晚期圈地运动在英格兰兴起以来，从全球范围来看，私人所有权已经成为占主导地位的土地保有形式。然而，跟大多数历史剧变一样，在主流之外，其他趋势始终并行存在着，这些其他趋势植根于完全不同的经济和文化环境。

即使是在今天的发达经济体中，土地的私人所有权也不是绝对的，同时还并存着其他所有权形式。其中有些成功地推动了经济发展，它们虽然没有完全消除经济租金，但至少也缓解了这一问题。因此，相关经济体可以改革那些管控保有权的法律，以确保更好地平衡私人土地所有者与整体社会需求两者之间的利益。

差异化保有权选择

在其正确含义里，地产是一个复杂的系统，包含了多层权利，分别反映了个人、集体和社会的需求。如果简单粗暴地把地产与个人对商品的所有权等同起来，就无法理解地产的真正含义。如果能在法律制度上清楚地定义不同利益相关者对土地持有的相关权利和义务，我们就可以让公共利益与私人所有权共存。

比如，在英格兰及其他普通法系国家和地区，至今仍存在着租业权和永业权制度。虽然对租业权和永业权的区分源于封建时代，但是这一制度让租业权的所有人拥有了足够可靠的产权，他们可以利用它来进行融资。同时公共永业权可能会要求租业权人每年缴纳地皮租金，这又保护了以永业权形式附着在土地上的公共利益。类似的保有权还包括公寓楼共有制度（英国的一种新型保有权，但很少使用），美国的公寓套房私有制度，其他地方业主共有的制度，以及澳大利亚的分层产权制度。在上述保有权形式下，公寓住户集体共有花园和楼梯等公共区域。这些制度让公共资源得到了有效管理，同时还能赋予个人对其住房的排他性所有权。

限制销售保有权

为缓解住房所有者通过不劳而获的资本收益获取经济租金的问题，政策制定者可以这样设计住房保有权：一方面赋予占有者完全所有权，另一方面限制他们出售住房时的房价。对于享受补贴的住房所有权，这一模式十分有用，它能保证住房补贴被留给未来占有人，而不是被幸运的首个受益人获取。

例如，伦敦东部的圣克莱门特社区土地信托（St. Clements Community Land Trust）把住房再销售价格的最大涨幅与当地平均工资涨幅挂钩。这样它就把自身管辖的住房的再销售价格限制到原始价格、次级市场价格和购买价格等多个因素上。再销售价格的计算方法，可以根据每个社区土地信托的不同需求和不同诉求焦点来分别制定，或由政府政策来规定（New Economics Foundation et al.，2013）。

归还型保有权

在住房部门中，大多数租业权的租赁期限通常都非常长，实际上相当于永久（在英国，999 年租期很常见）。但是在过去，有时间期限的租约曾是常态，其实在商业地产部门，有限时间租约如今也仍是常态。这个理念可以用来为租赁住房进行创新型融资。社会性住房可以采用销售回租模式来提供，从而把养老金基金等金融公司的投资需求与低成本租赁住房的社会需求匹配起来。

在销售回租模式下，养老基金提供资金，从当地政府手中获得土地并在其上建设社会性住房。然后当地政府把住房从养老基金手里回租过来并支付保证租金，租期为 25 ～ 50 年。保证租金要考虑租期内的通胀指数。一方面，养老基金保留了永久业权，这让它的投资有了足够的安全性；另一方面，租赁协议又提供了其需要的长期收入流。租约到期后，养老基金已经达到了获得长期收入的目的，可以把土地回赠给管理机构（Jefferys，Lloyd & Gregory，2014）。这样，在相当长一段时间里，金融需求和特定社会需求都得到了满足，同时附着在土地上的整体公共利益也得以保全。在这种安排下，私人利益者就不能无限期地获取经济租金了。

多种住房保有权并存

几乎没有证据显示，以住房所有权为主要保有形式的经济体的生产率更高或效率更高。相反，正如第二、四和五章所讨论的那样，有证据显示，高住房自有率综合起来会降低劳动力的流动性，增加失业率，而住房信贷的易得性会加剧金融脆弱性和财富不平等程度。在德国和瑞士这两个最成功、最具创新性的欧洲经济体中，住房自有率远远低于 50%，且私人租赁住房部门和合作式住房部门都监管良好，可靠有序。因此政府政策可以培育多元化的住房模式，为不同保有形式创造公平的环境，确保充足的住房供应，让人们拥有合理的选择机会，而不是在利益驱使下过度投资于住房所有权。

英国可以采取几个措施来达成这一目的。首先，应该增强私人租赁部门的保障性，具体是延长保证租赁期限，限制租金涨幅，以及赋予租户更多权利（Berry，2016）。然后，政府应该采取措施，提高包括社会租赁住房、社区主导住房以及合营式住房在内的非市场住房存量，以确保人们可以在各种保有形式中选择不同住房类型和不同住房面积，同时让住房供应不再过多地依赖于波动的私营土地和住房市场（Jefferys，Lloyd & Argyle et al.，2014；Woetzel et al.，2014）。

有利于住房所有权而不利于其他保有形式的补贴和税收政策应逐步被取消。最后，应该为人们提供体面的投资选择和可靠的养老金，这样家庭就不会为了支付退休后所需费用而过多地投资住房市场或依赖投资住房来解决养老金的问题。

规划改革

新古典经济学理论框架着重强调降低市场上需要的商品和服务的供应壁垒。这一理论范式的主导地位是如此稳固，以至也反映到了研究领域里。很多研究都强调，规划系统遏制了住房建设领域里的“自由市场”，而媒体报道一般也会把土地规划描绘成飞扬跋扈和多此一举的官僚监管功能。

是的，正如本书从始至终一直在讨论的那样，规划部门手中的土地这一产品，并不只是一种普通商品或服务而已。土地具有独一无二的特性，包括稀缺性、永久性、不可复制性和不可移动性。这表示土地无法随着需求的增长而增加产量或扩大面积，也意味着仅凭价格信号这一个因素无法有效地指导土地用途决策，即不能完全根据价格来决定什么才是某块土地的最佳用途，而这一决定往往有着巨大的经济意义（Cheshire，2013）。就连最注重市场导向的政府也暗中意识到了这个问题，并对土地用途实施非市场化的监管。

土地规划为公共政策提供了明确的干预机会，让政府能够决定土地用途决策的最终结果，能够在土地利用方式的民主决策中协调各种竞争性利益之间的关系。针对土地规划系统的攻击，许多是出于想要以此来获取经济租金的欲望，而其他批评者则是出于意识形态上的偏见，因为他们是自由市场理念的信徒。

规划义务

如上所述，颁发建筑规划许可往往会大幅提升土地价格。许多规划系统包含了获取部分土地增值的机制，这部分增值被称为“改良价值”或“规划收益”。正如第四章所讨论的那样，规划法规允许地方政府的规划部门与开发商签订具有法律约束力的协议。协议规定，作为开发项目的一部分，开发商需要提供特定的公共利益。按照第106条的规定，开发商有义务确保部分规划收益服务于当地社区的整体利益。这类贡献的具体形式，可能是提供保障性住房，也可能是为社区服务或基础设施建设提供财政贡献（Crook et al.，2010）。

规划制定

英国的规划系统具有独特的自由裁决性质（Monk et al.，2013）。即便规划中附加了义务，开发方案的主动权仍然掌握在开发商手里。为了能够决定恰当的土地用途并由此确定土地价格，政府需要更加积极主动地运用其规划权力（Needham，2014）。这要求赋予规划行政部门更多资源和更大的权力，让它们负责制订规划和分区，这实际上就决定了土地用途，为私营市场提供了所必需的确定性和先决条件。换句话说，土地规划可以成为“造市者”，而不是“抑市者”（RTPI，2015）。来自德国和荷兰等欧洲大陆国家的城市的证据表明，当规划行政部门获得了更多立法权和财政支持时，土地开发质量、地方经济的可持续发展以及城市建成环境都会取得更好的成果（Oxley et al.，2009；Falk，2014；RTPI，2015）。

经济学和国民经济核算变革

实施上述各项改革将非常具有挑战性，因为事实是，主流经济学理论仍然以新古典经济学模型为导向，未能正确地考虑土地在经济中的作用，所以大部分经济政策也存在同样的谬误。

经济理论

正如第三章所讨论的那样，今天的经济学教材大多忽略了土地作为一个独立生产要素的地位，使用的是仍占主导地位的“两大生产要素”模型，把土地与资本混为一谈。与此同时，“收入”被描述为某人根据其对生产的贡献而获得的报酬，而财富被理解为由生产性投资所产生的“积蓄”，这意味着经济租金这一因排他性地拥有土地或其他自然稀缺资源而获得的天降暴利经常被忽略。

此外，许多经济学课本把商业银行简单地描述为从储户那里吸收存款并将这笔钱贷给借款者的“金融中介机构”，而且假定借款者是会把资金投资于生产的非金融公司。[1] 正如第五章所讨论的那样，对银行业务模式的这一描述存在严重缺陷，因为它忽略了一个事实，即银行在提供信贷的过程中实际上是在创造新货币和新的购买力，同时其中大部分信贷通过商业地产和家庭住房抵押贷款这个渠道流向了现有地产市场，而没有流入企业。

这种有缺陷的经济理论进而导致了有缺陷的经济政策。即使在经历了 2007—2008 年金融危机之后，许多发达经济体的财政部和中央银行仍然没有从根本上改变其使用的宏观经济模型。英国财政部和预算责任办公室使用的经济模型假定家庭消费的驱动因子是收入和净财富，

1. 反例见于瑞安–柯林斯等人的著作（Rayan-Collins et al.，2012）。

再次忽略了信贷供应的作用和家庭负债积累的效应。英格兰银行和欧洲中央银行虽然也在探讨那些纳入了房价和信贷因素的可替代模型，但它们仍然在使用基于一般均衡的宏观经济模型。[1]

经济学和相关学科教学需要革新，重新认识土地的作用，不能把土地这个主题仅仅局限在地理、农业、环境和城市研究课程里。在开发大学本科经济学课程时，所有教学研究人员都应该尽力强调土地的作用，把土地作为独立于资本的一个截然不同的生产要素，强调规范经济空间利用的一系列法定权利。分配和税收理论也要正视经济租金的作用。同时，经济学专业人士还需要更加准确地描述现代经济中的银行业和货币创造以及它与土地价格之间的交互作用方式。令人鼓舞的是，我们看到已有新的研究经费来源愿意支持以货币、信贷和房价间交互作用为重点的宏观经济学研究。[2]

公共数据和国民经济核算

土地市场对英国的经济和社会健康起着至关重要的作用。深入了解土地市场，不仅有着关键的宏观经济作用，而且对评估重要政策问题也十分重要。从规划改革的效率评估到住房开发的经济学原理，都离不开对土地市场的了解。但是，正如前文讨论过的那样，关于土地价格，英国目前没有可靠的数据库。此外，尽管土地是一个经济体中最大和最重要的资产类别之一，但是国民经济账户没有把土地作为一个独立资产类别包含在内。实际做法是土地价值被包含在其上的住房

---

1. 案例见于英格兰银行的《银行研究议程》(Bank of England，2015，pp.28 ～ 29)。
2. 比如新经济思维研究所这家新成立的研究机构，它致力于后金融危机时代的比较宏观经济研究 (http://www.ineteconomics.org)；再比如英国经济与社会研究委员会近来的“理解宏观经济网络 +” 项目，其经费预算高达 460 万英镑 (详见 http://www.esrc.ac.uk/funding/funding-opportunities/understanding-the-macroeconomy-network-plus)。

和其他建筑物或构筑物的价值之内，统一列入了“非金融性生产资产”类别，这非常不合理。土地应该单独计量，与自然资源等资产归入“非生产资产”类别下。

在本书成书期间的2015年，经合组织和欧盟统计局正在与各国政府合作，试图改进土地评估方法，把土地纳入国民经济核算框架。在英国，负责此事的是国家统计局，该机构预计将把土地纳入2017年蓝皮书。[1]

这当然是可喜的进步，但是很可能仅能提供各个经济部门的总体土地估值。为了能让研究人员、学术界和政策制定者获得对土地市场的必要深入了解，应该委任一个公共机构（最有可能是国家统计局）来定期评估、收集和发布英国各个地区的土地价格细化数据。

公共部门负债测算

英国政府测量政府负债的首要指标是“公共部门负债净值”，并基于这个指标制定财政目标。“公共部门负债净值”是公共部门金融负债（贷款、存款、货币证券和债务证券）与流动性资产之间的差额（ONS，2016）。流动性资产指的是现金以及能够在短期内低成本变现的资产，主要包括外汇储备和银行存款（ONS，2016）。根据英国国家统计局的定义，公共部门包括中央政府、地方政府（以及所有其他由它们控制并主要由它们资助的非市场机构）以及归政府所有但相对独立的公营企业（Chaloner & Pragnell，2014）。

英国政府计算这些公共部门的总负债，但这不是国际通行做法。许多国家监控和制定的是“一般政府”负债指标，其中包括中央政府

1. 蓝皮书即《英国国民经济核算报告》，这是英国国家统计局出版的年度报告，记录并描述英国境内的经济活动。政府、银行、学术界以及各个行业在探讨经济社会政策或监测英国经济发展时，都会参考该蓝皮书。

和地方政府，但是特别排除了公营企业。1992年《马斯特里赫特条约》及其后的《稳定与增长协定》所规定的欧盟宏观经济规则，主要关注的也是“一般政府”负债。此外，经合组织在分析各国公共负债时，在对比中使用的指标也不包含公营企业（Chaloner & Pragnell，2014）。

政府负债指标中是否包含公营企业负债，这一点对于保障性住房提供尤其相关。因为如果当地行政部门以及其下相对独立的管理机构所从事的住房服务活动落在了公营企业的定义下，那么其金融负债也包含在公共部门负债指标中，但是“一般政府”指标不包含这部分。降低赤字水平是英国政府当下的一大要务，而衡量赤字水平的指标是公共部门负债，因此它严格限制公营企业对保障性住房的投资水平。如果英国政府能够按照欧洲和国际先例，依照“一般政府”负债而不是公共部门负债来设定财政规则，就不会限制公营企业对保障性住房的投资了，即使在财政紧缩时期也不会限制。

从更一般的意义上讲，在公共部门负债净值的定义中对资产的处理方式是有问题的，因为资产一栏只包含了流动性金融资产。政府通常持有许多其他资产，至少有土地资产，其中许多都可以产生未来收入，而未来收入可以服务于负债。政府还可以出售土地资产来清偿债务，例如，社会性住房资产可以从未来租金中直接产生收入，而这笔收入能够覆盖原始建设成本和持续的物业管理成本。

因此，政府应该考虑更加全面地定义政府负债，把创收实体资产包含在内。例如，测算政府负债更好的指标应该是政府负债总额减去流动资产和创收资产，考察这一差额与国民收入的比率。如果采用这个指标，那么政府负债总额的增加将与公有土地和住房资产的增加相匹配，也就不足以造成担忧（Muellbauer，2014）。这无疑将会鼓励政府更加积极地投资于以土地为基础的基础设施，比如保障性住房和交通设施。

本章小结

上述政策建议提供了丰富的选择，组合运用足以解决本章开头所述的两大问题：经济租金问题及土地功能多样且有时相互矛盾的问题。不能有效处理这些问题的后果是显而易见的：土地和住房的金融化及土地市场的运行失灵。这驱动了住房负担能力危机，加剧了不平等并且导致了资源配置效率低下。

虽然其中一些干预措施本身已经是实践检验过的有效做法，但是由于此前运行规模太小，未能对经济租金问题和更大范围的宏观经济带来重要影响——社区土地信托就是很好的例子。在英国和很多其他发达经济体中，高地价收入比限制了此类创新的有机增长。在这样的状况下，决策层可能需要做出更加激烈的结构性改变。

改变土地用途、所有权模式或征税方式，能够获取土地的经济租金。政府部门应该认识到土地规划的关键性战略宏观经济作用，把土地规划交给更大规模的公共机构来控制，让土地规划能着眼于社会和地区的长远利益，而不是任凭私营开发者寻求短期收益最大化。更加有力的规划将非常有助于把土地价格设定在恰当的水平上，让土地价格反映社会需求和社会发展的优先次序需要。这需要赋予公共规划部门更好的资源。但是，由于土地开发的主动权目前主要集中在私营部门手中，规划制订还需要相关政策支持，政府需要采取措施，让土地开发按照规划方案实施。

建设交通系统和能源基础设施需要土地。在英国，获得这类土地困难重重。这清楚地表明，大量强征土地具有政治挑战性。庆幸的是，并不需要真的大量强征土地。来自英国以及其他一些国家的历史证据都表明：政府握有强有力的征地权，本身就足以鼓励土地所有者去协商建立长期投资伙伴关系，让土地所有者的利益与社区整体利益更加一致地联系在一起。因此，对强制征地的相关补偿规定做出相对较小的技术性调整，就能至少在特定的开发区域里取得重大影响。

税收也许是全盘获取经济租金的更好手段，而地价税是最有效的房产税形式。要引入地价税，一个显见的优选策略是把它作为税收业务系统整体改革的一部分，从针对收入和生产征税改为针对经济租金征税。关键是让这一改革具有中性色彩，不突显，并让公众理解地价税既能支持经济发展，又能缓解不平等。

土地与信贷间的反馈循环已成为现代资本主义经济的风暴中心，如果不同时采取措施解决这个反馈循环，上述改革引起的地价下跌可能会引发金融大混乱。银行必须要摒弃对房产抵押贷款及土地这种优质抵押物的依赖。监管本身是否足以解决这个问题，还有待观察。购买土地所需的长期贷款，应该由同样具有长期视野的机构来提供——机构投资者是显而易见的理想选择。银行业务应该集中于生产性投资，而银行贷款去风险化可以通过以下两个途径来解决：一是政府更多地参与；二是应该优选有利于构建关系型银行业务的所有权模式和地理范围。

应对这些挑战无疑需要经历很长时间。从短期来看，英国急需对保障性住房进行大规模公共投资，而不能只依赖私人部门的土地开发，因为私营土地开发更偏向于利益驱动，具有顺周期性。改变公共部门的计值方法，也许有助于实现这一目标。土地和住房能提供长期收入流，这意味着更应该把它们视作资产而不是负债，这样也会让土地和住房更能得到那些在低利率环境下寻求高回报的机构投资者的青睐。同样，更好地平衡各种保有权形式（包括改变在税收和补贴方面利好住房所有权的政策及大幅提高租户保障）也可能在相对较短的时间内得以达成。

这些改革措施看上去可能过于雄心勃勃，但是我们有理由心怀希望。随着房价收入比继续攀升，最终一定会达到临界点，那时西方民主体制中的大多数人都会拥护那些能够降低房产财富集中程度的政策。例如，在伦敦，私房租户数量如今已经超过了自有住房者，而且如果按照这个趋势发展下去，到 2025 年，60% 的家庭将会租房居住（Morley，2016）。住房资本主义模式（即利用住房资产杠杆获得消费贷款的模式）在经济上和民主政治中将会逐渐变得不可行。随着发达经济体进入缓慢增长的第十个年头，负值或接近负值的实际利率以及不断加剧的不平等，势必会把税务负担转移到不劳而获的房产资本利得上，而且此类案例会不断增加。这在很大程度上是因为公司利润可以在全球范围内转移，针对公司利润征税从而会十分困难。

我们希望本书能帮助读者消除有关土地的经济作用的误解。这种误解延缓了上述改革。我们还希望，本书能为改善土地在未来经济政策中的地位指明方向。如果说历史给了我们任何启示的话，那就是，地产是一种社会建制，它的性质和经济功能从来都不是固定不变的，而会随着政治压力和经济力量的变化而持续改变。

由此出发，为了我们自己，为了后世，我们都应该认真审视土地经济的运行方式，并挑战那些被既得利益集团和误入歧途的经济理论所推崇的错误认识。土地本质上是稀缺又不可或缺的自然资源，所有经济活动都需要依赖土地，如果我们不能正确认识这一简单事实以及由此生发的一切，我们就永远都无法创造更加公平、高效和可持续发展的经济。

参考文献

Ackroyd, Peter. 2001. *London: The Biography*. London: Random House.

Adam, S., Chandler, D., Hood, A., Joyce, R. 2015. *Social Housing in England: A Survey*. London: Institute for Fiscal Studies.

Aikman, David, Andrew G. Haldane, and Benjamin D. Nelson. 2014. 'Curbing the Credit Cycle'. *The Economic Journal* 125 (585). doi:10.1111/ecoj.12113.

Akerlof, George A. 1970. 'The Market for "Lemons": Quality Uncertainty and the Market Mechanism'. *The Quarterly Journal of Economics* 84 (3): 488 ~ 500.

Allen, Kate and Anna Nicolaou. 2015. 'Global Property Bubble Fears Mount as Prices and Yields Spike'. *Financial Times*, 16 April. https://next.ft.com/content/7ba6556e-e28d-11e4-ba33-00144feab7de.

Ambaye, Daniel W. 2015. *Land Rights and Expropriation in Ethiopia*, Springer Theses. New York: Springer.

Ambrose, Peter. [1986] 2014. *What Happened to Planning?*, Routledge Revivals. Abingdon: Routledge.

Anderson, Phillip J. 2009. *The Secret Life of Real Estate and Banking*. London: Shepheard-Walwyn.

Andrews, D., Sánchez, A.C., Johansson, Å. 2011. 'Housing Markets and Structural Policies in OECD Countries'. *OECD Economics Department Working Papers*, No. 836. doi: 10.1787/18151973.

Appleyard, Lindsey, and Karen Rowlingson. 2010. *Home-Ownership and the Distribution of Personal Wealth*. York: Joseph Rowntree Foundation.

Armstrong, Angus. 2016. 'Commentary: UK Housing Market: Problems and Policies'. *National Institute Economic Review* 235 (1): F4 ~ 8. doi:10.1177/002795011623500103.

Arnold, Jens. 2008. 'Do Tax Structures Affect Aggregate Economic Growth?' *OECD Economics Department Working Papers*, No. 643. doi: 10.1787/18151973

Arnold, Jens, Bert Brys, Christopher Heady, Åsa Johansson, Cyrille Schwellnus, and Laura Vartia. 2011. 'Tax Policy for Economic Recovery and Growth'. *The Economic Journal* 121 (550): F59 ~ 80.

Aron, Janine, John V. Duca, John Muellbauer, Keiko Murata, and Anthony Murphy. 2012. 'Credit, Housing, Collateral and Consumption: Evidence from Japan, the U.K. and the U.S.' *Review of Income and Wealth* 58 (3): 397 ~ 423.doi:10.1111/j.1475-4991.2011.00466.x.

Aron, Janine, and John Muellbauer. 2016. 'Modelling and Forecasting Mortgage Delinquency and Foreclosure in the UK'. *Vox*. 31 August. http://voxeu.org/article/mortgage-delinquency-and-foreclosure-uk.

Assenmacher-Wesche, Katrin, and Stefan Gerlach. 2008. 'Financial Structure and the Impact of Monetary Policy on Asset Prices'. *Swiss National Bank Working Papers* 2008-16.

Aubrey, Thomas. 2016. *Bridging the Infrastructure Gap*. London: Centre for Progressive Capitalism.

Australian Bureau of Statistics. 2015. 'Australian National Accounts: National Income, Expenditure and Product'.

Bahaj, Saleem, Angus Foulis, and Gabor Pinter. 2016. 'The Residential Collateral Channel'. *Bank of England Staff Working Paper*.

Ball, Michael. 2009. *RICS 2009 European Housing Review*. London: Royal Institute of Chartered Surveyors. https://news.kyero.com/2009/03/rics-2009- european-housing-review/1295.

Ballinger, John Kenneth. 1936. *Miami Millions: The Dance of the Dollars in the Great Florida Land Boom of 1925*. Miami: Franklin Press.

Bank of England. 2014. 'Financial Stability Report June 2014'. London:

Bank of England. http://www.bankofengland.co.uk/publications/Pages/fsr/2014/fsr35.aspx.

Bank of England. 2015. 'One Bank Research Agenda – Discussion Paper'. London: Bank of England.http://www.bankofengland.co.uk/research/Documents/onebank/ discussion.pdf.

Bank of England. 2016a. 'Explanatory Notes – Total Lending to Individuals'. London: Bank of England. http://www.bankofengland.co.uk/statistics/Pages/iadb/notesiadb/ltoi.aspx.

Bank of England. 2016b. 'Financial Stability Report, July 2016'. London: Bank of England. http://www.bankofengland.co.uk/publications/Pages/fsr/2016/jul.aspx.

Bank of England. 2016c. 'Understanding and Measuring Finance for Productive Investment'. Discussion paper. London: Bank of England. http://www.bankofengland.co.uk/financialstability/Pages/fpc/fsdiscussionpapers/080416.aspx.

Bank of England. 2016d. 'Three Centuries of Macroeconomic Data'. London: Bank of England. http://www.bankofengland.co.uk/research/Pages/onebank/threecenturies.aspx.

Banzhaf, H. Spencer, and Nathan Lavery. 2010. 'Can the Land Tax Help Curb Urban Sprawl? Evidence from Growth Patterns in Pennsylvania'. *Journal of Urban Economics* 67 (2): 169 ～ 79.

Barker, Kate. 2004. *Review of Housing Supply: Delivering Stability: Securing Our Future Housing Needs: Final Report: Recommendations*. London: HMSO.

Barlow, S. M. 1940. *Report of the Royal Commission on the Distribution of the Industrial Population*. London: HMSO.

Barrell, Ray, Mauro Costantini, and Iris Meco. 2015. 'Housing Wealth,Financial Wealth, and Consumption: New Evidence for Italy and the UK'. *International Review of Financial Analysis* 42 (December): 316 ～ 323. doi:10.1016/j.irfa.2015.08.007.

Barwell, Richard, and Oliver Burrows. 2011. 'Growing Fragilities? Balance

Sheets in the Great Moderation'. *Bank of England Financial Stability Paper*, no. 10.

Bastagli, Francesca, and John Hills. 2012. 'Wealth Accumulation in Great Britain 1995–2005: The Role of House Prices and the Life Cycle'. *CASEpaper* 166.

Beck, Thorsten, Berrak Büyükkarabacak, Felix Rioja, and Neven Valev. 2008. 'Who Gets the Credit? And Does It Matter?' *CEPR Discussion Papers* 7400, August.

Belfield, Chris, Jonathan Cribb, Andrew Hood, and Robert Joyce. 2014. *Living Standards,Poverty and Inequality in the UK: 2014*. IFS Reports. London: Institute for Fiscal Studies.

Benes, Jaromir, and Michael Kumhof. 2012. 'The Chicago Plan Revisited'. *IMF Working Papers* 12 (102).

Benford, James, and Oliver Burrows. 2013. 'Commercial Property and Financial Stability'. *Bank of England Quarterly Bulletin*, Q1, Winter.

Berg, Jesper, and Christian Sinding Bentzen. 2014. 'Mirror, Mirror, Who Is the Fairest of Them All? Reflections on the Design of and Risk Distribution in the Mortgage Systems of Denmark and the UK'. *National Institute Economic Review* 230 (1): R58 ～ 75.

Berger, Allen N., and Gregory F. Udell. 2002. 'Small Business Credit Availability and Relationship Lending: The Importance of Bank Organisational Structure'. *The Economic Journal* 112 (477): F32 ～ 53.

Berkes, Fikret. 1987. 'Common-Property Resource Management and Cree Indian Fisheries in Subarctic Canada'. In *The Question of the Commons.* Tucson, AZ: University of Arizona Press.

Bernanke, Ben, and Mark Gertler. 2000. 'Monetary Policy and Asset Price Volatility'. *NBER Working Paper Series*, No. 7559.

Bernanke, Ben, Mark Gertler, and Simon Gilchrist. 1999. 'The Financial Accelerator in a Quantitative Business Cycle Framework'. *Handbook of Macroeconomics* 1: 1341 ～ 93.

Berry, Sian. 2016. 'Why a London Renters Union Stands in a Proud

Tradition'. *The Huffington Post.* http://www.huffingtonpost.co.uk/sian-berry/london-housing_ b_9090016.html.

Bertay, Ata Can, Asli Demirgüç-Kunt, and Harry Huizinga. 2015. 'Bank Ownership and Credit over the Business Cycle: Is Lending by State Banks Less Procyclical?' *Journal of Banking and Finance* 50: 326 ~ 39.

Bezemer, Dirk. 2009. 'No One Saw This Coming: Understanding Financial Crisis Through Accounting Models'. *Munich Personal RePEc Archive*, No. 15892. http://mpra.ub.uni-muenchen.de/15892/.

Bezemer, Dirk. 2014. 'Schumpeter Might Be Right Again: The Functional Differentiation of Credit'. *Journal of Evolutionary Economics* 24 (5): 935 ~ 50.

Bezemer, Dirk, and Maria Grydaki. 2014. 'Financial Fragility in the Great Moderation'. *Journal of Banking and Finance* 49: 169 ~ 77.

Bezemer, Dirk, and Lu Zhang. 2014. 'From Boom to Bust in the Credit Cycle: The Role of Mortgage Credit'. *Research Institute SOM Working Paper Series*, No. 14025–GEM.

Bezemer, Dirk, Lu Zhang, and Maria Grydaki. 2016. 'More Mortgages, Lower Growth?' *Economic Inquiry* 54 (1): 652 ~ 74. doi:10.1111/ecin.12254.

Birchall, J. 2014. *Building Communities: The Co-operative Way*, Routledge Revivals. Abingdon: Routledge.

Blanchflower, David G., and Andrew J. Oswald. 2013. 'Does High Home-Ownership Impair the Labor Market?' *NBER Working Paper* No. 19079, May.

Blöchliger, Hansjörg. 2015. 'Reforming the Tax on Immovable Property'. *OECD Economics Department Working Papers* No. 1205.

Bogdanor, Vernon, and Robert J. A. Skidelsky. 1970. *The Age of Affluence, 1951– 1964*. Macmillan.

Boot, Arnoud W. A. 2000. 'Relationship Banking: What Do We Know?' *Journal of Financial Intermediation* 9 (1): 7 ~ 25.

Booth, Robert. 2014. ‘Inside “Billionaires Row” : London’ s Rotting, Derelict Mansions Worth £350m’ . *The Guardian*, 31 January.

Borio, Claudio. 2014. ‘The Financial Cycle and Macroeconomics: What Have We Learnt?’ *Journal of Banking and Finance* 45: 182 ~ 198.

Borio, Claudio, R. McCauley, and P. McGuire. 2011. ‘Global Credit and Domestic Credit Booms’ . *BIS Quarterly Review*, September.

Bramley, Glen. 2003. ‘Planning Regulation and Housing Supply in a Market System’ . In *Housing Economics and Public Policy*, ed. T. O’ Sullivan and K. Gibb. Oxford:Blackwell Science. doi: 10.1002/9780470690680.ch11

Brooks, Richard. 2005. ‘Commentary’ . In *Time for Land Value Tax*, ed. Dominic Maxwell and Anthony Vigor. London: Institute for Public Policy Research.

Brown, Meta, Lee Donghoon, Joelle Scally, Katherine Strair, and Wilbert van der Klaaw. 2016. ‘The Graying of American Debt’ . *Liberty Street Economics*. 24 February. http://libertystreeteconomics.newyorkfed.org/2016/02/the-graying-ofamerican-debt.html#.V_AHIoWmqU0.

Bryden, John, and Charles Geisler. 2007. ‘Community-Based Land Reform: Lessons from Scotland’ . *Land Use Policy* 24 (1): 24 ~ 34.

Brynjolfsson, Erik, and Andrew McAfee. 2014. *The Second Machine Age: Work, Progress, and Prosperity in a Time of Brilliant Technologies*. New York: W. W. Norton.

BSA (Building Societies Association). 2015. ‘The History of Building Societies (BSA Factsheet)’ . https://www.bsa.org.uk/information/consumer-factsheets/general/thehistory-of-building-societies.

Buiter, Willem H., and Ebrahim Rahbari. 2015. ‘Why Economists (and Economies) Should Love Islamic Finance’ . *JKAU: Islamic Economics* 28 (1): 139 ~ 62.

Buyukkarabacak, Berrak, and Neven Valev. 2006. ‘Credit Expansions and Financial Crises: The Roles of Household and Firm Credit’ . *Andrew Young School of Public Policy Studies Working Paper*, 06~55.

Cabral, Marika, and Caroline Hoxby. 2012. 'The Hated Property Tax: Salience, Tax Rates, and Tax Revolts'. *NBER Working Paper* No. 18514, November.

Callan, Tim. 1992. 'Taxing Imputed Income from Owner-Occupation: Distributional Implications of Alternative Packages'. *Fiscal Studies* 13 (4): 58 ～ 70.

Callcutt, J. 2007. *The Callcutt Review of Housebuilding Delivery*. London: Department for Communities and Local Government.

Calza, Alessandro, Tommaso Monacelli, and Livio Stracca. 2013. 'Housing Finance and Monetary Policy'. *Journal of the European Economic Association* 11 (s1): 101~22.

Chakraborty, Indraneel, Itay Goldstein, and Andrew MacKinlay. 2014. 'Do Asset Price Booms have Negative Real Effects?' (Unpublished working paper).

Chaloner, Justin, and Mark Pragnell. 2014. 'Increasing Investment in Affordable Housing: Towards a Level Playing Field for Affordable Housing'. *Capital Economics*, 3 April.

Chang, Ha-Joon. 2007. *Bad Samaritans: The Myth of Free Trade and the Secret History of Capitalism*. New York: Bloomsbury.

Cheshire, Paul. 2009. 'Urban Containment, Housing Affordability and Price Stability-Irreconcilable Goals'.

Cheshire, Paul. 2011. House of Commons CLG Select Committee, 10 October.

Cheshire, Paul C. 2013. 'Land Market Regulation: Market versus Policy Failures'. *Journal of Property Research* 30 (3): 170 ～ 88.

Cheshire, Paul. 2014. 'Turning Houses into Gold: The Failure of British Planning'. *Centre for Economic Performance Working Paper* No. 421.

Cheshire, Paul, and Stephen Sheppard. 1998. 'Estimating the Demand for Housing, Land, and Neighbourhood Characteristics'. *Oxford Bulletin of Economics and Statistics* 60 (3): 357 ～ 82.

Cheshire, Paul, and Stephen Sheppard. 2004. 'Land Markets and Land

Market Regulation: Progress towards Understanding'. *Regional Science and Urban Economics* 34 (6): 619 ~ 37.

Chrystal, Kenneth Alexander. 1992. 'The Fall and Rise of Saving'. *National Westminster Bank Quarterly Review*, February, 24 ~ 40.

Chu, Ben. 2016. 'No, It's Not Time for Britain to Be Intensely Relaxed over Household Debt'. *The Independent*, 17 January. http://www.independent.co.uk/voices/no-its- not-time-for-britain-to-be-intensely-relaxed-over-household-debt-a6817926. html.

Churchill, W. 1909a. Speech made to the House of Commons on 4 May. http://www. grundskyld.dk/pdf/Winston-Churchill-Land-Monopoly.pdf.

Churchill, W. 1909b. 'Mother of all Monopolies'. Speech Delivered at King's Theatre in Edinburgh on 17 July 1909. http://www.cooperative-individualism.org/churchill- winston_mother-of-all-monopolies-1909. htm.

Clark, John Bates. 1890. 'The Moral Basis of Property in Land'. *Journal of Social Science* 27: 21 ~ 6.

Clark, John Bates. 1891a. 'Distribution as Determined by a Law of Rent'. *The Quarterly Journal of Economics* 5 (3): 289 ~ 318.

Clark, John Bates. 1891b. 'Marshall's Principles of Economics'. *Political Science Quarterly* 6 (1): 126 ~ 51.

Clark, John Bates. 1899. *The Distribution of Wealth*. Macmillan.

Clark, Peter. 2001. *British Clubs and Societies 1580–1800: The Origins of an Associational World*. Oxford: Oxford University Press.

Clarke, Stephen, Adam Corlett, and Lindsay Judge. 2016. *The Housing Headwind: The Impact of Rising Housing Costs on UK Living Standards*. London: Resolution Foundation. http://www.resolutionfoundation.org/publications/the-housing-head wind-the-impact-of-rising-housing-costs-on-uk-living-standards/.

CML (Council of Mortgage Lenders). 2010. *The Outlook for Mortgage Funding Markets in the UK in 2010–2015*. London: Council of Mortgage Lenders. http:// www.cml.org.uk.

CML (Council of Mortgage Lenders). 2015. ‘Key UK Mortgage Facts’. https://www. cml.org.uk/industry-data/key-uk-mortgage-facts/.

Cochrane, John H. 2014. ‘Toward a Run-Free Financial System’. http:// faculty. chicagobooth.edu/john.cochrane/research/papers/run_free.pdf.

Cohen, Avi J., and Geoffrey C. Harcourt. 2003. ‘Retrospectives: Whatever Happened to the Cambridge Capital Theory Controversies?’ *The Journal of Economic Perspectives* 17 (1): 199 ~ 214.

Cohen, Jeffrey P., and Cletus C. Coughlin. 2005. ‘An Introduction to Two-Rate Taxation of Land and Buildings’. *Review* 87 (3): 359 ~ 74.

Collins, Michael. 2012. *Money and Banking in the UK: A History*. Vol. 6. Abingdon: Routledge.

Community Land Trust Network. 2015. ‘Housing: It’ s in Our Hands’. http://www. communitylandtrusts.org.uk/_filecache/99b/546/193-final-post-election-clt-manifesto- housing-its-in-our-hands.pdf.

Conaty, Pat, and Martin Large. 2013. *Commons Sense: Co-Operative Place Making and the Capturing of Land Value for 21st Century Garden Cities*. Manchester: Co-Operatives UK. https://www.uk.coop/sites/default/files/uploads/attachments/ commons_sense.pdf .

Cribb, Jonathan, Andrew Hood, and Robert Joyce. 2016. ‘The Economic Circumstances of Different Generations: The Latest Picture’. *IFS Briefing Note* BN187. https://www.ifs.org.uk/uploads/publications/bns/bn187.pdf.

Crook, A. D. H., G. Burgess, R. Dunning, E. Ferrari, J. Henneberry, F. Lyall Grant, S. Monk, S. Rowley, C. Watkins, and C. Whitehead. 2010. *The Incidence, Value and Delivery of Planning Obligations in England in 2007–08*. London: Department of Communities and Local Government.

Crouch, Colin. 2009. ‘Privatised Keynesianism: An Unacknowledged Policy Regime’. *The British Journal of Politics and International Relations* 11 (3): 382 ~ 99.

Crowe, Christopher, Giovanni Dell’ Ariccia, Deniz Igan, and Pau Rabanal. 2013. ‘How to Deal with Real Estate Booms: Lessons from Country

Experiences'. *Journal of Financial Stability* 9 (3): 300 ~ 19.

Davies, Glyn. 2002. *History of Money: From Ancient Times to the Present Day*. Cardiff: University of Wales Press.

DCLG (Department of Communities and Local Government). 2006. *Transferable Lessons from the New Towns*. London: DCLG.

DCLG (Department of Communities and Local Government). 2010. 'Table 502: house prices from 1930, annual house price inflation, United Kingdom, from 1970'. https://www.gov.uk/government/uploads/system/uploads/attachment_data/ file/305683/Table_502_-_ONS.xls.

DCLG (Department of Communities and Local Government). 2015. *English Housing Survey 2013–14*. London: DCLG. https://www.gov.uk/government/uploads/ system/uploads/attachment_data/file/461439/EHS_Households_2013-14.pdf.

DCLG (Department of Communities and Local Government). 2016a. *English Housing Survey: Headline Report 2014–15*. London: DCLG. https://www.gov. uk/government/statistics/english-housing-survey-2014-to-2015-headline-report.

DCLG (Department of Communities and Local Government). 2016b. *English Housing Survey: Housing for Older People Report 2014 to 2015*. London: DCLG.

DCLG (Department for Communities and Local Government). 2016c. 'Table 241: permanent dwellings completed, by tenure, United Kingdom, historical calendar year series'. https://www.gov.uk/government/statistical-data-sets/ live-tables-on-house-building.

DCLG (Department for Communities and Local Government). 2016d. 'Table 102: Dwelling stock: by tenure, Great Britain (historical series)'. https://www.gov.uk/ government/statistical-data-sets/live-tables-on-dwelling-stock-including-vacants.

DEFRA (Department for Environment, Food and Rural Affairs). 2015. *Managing Common Land*. London: Natural England and Department for Environment, Food and Rural Affairs. https://www.gov.uk/guidance/

managing-common-land.
De Groot, Henri, Gerard Marlet, Coen Teulings, and Wouter Vermeulen. 2015. 'The Revival of Cities and the Urban Land Premium'. *Vox*, June. http://voxeu.org/ article/city-revivals-and-urban-land-premiums.
Dell' Ariccia, Giovanni, Deniz Igan, and Luc Laeven. 2012. 'Policies for Macrofinancial Stability: How to Deal with Credit Booms'. *IMF Staff Discussion Note* SDN/12/06, June 7. http://www.imf.org/external/pubs/ft/sdn/2012/sdn1206.pdf.
DeMontfort University. 2015. 'The UK Commercial Property Lending Report – 2015'. http://www.dmu.ac.uk/about-dmu/schools-and-departments/leicester- business-school/the-uk-commercial-property-lending-report.aspx.
Department for Work and Pensions. 2016. 'Housing Benefit Caseload Statistics'. https://www.gov.uk/government/statistics/housing-benefit-caseload-statistics.
De Soto, Hernando. 2000. *The Mystery of Capital: Why Capitalism Triumphs in the West and Fails Everywhere Else*. New York: Basic Books.
Dodd, Nigel. 1994. *The Sociology of Money: Economics, Reason and Contemporary Society*. Cambridge: Polity Press.
Doling, John, and Richard Ronald. 2010. 'Home Ownership and Asset-Based Welfare'. *Journal of Housing and the Built Environment* 25, 165~73.
Dolphin, T. 2009. *Time for Another People's Budget*. London: Institute for Public Policy Research.
Dorling, Danny. 2014. *All That Is Solid: How the Great Housing Disaster Defines Our Times, and What We Can Do about It*. London: Penguin.
Dowling, Tim. 2014. 'Deep Concerns: The Trouble with Basement Conversions'. *The Guardian*. 18 August. http://www.theguardian.com/lifeandstyle/2014/aug/18/ basement-conversions-disputes-digging-iceberg-homes.

Duca, John V., John Muellbauer, and Anthony Murphy. 2010. 'Housing Markets and the Financial Crisis of 2007–2009: Lessons for the Future'. *Journal of Financial Stability* 6 (4): 203 ～ 17.

Durand, Martine, and Fabrice Murtin. 2015. 'The Relationship Between Income and Wealth Inequality: Evidence from the New OECD Wealth Distribution Database'. Paper prepared for the IARIW Sessions at the 2015 World Statistics Conference Sponsored by the International Statistical Institute. Organisation for Economic Co-operation and Development.

Dymski, Gary A. 2010. 'Why the Subprime Crisis Is Different: A Minskyian Approach'. *Cambridge Journal of Economics* 34 (2): 239 ～ 55.

Dyson, Ben, and Andrew Jackson. 2013. *Modernising Money*. London: Positive Money.

Dyson, Richard. 2014. 'Buy-to-Let Boom: One in Five Homes Now Owned by Landlords'. *The Telegraph*, 22 October. http://www.telegraph.co.uk/finance/ personalfinance/investing/buy-to-let/11179073/Buy-to-let-boom-one-in-fivehomes- now-owned-by-landlords.html.

Engelen, Ewald, Ismail Erturk, Julie Froud, Sukhdev Johal, Adam Leaver, Mick Moran, Adriana Nilsson, and Karel Williams. 2011. *After the Great Complacence: Financial Crisis and the Politics of Reform*. Oxford: Oxford University Press.

Engels, Friedrich. 1887. *The Labour Movement in America*. William Reeves.

Epstein, Gerald A. 2005. *Financialization and the World Economy*. Cheltenham: Edward Elgar.

Eurostat. 2016. 'Disposable Income of Private Households by NUTS 2 Regions'. http://ec.europa.eu/eurostat/tgm/table.do?tab=table&init=1&language=en&pcode=tgs00026&plugin=1.

Fairbairn, Madeleine. 2014. '"Like Gold with Yield": Evolving Intersections between Farmland and Finance'. *Journal of Peasant*

Studies 41 (5): 777 ~ 95.

Falk, Nicholas. 2014. *Funding Housing and Local Growth*. London: The Smith Institute. http://media.urbed.coop.ccc.cdn.faelix.net/sites/default/files/Funding%20Housing %20and%20Local%20Growth%2C%20 The%20Smith%20Institute.pdf.

Feldman, Maryann P., and Richard Florida. 1994. 'The Geographic Sources of Innovation: Technological Infrastructure and Product Innovation in the United States'. *Annals of the Association of American Geographers* 84 (2): 210 ~ 29.

Feldstein, Martin. 2008. 'How to Help People Whose Home Values Are Underwater'. *The Wall Street Journal*, 18 November, A21.

Fernandez-Corugedo, Emilio, and John Muellbauer. 2006. 'Consumer Credit Conditions in the United Kingdom'. *Bank of England Working Papers* No. 314. http:// www.bankofengland.co.uk/research/Pages/workingpapers/2006/wp314.aspx.

Ferri, Giovanni, Panu Kalmi, and Eeva Kerola. 2014. 'Does Bank Ownership Affect Lending Behavior? Evidence from the Euro Area'. *Journal of Banking and Finance* 48: 194 ~ 209.

Fisher, Irving. 1936. '100% Money and the Public Debt'. *Economic Forum*, April– June: 406 ~ 20.

Florida, Richard. 2004. *The Rise of the Creative Class*. New York: Basic Books. Forrest, Ray, and Alan Murie. 1986. 'Marginalization and Subsidized Individualism: The Sale of Council Houses in the Restructuring of the British Welfare State'. *International Journal of Urban and Regional Research* 10 (1): 46 ~ 66.

Forrest, Ray, Philip Leather, and Patricia Kennett. 1999. *Home Ownership in Crisis? The British Experience of Negative Equity*. Ashgate.

Förster, Michael, Ana Llena-Nozal, and Vahé Nafilyan. 2014. 'Trends in Top Incomes and Their Taxation in OECD Countries'. *OECD Social, Employment and Migration Working Papers* No. 159.

Frank, Robert H., and Philip J. Cook. 2010. *The Winner-Take-All Society:*

Why the Few at the Top Get so Much More than the Rest of Us. London: Random House.

Friedman, Milton. 1948. 'A Monetary and Fiscal Framework for Economic Stability'. *The American Economic Review* 38 (3): 245 ~ 64.

Friedman, Milton. 1957. 'The Permanent Income Hypothesis'. In *A Theory of the Consumption Function*, 20 ~ 37. Princeton, NJ: Princeton University Press.

Friedman, Milton. 1975. *There's No Such Thing as a Free Lunch*. La Salle, IL: Open Court.

Gaffney, Mason. 1994a. 'Land as a Distinctive Factor of Production'. In *Land and Taxation*, ed. Nicholas Tideman, 39 ~ 102. Georgist Paradigm Series. London: Shepheard-Walwyn.

Gaffney, Mason. 1994b. 'Neo-Classical Economics as a Stratagem against Henry George'. In *The Corruption of Economics*, ed. Mason Gaffney and Fred Harrison, 29 ~ 163. London: Shepheard-Walwyn.

Galati, Gabriele, and Richhild Moessner. 2013. 'Macroprudential Policy – a Literature Review'. *Journal of Economic Surveys* 27 (5): 846 ~ 78.

Garvie, Deborah. 2013. *Little Boxes, Fewer Homes*. London: Shelter.

George, Henry. [1879] 1979. *Progress and Poverty*. Condensed centenary ed.London: Hogarth Press.

Gerschenkron, Alexander. 1962. *Economic Backwardness in Historical Perspective: A Book of Essays*. Cambridge, MA: Belknap Press of Harvard University Press.

Goodhart, Charles. 1989. *Money, Information and Uncertainty*. 2nd ed. London: Macmillan.

Goodhart, Charles, and Boris Hofmann. 2008. 'House Prices, Money, Credit, and the Macroeconomy'. *Oxford Review of Economic Policy* 24 (1): 180 ~ 205.

Goodhart, Charles, and E. Perotti. 2015. 'Maturity Mismatch Stretching: Banking Has Taken a Wrong Turn'. *CEPR Policy Insight* No. 81.

Grant, James. 1880. *Old and New Edinburgh*. London: Cassel.

Gray, Kevin, and Susan Francis Gray. 2011. *Land Law*. Oxford: Oxford University Press.

Griffith, Matt. 2011. *We Must Fix It: Delivering Reform of the Building Sector to Meet the UK's Housing and Economic Challenges*. London: Institute for Public Policy Research.

Grydaki, Maria, and Dirk Bezemer. 2013. 'The Role of Credit in the Great Moderation: A Multivariate GARCH Approach'. *Journal of Banking and Finance* 37 (11): 4615 ～ 26.

Halifax. 2015. 'Halifax House Price–Earnings Ratio (All Houses, All Buyers)'. http:// www.lloydsbankinggroup.com/globalassets/documents/media/economic-insight/ house-price-tools/affordabilityq42014.xls.

Hall, Peter, and Colin Ward. 2014. *Sociable Cities: The 21st-Century Reinvention of the Garden City*. Abingdon: Routledge.

Hamnett, Chris, and J. Seavers. 1996. 'Home Ownership, Housing Wealth and Wealth Distribution in Britain'. In *New Inequalities: The Changing Distribution of Income and Wealth in the United Kingdom.* Cambridge: Cambridge University Press.

Hanley, Lynsey. 2007. *Estates: An Intimate History*. London: Granta.

Harris, Ron, and Asher Meir. 2015. 'Recourse Structure of Mortgages: A Comparison between the US and Europe'. *DICE Report* 13 (4): 15 ～ 22.

Harrod, Roy F. 1939. 'An Essay in Dynamic Theory'. *The Economic Journal* 49 (193): 14 ～ 33.

Harvey, David. [1982] 2006. *The Limits to Capital*. New updated ed. London: Verso.

Haywood, Russell. 2009. *Railways, Urban Development and Town Planning in Britain: 1948–2008*. Ashgate.

Heath, Sarah. 2014. 'Rent Control in the Private Rented Sector (England)'. House of Commons Library, SN/SP/6760, 11 July.

Heinsohn, Gunnar, and Otto Steiger. 2006. 'Interest and Money: The Property Explanation'. In *A Handbook of Alternative Monetary*

Economics, ed. Philip Arestis and Malcolm Sawyer. London: Macmillan.

Hellebrandt, Tomas, Sandhya Kawar, and Matt Waldron. 2009. 'The Economics and Estimation of Negative Equity'. *Bank of England Quarterly Bulletin*, Q2.

Henley, Andrew. 1998. 'Changes in the Distribution of Housing Wealth in Great Britain, 1985–91'. *Economica* 65 (259): 363 ～ 80.

Henry, Ken, Jeff Harmer, John Piggott, Heather Ridout, and Greg Smith. 2009. *Australia's Future Tax System*. Canberra: Commonwealth Treasury.

Hill, Rod, and Tony Myatt. 2010. *The Economics Anti-Textbook*. London: Zed Books.

Hills, John. 2007. 'Ends and Means: The Future Roles of Social Housing in England'. *CASEreport* 34, February. http://eprints.lse.ac.uk/5568/1/Ends_and_Means_The_ future_roles_of_social_housing_in_England_1.pdf.

Hills, John. 2010. 'An Anatomy of Economic Inequality in the UK – Report of the National Equality Panel'. *CASEreport* 60, January.

Hirsch, Fred. 2005. *Social Limits to Growth*. London: Routledge.

HM Treasury Select Committee. 2009. 'Mortgage Arrears and Access to Mortgage Finance, August 2009'.

Hobbes, Peter A. 2014. 'The Erosion of the Real Estate Home Bias'. MSCI. https://www. msci.com/www/research-paper/research-insight-the-erosion-of/0118148353.

Howard, Ebenezer. [1898] 2010. *To-morrow: A Peaceful Path to Real Reform*. Cambridge: Cambridge University Press.

Hsieh, Chang-Tai, and Enrico Moretti. 2015. 'Why Do Cities Matter? Local Growth and Aggregate Growth'. *NBER Working Paper* No. 21154.

Hudson, Michael. 2008. 'Henry George's Political Critics'. *American Journal of Economics and Sociology* 67 (1): 1 ～ 45.

Hudson, Michael. 2010. 'The Transition from Industrial Capitalism to a Financialized Bubble Economy'. *Levy Economics Institute Working*

Paper No. 627, October, 1 ~ 34.

Ingham, Geoffrey K. 2004. *The Nature of Money*. Cambridge: Polity Press. http:// www.loc.gov/catdir/toc/ecip047/2003017409.html.

Inman, Phillip. 2016. 'The Credit Boom Is a Ticking Timebomb for UK Plc'. *The Guardian*, 4 January. https://www.theguardian.com/business/economicsblog/ 2015/jan/04/credit-boom-ticking-timebomb-uk-plc.

Institute of Fiscal Studies. 2015. 'Incomes in the UK'. http://www.ifs.org.uk/ tools_and_resources/incomes_in_uk.

International Labour Organization (ILO). 2015. *Global Wage Report 2014/15: Wages and Income Inequality*. Geneva: ILO. http://www.ilo.org/wcmsp5/groups/ public/@dgreports/@dcomm/@publ/documents/publication/wcms_324678.pdf.

International Monetary Fund (IMF). 2011. *Durable Financial Stability: Getting There from Here, Global Financial Stability Report, April 2011*. Washington, DC:IMF. https://www.imf.org/external/pubs/ft/gfsr/2011/01/pdf/text.pdf.

Jefferys, Pete, and Toby Lloyd. 2015. 'Why Don't We Build Enough New Homes in England?' *Built Environment* 41: 166 ~ 82.

Jefferys, Pete, Toby Lloyd, Andy Argyle, Joe Sarling, Jan Crosby, and John Bibby. 2014. *Building the Homes We Need*. London: KPMG and Shelter.

Jefferys, Pete, Toby Lloyd, and James Gregory. 2014. *Increasing Investment in Affordable Homes*. London: Shelter. http://england.shelter.org.uk/__data/assets/ pdf_file/0011/799769/2014_capital_economics_shelter_summary.pdf.

Jencks, Christopher. 2002. 'Does Inequality Matter?' *Daedalus* 131 (1): 49 ~ 65.

Jenkins, Blair. 2009. 'Rent Control: Do Economists Agree?' *Econ Journal Watch* 6 (1): 73 ~ 112.

Jones, Colin, and Alan Murie. 2008. *The Right to Buy: Analysis and Evaluation of a Housing Policy*. Oxford: Wiley-Blackwell.

Jordà, Òscar, Moritz Schularick, and Alan M. Taylor. 2015. 'Leveraged

Bubbles'.
Journal of Monetary Economics 76: S1 ～ 20.
Jordà, Òscar, Moritz Schularick, and Alan M. Taylor. 2016. 'The Great Mortgaging: Housing Finance, Crises and Business Cycles'. *Economic Policy* 31 (85): 107 ～ 52.
Kaganova, Olga. 2011. 'International Experiences on Government Land Development Companies: What Can Be Learned?' IDG Working Paper No. 2011-01, February. http://www.urban.org/url.cfm?renderforprint=1&ID=412299&buildstatic=1.
Karagiannaki, Eleni. 2011a. 'Recent Trends in the Size and the Distribution of Inherited Wealth in the UK'. *CASEpaper* 146, June.
Karagiannaki, Eleni. 2011b. 'The Impact of Inheritance on the Distribution of Wealth: Evidence from the UK'. *CASEpaper* 148, June.
Katz, B., M. A. Turner, K. D. Brown, M. Cunningham, and N. Sawyer. 2003. *Rethinking Local Affordable Housing Strategies: Lessons from 70 Years of Policy and Practice*. Washington, DC: Brookings Institution.
Kay, John Anderson. 2009. *Narrow Banking: The Reform of Banking Regulation*. Tonbridge: Centre for the Study of Financial Innovation.
Keen, Steve. 1995. 'Finance and Economic Breakdown: Modeling Minsky's "Financial Instability Hypothesis"'. *Journal of Post Keynesian Economics* 17 (4): 607 ～ 35.
Keen, Steve. 2011. *Debunking Economics: The Naked Emperor Dethroned?* 2nd ed. London: Zed Books.
Keen, Steve. 2013. 'A Monetary Minsky Model of the Great Moderation and the Great Recession'. *Journal of Economic Behavior and Organization* 86: 221 ～ 35.
Kemp, P. 2002. *Private Renting in Transition*. London: Chartered Institute of Housing.
Keohane, Nigel, and Broughton Nida. 2013. *The Politics of Housing*. London: Social Market Foundation.
Kindleberger, Charles P. 1993. *A Financial History of Western Europe*. 2nd

ed. Oxford: Oxford University Press.

Kindleberger, Charles P., and Robert Z. Aliber. 2005. *Manias, Panics and Crashes: A History of Financial Crises*. 5th ed. New York: John Wiley and Sons.

King, Mervyn. 2003. 'The Governor's Speech at the East Midlands Development Agency/Bank of England Dinner'. *Bank of England Quarterly Bulletin*, Winter.

King, Robert G., and Ross Levine. 1993. 'Finance and Growth: Schumpeter Might Be Right'. *Quarterly Journal of Economics* 108 (3): 717 ~ 37.

Kingman, David. 2013. *Why BTL Equals 'Big Tax Let-off': How the UK Tax System Hands Buy-to-Let Landlords an Unfair Advantage*. London: Intergenerational Foundation. http://www.if.org.uk/wp-content/uploads/2013/11/Why-BTL-Equals- Big-Tax-Rip-off.pdf.

Knight Frank. 2013. 'International Investors Spent £2.2 Billion on Central London New-Build Property in 2012', January. http://www.knightfrank. co.uk/news/international-investors-spent-%C2%A32.2-billion-on-central-london- new-build-property-in-2012-01526.aspx.

Knight Frank. 2015. 'Agri-Investments: The Pathway to Capital Growth'. http:// www.knightfrank.co.uk/resources/residential/publications/uk_farmland.pdf.

Knoll, Katharina, Moritz Schularick, and Thomas Michael Steger. 2014. 'No Price like Home: Global House Prices, 1870–2012'. *CESifo Working Paper* No. 5006, October. http://www.cesifo-group.de/portal/page/portal/DocBase_Content/ WP/WP-CESifo_Working_Papers/wp-cesifo-2014/wp-cesifo-2014-10/cesifo1_ wp5006.pdf.

Koo, Richard C. 2011. *The Holy Grail of Macroeconomics: Lessons from Japan's Great Recession*. Singapore: John Wiley and Sons.

Krippner, Greta R. 2005. 'The Financialization of the American Economy'. *Socio-Economic Review* 3 (2): 173 ~ 208.

Kumhof, Michael, Romain Rancière, and Pablo Winant. 2015. 'Inequality, Leverage, and Crises'. *The American Economic Review* 105 (3): 1217 ~ 45.

Laamanen, Jani-Petri. 2013. 'Home-Ownership and the Labour Market: Evidence from Rental Housing Market Deregulation'. *Tampere Economic Working Papers Net Series* No. 89. Tampere: University of Tampere.

Lambert, Simon. 2009. 'Mortgages Rise But Warning on False Dawn'. *This Is Money*. http://www.thisismoney.co.uk/money/mortgageshome/article-1672223/ Mortgages-rise-but-warning-on-false-dawn.html.

Lansley, Stewart, and Howard Reed. 2016. *A Citizen's Income: A Recipe for Change*. London: Compass.

Lavoie, Marc, and Mario Seccareccia. 2016. 'What Even Famous Mainstream Economists Miss About the Cambridge Capital Controversies'. Blog. Institute for New Economic Thinking. https://www.ineteconomics.org/perspectives/blog/ what-even-famous-mainstream-economists-miss-about-the-cambridge-capitalcontroversies.

Leung, Charles. 2004. 'Macroeconomics and Housing: A Review of the Literature'. *Journal of Housing Economics* 13 (4): 249 ~ 67. doi:10.1016/j.jhe.2004.09.002.

Linklater, Andro. 2013. *Owning the Earth: The Transforming History of Land Ownership*. London: Bloomsbury. http://www.bloomsbury.com/us/owning-theearth- 9781620402900/.

Litman, T. 2015. *Analysis of Public Policies That Unintentionally Encourage and Subsidize Urban Sprawl*. Victoria Transport Policy Institute, Supporting paper commissioned by LSE Cities at the London School of Economics and Political Science, on behalf of the Global Commission on the Economy and Climate for the New Climate Economy Cities Program. https://files.lsecities.net/files/2015/03/ NCE-Sprawl-Subsidy-Report-021.pdf.

Lloyd, Toby. 2009. *Don't Bet the House on It*. London: Compass.

Locke, John. 1690. *Locke: Two Treatises of Government*. Cambridge: Cambridge University Press.

Lord, Chris, James Lloyd, and Matt Barnes. 2013. *Understanding*

Landlords: A Study of Private Landlords in the UK using the Wealth and Assets Survey. London: Strategic Society Centre.

Lund, Brian. 2011. *Understanding Housing Policy*. Bristol: Policy Press.

Lusht, Kenneth M. 1992. 'Site Value Tax and Land Development Patterns: Evidence from Melbourne, Australia'. *Working Paper Series in Real Estate*. College of Business Administration, Pennsylvania State University.

Lyons, Michael. 2014. *The Lyons Housing Review. Mobilising across the Nation to Build the Homes Our Children Need*. Labour Party.

Malpass, Peter, and Henry Aughton. 1999. *Housing Finance: A Basic Guide*. London: Shelter.

Malthus, Thomas Robert. 1872. *An Essay on the Principle of Population Or a View of Its Past and Present Effects on Human Happiness, an Inquiry Into Our Prospects Respecting the Future Removal Or Mitigation of the Evils Which It Occasions by Rev. TR Malthus*. Reeves and Turner.

Marshall, J. L. 1969. 'The Pattern of Housebuilding in the Inter-war Period in England and Wales'. *Scottish Journal of Political Economy* 16 (1): 184 ～ 205.

Martin, Graham. 2001. *The Future of Low-cost Home-ownership*. York: Joseph Rowntree Foundation.

Marx, Karl. [1847] 1995. *The Poverty of Philosophy*, trans. H. Quelch. Amherst, NY: Prometheus Books.

Marx, Karl. 1867. *Das Kapital: A Critique of Political Economy*. Washington, DC: Regnery Publishing.

Mathias, Peter. 2013. *The First Industrial Nation: The Economic History of Britain 1700–1914*. Abingdon: Routledge.

Matthews, Alan. 2011. Post-2013 EU Common Agricultural Policy, Trade and Development: A Review of Legislative Proposals. *International Centre for Programme on Agricultural Trade and Sustainable Development (ICTSD) Issue Paper* no. 39, October.

Mayhew, L., and D. Smith. 2016. *The UK Equity Bank: Towards Income*

Security in Old Age. London: International Longevity Centre-UK (ILC-UK), June. http:// www.ilcuk.org.uk/images/uploads/publication-pdfs/The_UK_Equity_Bank._web. pdf .

McLeay, Michael, Radia Amar, and Thomas Ryland. 2014. 'Money Creation in the Modern Economy' . *Bank of England Quarterly Bulletin* 54 (1).

Mian, Atif, and Amir Sufi. 2015. *House of Debt: How They (and You) Caused the Great Recession, and How We Can Prevent It from Happening Again*. Chicago: University of Chicago Press.

Mian, Atif, Amir Sufi, and Emil Verner. 2015. 'Household Debt and Business Cycles Worldwide' . National Bureau of Economic Research.

Mill, John Stuart. 1884. *Principles of Political Economy*. D. Appleton.

Milne, Alistair, and Justine A. Wood. 2014. 'An Old Fashioned Banking Crisis: Credit Growth and Loan Losses in the UK 1997–2012' . In *The Causes and Consequences of the Long UK Expansion*, ed. J. S. Chadha, A. Chrystal, J. Pearlman, P. Smith, and S. Wright. Cambridge: Cambridge University Press.

Minsky, Hyman. 1986. *Stabilizing and Unstable Economy*. New Haven, CT: Yale University Press.

Minsky, Hyman P. 1992. 'The Financial Instability Hypothesis' . *The Jerome Levy Economics Institute Working Paper* no. 74, May.

Mirrlees, James, and Stuart Adam. 2011. *Tax by Design: The Mirrlees Review*. Vol. 2. Oxford: Oxford University Press.

Modigliani, Franco, and Richard Brumberg. 1954. 'Utility Analysis and the Consumption Function: An Interpretation of Cross-Section Data' . In *Post-Keynesian Economics*, ed. Kenneth Kurihara. New Brunswick, NJ: Rutgers University Press.

Monk, Sarah, Christine Whitehead, Gemma Burgess, and Connie Tang. 2013. 'International Review of Land Supply and Planning Systems' . York: Joseph Rowntree Foundation.

Morley, Katie. 2016. '"Generation Rent" Dominates London Property

Market for the First Time'. *The Telegraph*, 19 February. http://www.telegraph.co.uk/ personal-banking/mortgages/generation-rent-dominates-london-property-market- for-the-first-t/.

Muellbauer, John. 2002. 'Mortgage Credit Conditions in the UK'. *Economic Outlook* 26 (3): 11 ~ 18.

Muellbauer, John. 2005. 'Property Taxation and the Economy after the Barker Review'. *The Economic Journal* 115 (502): C99 ~ 117.

Muellbauer, John. 2009. 'Household Decisions, Credit Markets and the Macroeconomy: Implications for the Design of Central Bank Models'. *BIS Working Papers* no. 306, March. http://www.bis.org/publ/work306.pdf.

Muellbauer, John. 2012. 'When is a Housing Market Overheated Enough to Threaten Stability?' *University of Oxford Department of Economics Discussion Paper Series* no. 623, September.

Muellbauer, John. 2014a. 'House Prices and Their Macro-economic Consequences: Some European Contrasts'. Presentation made at the OeNB workshop, Vienna, October 9 ~ 10, 2014. https://www.oenb.at/en.

Muellbauer, John. 2014b. 'Six Fiscal Reforms for the UK's "Lost Generation"'. *Vox*, 25 March. http://www.voxeu.org/article/six-fiscal-reforms-uk-s-lost-generation.

Muellbauer, John. 2015. 'A Fiscal Fix for a Peculiarly Flawed Property Market'. *The Financial Times*, 7 April.

Muellbauer, John. 2016. 'Macroeconomics and Consumption'. *CEPR Discussion Paper* DP11588.

Muellbauer, John, and Anthony Murphy. 2008. 'Housing Markets and the Economy: The Assessment'. *Oxford Review of Economic Policy* 24 (1): 1 ~ 33.

Muellbauer, John, and David Williams. 2011. 'Credit Conditions and the Real Economy: The Elephant in the Room'. *BIS Papers* no. 64. http://www.bis.org/ publ/bppdf/bispap64p.pdf.

National Audit Office. 2014. *Tax Reliefs*. London: National Audit Office.

National Housing and Planning Advice Unit (NHPAU). 2008. *Buy-to-Let Mortgages and the Impact on UK House Prices: A Technical Report*. Fareham: NHPAU. http://webarchive.nationalarchives.gov.uk/20120919132719/http:/www.communities. gov.uk/documents/507390/pdf/684943.pdf.

Neale, Jon. 2009. *Improving Housing Quality: Unlocking the Market*. London: RIBA.

Needham, D. Barrie. 2014. *Dutch Land Use Planning*. Abingdon: Routledge.

New Economics Foundation. 2014. *Inequality and Financialisation: A Dangerous Mix*. London: New Economics Foundation. http://b.3cdn.net/nefoundation/005f- 379c2df9c812f1_gqm6ivky0.pdf.

New Economics Foundation. 2016. *The Financialisation of UK Homes: The Housing Crisis, Land and the Banks*. London: New Economics Foundation. http:// neweconomics.org/the-financialisation-of-uk-homes/?lost=true&_sf_s=+publications+++ the+financialisation+of+uk+homes.

New Economics Foundation, CDS Co-operatives, Pat Conaty, Johnston Birchall, Steve Bendle, and Rosemary Foggitt. 2013. *Common Ground – for Mutual Home Ownership*. London: New Economics Foundation.

Norregaard, John. 2013. 'Taxing Immovable Property Revenue Potential and Implementation Challenges'. *IMF Working Paper* WP/13/129, May.

Nozick, Robert. 1974. *Anarchy, State and Utopia*. New York: Basic Books.

OECD (Organisation for Economic Co-operation and Development). n.d. 'OECD Analytical House Prices Indicators'. https://stats.oecd.org/Index.aspx? DataSetCode=HOUSE_PRICES.

OECD (Organisation for Economic Co-operation and Development). 2014. 'Focus on Top Incomes and Taxation in OECD Countries: Was the Crisis a Game Changer?' http://www.oecd.org/social/OECD2014-FocusOnTopIncomes.pdf.

OECD (Organisation for Economic Co-operation and Development).

2015. *In It Together: Why Less Inequality Benefits All*. Paris: OECD Publishing.

OECD (Organisation for Economic Co-operation and Development). 2016. 'OECD Income Distribution Database (IDD): Gini, Poverty, Income, Methods and Concepts'. http://www.oecd.org/social/income-distribution-database.htm.

OECD (Organisation for Economic Co-operation and Development), and Eurostat. 2015. 'Eurostat–OECD Compilation Guide on Land Estimation'. http://www. oecd-ilibrary.org/docserver/download/3015051e.pdf?expires=1467900895&id=i d&accname=guest&checksum=8E7ACC0A181E3B1E69A0A4223225F83E Office of Fair Trading (OFT). 2008. *Homebuilding in the UK: A Market Study*. London: OFT.

O'Hara, Phillip Anthony. 1999. *Encyclopedia of Political Economy: L–Z*. Hove: Psychology Press.

ONS (Office for National Statistics). 2013a. '170 Years of Industrial Change across England and Wales'. 5 June. http://webarchive.nationalarchives.gov.uk/ 20160105160709/http://www.ons.gov.uk/ons/rel/census/2011-census-analysis/ 170-years-of-industry/170-years-of-industrial-changeponent.html.

ONS (Office for National Statistics). 2013b. 'A Century of Home Ownership and Renting in England and Wales'. 19 April. http://webarchive.national archives. gov.uk/20160105160709/http://www.ons.gov.uk/ons/rel/census/2011-census-analysis/a-century-of-home-ownership-and-renting-in-england-and-wales/ short-story-on-housing. html.

ONS (Office for National Statistics). 2015a. 'Housing Summary Measures Analysis'. 5 August. http://www.ons.gov.uk/peoplepopulationandcommunity/housing/ articles/housingsummarymeasuresanalysis/2015-08-05.

ONS (Office for National Statistics). 2015b. 'Economic Review, October 2015'. http://www.ons.gov.uk/ons/dcp171766_419024.pdf.

ONS (Office for National Statistics). 2015c. 'Main Results from the Wealth and Assets Survey: July 2012 to June 2014’. 18 December. http://webarchive.national archives.gov.uk/20160105160709/http://www.ons.gov.uk/ons/rel/was/wealth-ingreat- britain-wave-4/2012-2014/rpt---article-main-results.html.

ONS (Office for National Statistics). 2015d. ‘Property Wealth, Wealth in Great Britain, 2012 to 2014’. 18 December. http://webarchive.nationalarchives.gov. uk/20160105160709/http://www.ons.gov.uk/ons/rel/was/wealth-in-great-britainwave- 4/2012-2014/rpt-chapter-3.html.

ONS (Office for National Statistics). 2016. ‘Public Sector Finances: May 2016’. http:// www.ons.gov.uk/economy/governmentpublicsectorandtaxes/publicsectorfinance/ bulletins/publicsectorfinances/may16.

Orbanes, Philip E. 2007. *Monopoly: The World's Most Famous Game – and How It Got That Way*. Philadelphia, PA: Da Capo Press.

Oswald, Andrew J. 1996. ‘A Conjecture on the Explanation for High Unemployment in the Industrialized Nations: Part 1’. *The Warwick Economics Research Paper Series (TWERPS)* no. 475, December.

Oswald, Andrew J. [1999] 2009. ‘The Housing Market and Europe’s Unemployment: A Non-Technical Paper’. In *Homeownership and the Labour Market in Europe*, ed. Casper van Ewijk and Michiel van Leuvensteijn. Oxford: Oxford University Press.

Overton, Mark. 1996. *Agricultural Revolution in England: The Transformation of the Agrarian Economy 1500–1850*. Cambridge: Cambridge University Press.

Oxley, Michael, Tim J. Brown, A. M. Fernandez-Maldonado, L. Qu, and L. Tummers. 2009. *Review of European Planning Systems*. London: National Housing and Planning Advice Unit. https://www.dora.dmu.ac.uk/xmlui/handle/2086/7536.

Oxley, Michael, and Marietta Haffner. 2010. ‘Housing Taxation and Subsidies: International Comparisons and the Options for Reform’. York: Joseph Rowntree Foundation Housing Market Taskforce. https://www.jrf.org.uk/sites/default/files/ jrf/migrated/files/housing-taxationsystems-full.pdf.

Paine, Thomas. 1797. *Agrarian Justice*. London: R. Folwell.

Palley, Thomas I. 2007. 'Financialization: What It Is and Why It Matters'. *The Levy Economics Institute Working Paper* no. 525, December.

Parkinson, Sharon, Beverley A. Searle, Susan J. Smith, Alice Stoakes, and Gavin Wood. 2009. 'Mortgage Equity Withdrawal in Australia and Britain: Towards a Wealth-Fare State?' *European Journal of Housing Policy* 9 (4): 365~89.

Patten, Simon N. 1891. 'Another View of the Ethics of Land-Tenure'. *International Journal of Ethics* 1 (3): 354~70.

Payne, Geoffrey. 2004. 'Introduction: Habitat International Special Issue on Land Tenure and Property Rights.' *Habitat International* 28: 167 ~ 79.

Pearce, Robert D., and Roger Stearn. 2000. *Government and Reform: Britain 1815– 1918*. London: Hodder and Stoughton.

Persaud, Avinash. 2016. 'Breaking the Link between Housing Cycles, Banking Crises, and Recession'. *CIYPERC Working Paper Series* 2016/02, 23 March.

Perugini, Cristiano, Jens Hölscher, and Simon Collie. 2015. 'Inequality, Credit and Financial Crises.' *Cambridge Journal of Economics*. doi:10.1093/cje/beu075.

Pierson, Christopher. 2013. *Just Property: A History in the Latin West. Volume One: Wealth, Virtue, and the Law.* Oxford: Oxford University Press.

Piketty, Thomas. 2014. *Capital in the Twenty-First Century*. Cambridge, MA: Harvard University Press.

Piketty, Thomas, and Gabriel Zucman. 2013. 'Capital Is Back: Wealth-Income Ratios in Rich Countries, 1700–2010'. http://www.piketty.pse.ens.fr/files/PikettyZucman2013BookRevQJE. pdf.

Pollock, Frederick, and Frederic William Maitland. 1899. *The History of English Law before the Time of Edward I*. Vol. 2. Cambridge: Cambridge University Press.

Porter, Michael E., and Gordon L. Clark. 2000. 'Locations, Clusters, and

Company Strategy'. *The Oxford Handbook of Economic Geography.* Oxford: Oxford University Press.

Prieg, Lydia, and Tony Greenham. 2015. *Reforming RBS: Local Banking for the Public Good.* London: New Economics Foundation. http://b.3cdn.net/nefoundation/ 141039750996d1298f_5km6y1sip.pdf.

Proudhon, Pierre-Joseph. 1840. *What Is Property? An Inquiry in to the Principles and Right of Government.* Cosimo.

Proudhon, Pierre-Joseph. 2005. *No Gods No Masters: An Anthology of Anarchism*, ed. Daniel Guérin and Paul Sharkey. San Francisco: AK Press.

Purves, Andrew. 2015. *No Debt, High Growth, Low Tax: Hong Kong's Economic Miracle Explained.* London: Shepheard-Walwyn.

Quesnay, François. 1972. *Quesnay's Tableau économique.* London: Macmillan.

Ramsay, Maureen. 1997. *What's Wrong with Liberalism a Radical Critique of Liberal Philosophy.* Leicester: Leicester University Press.

Reed, Howard. 2016. 'A Citizen's Income: A Recipe for Change'. *Compass Thinkpiece* no. 4. http://www.compassonline.org.uk/publications/a-citizens-incomea- recipe-for-change.

Reed, Howard, and Jacob Mohun Himmelweit. 2012. *Where Have All the Wages Gone? Lost Pay and Profits Outside Financial Services*, Touchstone Extras. London: Trades Union Congress.

Reid, Margaret. 1982. *Secondary Banking Crisis in the UK.* Macmillan.

Ricardo, David. 1817. *Principles of Political Economy and Taxation.* Batoche Books.

Ricardo, David. 1973. *The Works and Correspondence of David Ricardo: Volume 11, General Index*, ed. Piero Sraffa. Vol. 11. Cambridge: Cambridge University Press.

Riley, Don. 2001. *Taken for a Ride: Trains, Taxpayers and the Treasury.* Teddington: Centre for Land Policy Studies.

Robert-Hughes, R., W. Fox, and A. Scott-Marshall. 2011. *The Case for*

Space: The Size of England's New Homes. London: Royal Institute of British Architects.

Robinson, Joan. 1973. 'Marginal Productivity'. In *Collected Economic Papers*. Vol. 4. Oxford: Basil Blackwell.

Rognlie, Matthew. 2014. 'A Note on Piketty and Diminishing Returns to Capital'. http://www.mit.edu/ ~ mrognlie/piketty_diminishing_returns.pdf.

Rosen, Sherwin. 1981. 'The Economics of Superstars'. *The American Economic Review* 71 (5): 845 ~ 58.

Rousseau, Jean-Jacques. 1775. *Discourse on the Origin of Inequality*. Indianapolis, IN: Hackett Publishing.

Rowlands, Rob. 2009. *Forging Mutual Futures – Co-operative, Mutual and Community Based Housing in Practice: History & Potential. Phase 1 Research Report to the Committee on Co-operative and Mutual Housing*. Birmingham: Centre for Urban and Regional Studies, University of Birmingham.

Rowlingson, Karen. 2011. *Does Income Inequality Cause Health and Social Problems?* York: The Joseph Rowntree Foundation. https://www.jrf.org.uk/report/ does-income-inequality-cause-health-and-social-problems.

RTPI (Royal Town and Planning Institute). 2015. 'Planning as "Market Maker"'. *RTPI Research Report* no. 11, November. http://www.rtpi.org.uk/knowledge/research/ projects/small-project-impact-research-spire-scheme/planning-as-market-maker/.

Ryan-Collins, Josh. 2016. 'Why You Can't Afford a Home in the UK'. *Medium*. 16 February. https://medium.com/@neweconomics/why-you-can-t-afford-a-home-inthe- uk-44347750646a#.3xvhkhoi4.

Ryan-Collins, Josh, Tony Greenham, R. A. Werner, and Giovanni Bernardo. 2013. *Strategic Quantitative Easing*. London: New Economics Foundation. http://www. neweconomics.org/publications/entry/strategic-quantitative-easing .

Ryan-Collins, Josh, Tony Greenham, Richard Werner, and Andrew Jackson.

2012. *Where Does Money Come From? A Guide to the UK Monetary and Banking System.* 2nd ed. London: The New Economics Foundation.

Ryan-Collins, Josh, Richard A. Werner, and Jennifer Castle. 2016. 'A Half-Century Diversion of Monetary Policy? An Empirical Horse-Race to Identify the UK Variable Most Likely to Deliver the Desired Nominal GDP Growth Rate' . *Journal of International Financial Markets, Institutions and Money* 43 (July): 158 ～ 76. http:// dx.doi.org/10.1016/ j.intfin.2016.03.009.

Ryoo, Soon. 2015. 'Household Debt and Housing Bubble: A Minskian Approach to Boom–Bust Cycles' . *Economics Department Working Paper Series* 2015-08. http://scholarworks.umass.edu/cgi/viewcontent.cgi?article=1188&context= econ_workingpaper.

Safire, William. 2009. 'Location, Location, Location' . *The New York Times*, 26 June. http://www.nytimes.com/2009/06/28/magazine/28FOB-onlanguage-t.html.

Samy, Luke. 2015. 'Indices of House Prices and Rent Prices of Residential Property in London, 1895–1939' . *University of Oxford Discussion Papers in Economic and Social History* no. 134, April. http://www.economics.ox.ac.uk/materials/ papers/13922/number-134.pdf.

Saunders, Peter. 2011. *Beware False Prophets*. Centre for Independent Studies.

Saunders, Peter. 2016. *Restoring a Nation of Home Owners*. London: Civitas. http:// www.civitas.org.uk/content/files/Restoring-a-Nation-of-Home-Owners.pdf .

Scanlon, Kathleen, and Ben Kochan, eds. 2011. *Towards a Sustainable Private Rented Sector: The Lessons from Other Countries*. London: The London School of Economics and Political Science. http://www2.lse.ac.uk/geographyAndEnvironment/ research/london/Home.aspx.

Scanlon, Kathleen, and Christine Whitehead. 2011. 'The UK Mortgage Market:Responding to Volatility' . *Journal of Housing and the Built Environment* 26 (3):277 ～ 93.

Schularick, M., and A. M. Taylor. 2009. 'Credit Booms Gone Bust: Monetary Policy,Leverage Cycles and Financial Crises, 1870–2008'. *NBER Working Paper Series*no. 15512, November.

Schumpeter, Joseph A. 1954. *History of Economic Analysis*. Oxford: Oxford UniversityPress.

Schumpeter, Joseph A. 1975. *Capitalism, Socialism, and Democracy*. Harper.

Schwartz, Herman, and Leonard Seabrooke. 2008. 'Varieties of Residential Capitalismin the International Political Economy: Old Welfare States and the NewPolitics of Housing'. *Comparative European Politics* 6 (3): 237 ~ 61.

Shaheen, Faiza, Eilis Lawlor, Stephen Spratt, and Daiana Beitler. 2011. *Why the RichAre Getting Richer: The Determinants of Economic Inequality*. London: NewEconomics Foundation. https://b.3cdn.net/nefoundation/9f13eb419294bb7cfe_abm6bc76e.pdf.

Sheffield, Hazel. 2016. 'London Property Snapped up by Overseas Investors as Domestic Buyers Pull out after Brexit, 28th June 2016'. *The Independent*, 28 June. Business news. http://www.independent.co.uk/news/business/news/ london-property-house-prices-brexit-overseas-buyers-first-time-eu-referendumhousing- market-a7108026.html.

Shleifer, Andrei, and Robert Vishny. 2011. 'Fire Sales in Finance and Macroeconomics'. *The Journal of Economic Perspectives* 25 (1): 29 ~ 48.

Sillitoe, Paul. 1999. 'Beating the Boundaries: Land Tenure and Identity in the Papua New Guinea Highlands'. *Journal of Anthropological Research* 55 (3): 331 ~ 60.

Simons, Henry Calvert. 1951. *Economic Policy for a Free Society*. Chicago: University of Chicago Press.

Simpson, M., Hardy, D., Ward, S. 1992. *British Planning History 1900–1952*. British Planning History Group.

Skidelsky, Robert, Felix Martin, and Christian Westerlind Wigstrom. 2011.

Blueprint for a British Investment Bank. London: Centre for Global Studies.

Slack, Enid, and Richard M. Bird. 2014. 'The Political Economy of Property Tax Reform'. *OECD Working Papers on Fiscal Federalism* no. 18, 9 April.

Sloman, J., and A. Wride. 2009. *Economics*. 7th ed. Harlow: Prentice Hall.

Smith, Adam. 1776. *An Inquiry into the Nature and Causes of the Wealth of Nations*. W. Strahan and T. Cadell.

Snowdon, Christopher. 2010. *The Spirit Level Delusion: Fact-Checking the Left's New Theory of Everything*. Ripon: Little Dice.

Solow, Robert M. 1956. 'A Contribution to the Theory of Economic Growth'. *The Quarterly Journal of Economics* 70 (1): 65 ～ 94.

Stephens, Mark. 1993. 'Housing Finance Deregulation: Britain's Experience'. *Journal of Housing and the Built Environment* 8 (2): 159 ～ 75.

Stephens, Mark. 2007. 'Mortgage Market Deregulation and Its Consequences'. *Housing Studies* 22 (2): 201 ～ 20.

Stephens, Mark, C. Whitehead, and M. Munro. 2005. *Lessons from the Past, Challenges for the Future for Housing Policy*. London: Department of Communities and Local Government.

Stiglitz, Joseph E. 2012. *The Price of Inequality*. London: Penguin.

Stiglitz, Joseph E., and Linda J. Bilmes. 2012. 'The 1 Percent's Problem'. *Vanity Fair*, 31 May. http://www.vanityfair.com/news/2012/05/joseph-stiglitz-the-priceon- inequality

Stiglitz, Joseph E. 2015a. 'New Theoretical Perspectives on the Distribution of Income and Wealth among Individuals: Part IV: Land and Credit'. *NBER Working Paper Series* no. 21192, May.

Stiglitz, Joseph E. 2015b. 'The Origins of Inequality and Policies to Contain It'. *National Tax Journal* 68 (2): 425 ～ 48.

Stiglitz, Joseph E. 2015c. 'The Measurement of Wealth: Recessions, Sustainability and Inequality'. *NBER Working Paper Series* no. 21327, July.

Stiglitz, Joseph E. and Alan Weiss. 1981. 'Credit Rationing in Markets with Imperfect Information'. *The American Economic Review* 71 (3): 393 ~ 410.

Stockhammer, Engelbert. 2004. 'Financialisation and the Slowdown of Accumulation'. *Cambridge Journal of Economics* 28 (5): 719 ~ 41.

Stockhammer, Engelbert, and Rafael Wildauer. 2016. 'Demand Effects of Financialisation and Changes in Functional Income Distribution in the EU'. *FEPS Policy Report*, April.

Summers, Lawrence H. 2015. 'Demand Side Secular Stagnation'. *The American Economic Review* 105 (5): 60 ~ 65.

The Economist. 2007. 'Back from the Grave'. *The Economist*, 11 October.

This is Money. 2015. 'Buy-to-Let Landlords Face Cuts in Mortgage Interest Tax Relief'. *This Is Money*. 8 July. http://www.thisismoney.co.uk/money/buytolet/ article-3153541/Profits-slashed-wealthy-buy-let-landlords-Budget-crackdownmortgage- tax-relief.html.

TCPA (Town and Country Planning Association). 2014. New Towns and Garden Cities – Lessons for Tomorrow. Stage 1: An Introduction to the UK's New Towns and Garden Cities. Town and Country Planning Association.

Thrift, Nigel. 1996. *Spatial Formations*. Vol. 42. London: Sage.

Tobin, James. 1967. 'Life Cycle Saving and Balanced Growth'. In *Ten Economic Studies in the Tradition of Irving Fisher*, 231 ~ 56. New York: Wiley.

Tobin, James. 1985. 'Neoclassical Theory in America: JB Clark and Fisher'. *The American Economic Review* 75 (6): 28 ~ 38.

Tobin, James. 1986. *Financial Innovation and Deregulation in Perspective*. New Haven, CT: Cowles Foundation for Research in Economics.

Torrance, David. 2010. *Noel Skelton and the Property-Owning Democracy*. London: Biteback.

Turnbull, Shann. 2007. 'Affordable Housing Policy: Not Identifiable with Orthodox Economic Analysis'. SSRN 1027864.

Turner, Adair. 2015a. *Between Debt and the Devil: Money, Credit, and Fixing Global Finance*. Princeton, NJ: Princeton University Press.

Turner, Adair. 2015b. 'The Debt Dilemma'. *Project Syndicate*, 17 April. https://www.project-syndicate.org/commentary/global-debt-dilemma-byadair- turner-and-susan-lund-2015-04?barrier=true.

Turner, Clive. 2015. *Homes Through the Decades: The Making of Modern Housing*. Milton Keynes: NHBC Foundation.

University of Reading and Three Dragons in association with Hives Planning, David Lock Associates and DLA Piper LLP. 2014. *Section 106 Planning Obligations in England, 2011–12: Report of Study*. London: Department for Communities and Local Government. https://www.gov.uk/government/uploads/system/ uploads/attachment_data/file/314066/Section_106_Planning_Obligations_in_ England_2011-12_-_Report_of_study.pdf.

Uthwatt, A. 1942. Expert Committee on Compensation and Betterment: Final Report, Cmnd. 6386. London: HMSO. Van Parijs, Philippe. 1992. *Arguing for Basic Income. Ethical Foundations for a Radical Reform*. London: Verso.

Veblen, Thorstein. 1899. *The Theory of the Leisure Class: An Economic Study in the Evolution of Institutions*. Macmillan.

Ward, Colin. 2002. *Cotters and Squatters: Housing's Hidden History*. Nottingham:Five Leaves Publications.

Ward, Colin. 2004. 'The Hidden History of Housing'. *History and Policy*, 1 September.

Ward, Victoria. 2014. 'Vast Basements Outlawed for Wealthy Property Owners'. *The Telegraph*, 12 March. http://www.telegraph.co.uk/finance/newsbysector/ constructionandproperty/11269740/Vast-basements-outlawed-for-wealthy-property- owners.html.

Watson, Matthew. 2009. 'Planning for a Future of Asset-Based Welfare? New Labour, Financialized Economic Agency and the Housing Market'. *Planning, Practice and Research* 24 (1): 41 ～ 56.

Webb, K. 2012. *Bricks or Benefits? Rebalancing Housing Investment*. London: Shelter. http://england.shelter.org.uk/professional_resources/policy_and_research/ policy_library/policy_library_folder/bricks_or_benefits_rebalancing_housing_ investment.

Werner, Richard. A. 1997. 'Towards a New Monetary Paradigm: A Quantity Theorem of Disaggregated Credit, with Evidence from Japan'. *Kredit und Kapital* 30 (2): 276 ～ 309.

Werner, Richard A. 2002. 'Monetary Policy Implementation in Japan: What They Say versus What They Do'. *Asian Economic Journal* 16 (2): 111 ～ 51. doi:10.1111/1467-8381.00145.

Werner, Richard. A. 2003. *Princes of the Yen: Japan's Central Bankers and the Transformation of the Economy*. Armonk, NY: M. E. Sharpe.

Werner, Richard. A. 2005. *New Paradigm in Macroeconomics: Solving the Riddle of Japanese Macroeconomic Performance*. Basingstoke: Palgrave Macmillan.

West, Edwin G. 2002. 'Property Rights in the History of Economic Thought: From Locke to J. S. Mill'. *Carleton Economic Papers* 01-01. http://econpapers.repec. org/paper/carcarecp/01-01.htm.

Westwood, Andy. 2006. *Are We Being Served? Career Mobility and Skills in the UK Workforce*. London: The Work Foundation.

Wicksteed, Philip H. 1914. 'The Scope and Method of Political Economy in the Light of the "Marginal" Theory of Value and of Distribution'. *The Economic Journal* 24 (93): 1 ～ 23.

Wilcox, S. 2006. *The Geography of Affordable and Unaffordable Housing: And the Ability of Younger Working Households to Become Home Owners*. York: Joseph Rowntree Foundation.

Wilkinson, Richard, and Kate Pickett. 2010. *The Spirit Level: Why Equality Is Better for Everyone*. London: Penguin.

Wilson, W., and L. Blow, L. 2013. *Extending Home Ownership – Government Initiatives*. London: House of Commons Library.

Wise, Sarah. 2013. *The Blackest Streets: The Life and Death of a Victorian*

Slum. London: Random House.

Woetzel, Jonathan, Sangeeth Ram, Jan Mischke, Nicklas Garemo, and Shirish Sankhe. 2014. *A Blueprint for Addressing the Global Affordable Housing Challenge*. McKinsey Global Institute.

Wolf, Martin. 2008. 'US Housing Solution Is Not a Good One to Follow'. *Financial Times*, 9 September.

World Bank. 1993. *The East Asian Miracle, Economic Growth and Public Policy*. Oxford: Oxford University Press.